权威·前沿·原创

皮书系列为
"十二五""十三五"国家重点图书出版规划项目

体育蓝皮书
BLUE BOOK OF SPORTS

国家体育产业基地发展报告
（2015~2016）

DEVELOPMENT REPORT OF NATIONAL PILOT BASE OF SPORT INDUSTRY (2015-2016)

主　编／李颖川

社会科学文献出版社
SOCIAL SCIENCES ACADEMIC PRESS (CHINA)

图书在版编目(CIP)数据

国家体育产业基地发展报告.2015－2016／李颖川主编．－－北京：社会科学文献出版社，2017.4
（体育蓝皮书）
ISBN 978－7－5201－0619－1

Ⅰ.①国… Ⅱ.①李… Ⅲ.①体育产业－研究报告－中国－2015－2016 Ⅳ.①G812

中国版本图书馆 CIP 数据核字（2017）第 063949 号

体育蓝皮书
国家体育产业基地发展报告（2015～2016）

主　编／李颖川
副主编／王卫东　李　桦　陈恩堂　叶　春　周加来

出版人／谢寿光
项目统筹／邓泳红　陈晴珏
责任编辑／陈　颖　周爱民　刘毅航

出　版／社会科学文献出版社·皮书出版分社（010）59367127
　　　　地址：北京市北三环中路甲29号院华龙大厦　邮编：100029
　　　　网址：www.ssap.com.cn
发　行／市场营销中心（010）59367081　59367018
印　装／北京季蜂印刷有限公司

规　格／开本：787mm×1092mm　1/16
　　　　印张：23　字数：347千字
版　次／2017年4月第1版　2017年4月第1次印刷
书　号／ISBN 978－7－5201－0619－1
定　价／89.00元

皮书序列号／B－2016－572

本书如有印装质量问题，请与读者服务中心（010－59367028）联系

▲ 版权所有 翻印必究

《国家体育产业基地发展报告（2015~2016）》编委会成员

主　　编　李颖川

副 主 编　王卫东　李　桦　陈恩堂　叶　春　周加来

执行主编　安　枫　王小朋　姜同仁　黄海燕　潘时华

编　　委　盛明泉　王兆红　侯晋龙　季　浩　叶　楠
　　　　　　孙　静　赵　颖　邢尊明　徐光辉　夏茂森
　　　　　　杨春雷　刘　娜　温　阳　袁继芳　丁云霞
　　　　　　蓝　燕　钟以乐　徐开娟　王　凯　王丽丽
　　　　　　钟华梅　宋园园　刘东升

摘 要

国家体育产业基地是我国重点培育的体育产业主力军和国家队，对充分发挥产业集群的聚集效应、规模效应和区域辐射效应，全面带动全国体育产业的发展起到了积极的引领和示范作用。为了贯彻落实《国务院关于加快发展体育产业 促进体育消费的若干意见》文件精神，进一步促进国家体育产业基地的健康发展，2016年5月，国家体育总局委托安徽财经大学体育产业管理与发展研究院、上海体育学院体育产业发展研究院、江苏现代体育产业研究中心等机构，围绕国家体育产业基地对本地区经济发展贡献、产业统计数据分析、产业基地发展报告等课题开展研究。旨在通过研究建立科学的指标体系，通过专项调查和其他报表收取、汇总并统计产业基地发展数据，通过建立经济模型，分析国家体育产业基地的发展水平、成长态势和对本地区经济发展的贡献程度等，并以年度报告的形式直观呈现国家体育产业基地对全国体育产业发展的引领和示范作用。

研究团队以国家体育产业基地体育产业专项调查和经济社会贡献调查数据为基础，组织体育产业专家编写《国家体育产业基地发展报告（2015～2016）》（以下简称《报告》）。在各省市体育局和国家体育产业基地的大力支持下，经过近1年的数据分析、撰写和反复研讨，研究团队按计划完成研究报告。

《报告》作为国内关于国家体育产业基地的第一本蓝皮书，以事实为依据，以数据为支撑，对国家体育产业基地的发展脉络、发展环境、发展特点和发展趋势等进行了系统梳理，探索了推动国家体育产业基地可持续发展的有效路径，力争凸显蓝皮书的学术性、权威性、全面性、实用性、实效性特征。

全书共分为总报告、分报告、示范基地篇、体育场馆案例篇、体育用品案例篇及附录六个部分。

第一部分为国家体育产业基地发展总报告。重点阐述了国家体育产业基地发展动力和演进历程，全景式描绘了国家体育产业基地重点领域的基本概况，系统梳理了主要发展特点和存在瓶颈，深入分析了经济新常态、政策红利、深化改革带来的发展机遇，并对国家体育产业基地进行了前景展望和提出了建设性意见。

第二部分为分报告，涉及国家体育产业基地的经济社会贡献、行业发展态势和管理发展现状等热点领域。本篇全面分析了国家体育产业基地经济社会贡献的基本概况和发展脉络；系统阐述了体育竞赛表演业、体育健身休闲业、体育场馆业和体育用品业等的基本特征和发展走势；深入梳理了国家体育产业基地管理制度演变路径，归纳分析了国家体育产业基地的管理体系和发展特点。在深入剖析三大热点领域的深层次问题基础上，分别提出了前景展望和发展建议。

第三部分为示范基地篇，即深圳、温江、晋江、龙潭湖、富阳、乐陵、苏南（县域）、宁海、登封、荆门高新区、环青海湖（县域）、淳安、皖南（县域）等13个国家体育产业示范基地发展报告。本篇全面介绍了各示范基地体育产业的基本面貌和发展特点，深入总结了加强政策支持、培育市场主体、激发消费市场、优化产业结构、夯实产业基础、创新体制机制等方面的具体举措以及深化体育产业发展的规划与展望。

第四、五部分为案例篇，选取了北京奥林匹克公园、浙江大丰实业股份有限公司等12家有代表性的国家体育产业示范单位。系统分析了完善场馆管理体系、促进场馆企业化改革、创新场馆运营机制、推动场馆群多业并举等的具体举措；归纳总结了实施品牌发展战略、提高自主创新能力、实现企业转型升级、促进国际化发展、改革营销模式等的经验启示。

Abstract

National Pilot Base of Sport Industry (NPBSI) is the dominant force and key national team in the Chinese sports industry, with a demonstrative and leading role in fully promoting the clustering effect, the scale effect and the regional influence effect of the industrial cluster, thereby driving the development of the national sports industry. Since May 2016, the Research Institute for Management & Development of the Sports Industry under the Anhui University of Finance and Economics, the Research Institute for Development of the Sports Industry under the Shanghai University of Sport, the Jiangsu Research Center for the Modern Sports Industry and other some other organizations have made researches on NPBSI's contribution to regional economic development, industrial statistical data analysis, NPBSI development report and other issues, as requested by the State General Administration of Sports (SGAS), for the purpose of implementing the strategy in *Several Opinions of the State Council on Accelerating the Development of Sports Industry and Promoting Sports-related Consumption* to further promote the sound development of the NPBSI. It aims to establish a scientific index system through research, collect and summarize development data of NPBSI through special investigations and other reporting systems; it analyzes the development level, growth trend and contribution of the NPBSI through establishment of economic model, and reflects NPBSI's leading and demonstrative function in promoting development of the national sports industry.

The research teamhas organized sports industry experts to prepare *Development Report of National Pilot Base of Sport Industry* (2015 – 2016) (hereinafter referred to as the Report) based on NPBSI's special survey and related economic & social contribution survey data. The research team has completed the Report through nearly one year of data analysis, writing and repeated discussion, as strongly supported by sports administration in various provinces and municipalities and the

NPBSI.

Supported by facts and real data, as the first blue paper for the NPBSI, the Report describes the NPBSI's development route, development environment, development characteristics and development trends in a systemic manner, discusses the effective route to promote the NPBSI's sustainable development, and strives to highlight its academic, authoritative, comprehensive, practical features of the official publication.

The Report is divided into four parts: General Report, Sub-report, Demonstrative Bases, Case Study.

Part 1 serves as the NPBSI's general development report. This part focuses on the development driving force and evolution process of the NPBSI, describes the basic situation of major business areas in the NPBSI fully, elaborates its main development characteristics and bottlenecks systematically, analyzes the development opportunities arising from new economic context, new political atmosphere and new reforms movement in China in a detailed manner, outlooks the NPBSI's prospects and puts forward constructive suggestions to the NPBSI.

As the sub-report, Part 2 is composed of economic and social contribution from the NPBSI, the development trend of sports industry and current status of management development. It analyzes the basic situation and development route regarding the economic and social contribution of the NPBSI comprehensively; expounds the basic characteristics and development trend of sports performance industry, sports leisure industry, stadium industry and sporting goods industry systematically; further describes evolution process of the NPBSI's management system, summarizes and analyzes the NPBSI's management system and development characteristics. By analyzing the deep-seated problems in the three highly attended areas, the prospect and development suggestions are proposed respectively in this part.

Part 3 focuses on the demonstrative bases. It shows development reports from 13 NPBSIs respectively located in Shenzhen, Wenjiang, Jinjiang, Longtan Lake, Fuyang, Leling, South Jiangsu (county territory), Ninghai, Dengfeng, Jingmen High-tech Zone, Regions around Qinghai Lake (county territory), Chun'an, and South Anhui (county territory). This part comprehensively introduces the

Abstract

basic situation and development characteristics of various NPBSIs, concludes their specific measures for improving the policy support, developing the market players, stimulating consumption, optimizing industrial structure, consolidating industrial foundation, and innovating systems and mechanisms; it proposes plans and prospect for further promoting development of the sports industry;

Part 4 and 5, which focuses on case study, takes 12 representative NPBSI demonstrative entities as examples, such as the Beijing Olympic Park and the Zhejiang Dafeng Industrial Co., Ltd.; This part analyzes systematically the detailed measures for improving the management system of stadiums, promoting the commercialization reform of stadium operators, innovating the operation mechanism and promoting business diversification; it summarizes the experience and inspiration in implementing branding strategies, improving the capability of independent innovation, realizing the transformation and upgrading of enterprises, promoting internationalized development strategies, reforming marketing approaches, etc.

目 录

Ⅰ 总报告

B.1 国家体育产业基地发展现状与展望 ………… 姜同仁 王兆红 / 001
  一 国家体育产业基地发展背景……………………………… 002
  二 国家体育产业基地发展现状……………………………… 010
  三 国家体育产业基地面临形势……………………………… 028
  四 国家体育产业基地前景展望……………………………… 035

Ⅱ 分报告

B.2 国家体育产业基地经济社会贡献与展望 …… 温 阳 徐光辉 / 043
B.3 国家体育产业基地行业发展态势与展望 …… 夏茂森 邢尊明 / 073
B.4 国家体育产业基地管理发展现状与展望 …… 徐开娟 王 凯 / 105

Ⅲ 示范基地篇

B.5 深圳国家体育产业示范基地发展报告 ……………………… / 128

B.6　温江国家体育产业示范基地发展报告……………………………… / 138
B.7　晋江国家体育产业示范基地发展报告……………………………… / 146
B.8　龙潭湖国家体育产业示范基地发展报告…………………………… / 153
B.9　富阳国家体育产业示范基地发展报告……………………………… / 160
B.10　乐陵国家体育产业示范基地发展报告…………………………… / 168
B.11　苏南（县域）国家体育产业示范基地发展报告………………… / 176
B.12　宁海国家体育产业示范基地发展报告…………………………… / 184
B.13　登封国家体育产业示范基地发展报告…………………………… / 191
B.14　荆门高新区国家体育产业示范基地发展报告…………………… / 199
B.15　环青海湖（县域）国家体育产业示范基地发展报告…………… / 206
B.16　淳安国家体育产业示范基地发展报告…………………………… / 212
B.17　皖南（县域）国家体育产业示范基地发展报告………………… / 220

Ⅳ　体育场馆案例篇

B.18　多业并举，构建大型主题公园发展新格局
　　　——北京奥林匹克公园 ……………………………………… / 229

B.19　以体为本，打造体育文化活动聚集区
　　　——天津市奥林匹克体育中心场馆群 ……………………… / 239

B.20　质量为先，建立现代体育场馆管理新标准
　　　——武汉体育中心发展有限公司 …………………………… / 246

B.21　以体惠民，建设岭南体育文化休闲区
　　　——广州天河体育中心 ……………………………………… / 254

B.22　机制创新，推进体育场馆企业运营管理新模式
　　　——安徽奥园体育产业集团有限责任公司 ………………… / 261

B.23　突出主业，打造冰雪运动产业新品牌
　　　——黑龙江省亚布力体育训练基地 ………………………… / 266

Ⅴ 体育用品案例篇

B.24 产品集成,打造全球文体设施品牌供应商
——浙江大丰实业股份有限公司 …………………… / 272

B.25 品牌引领,提升企业发展核心竞争力
——广州双鱼体育用品集团有限公司 ……………… / 278

B.26 自主创新,推动船艇产业高端发展
——浙江华鹰控股集团有限公司 …………………… / 286

B.27 转型升级,拓展传统企业发展新领域
——广州爱奇实业有限公司 ………………………… / 292

B.28 品牌国际化,助力企业卓越发展
——福建匹克集团有限公司 ………………………… / 299

B.29 跨界协作,发展运动装备营销新模式
——三六一度(中国)有限公司 …………………… / 306

Ⅵ 附录

B.30 附录1 国家体育产业基地发展大事记 …………………… / 313
B.31 附录2 国家体育产业基地名录 …………………………… / 317
B.32 附录3 国家体育产业基地相关文件 ……………………… / 321

皮书数据库阅读 **使用指南**

CONTENTS

Ⅰ General Report

B.1 Current Status and Prospect of National Pilot Base of Sport Industry
                Tongren Jiang, Zhaohong Wang / 001
  1. Development Background of National Pilot Base of Sport Industry / 002
  2. Current Status of National Pilot Base of Sport Industry / 010
  3. Situation for National Pilot Base of Sport Industry / 028
  4. Prospects of National Pilot Base of Sport Industry / 035

Ⅱ Sub-report

B.2 Economic & Social Contribution and Prospect of National Pilot Base of Sport Industry *Yang Wen, Guanghui Xu* / 043

B.3 Industrial Development Trend and Prospect of National Pilot Base of Sport Industry *Maosen Xia, Zunming Xing* / 073

B.4 Current Status and Prospect of the Management of National Pilot Base of Sport Industry *KaijuanXu, Kai Wang* / 105

Ⅲ Demonstration Bases

B.5　Development Report of Shenzhen National Pilot Demonstration Base of Sport Industry　／ 128

B.6　Development Report of Wenjiang National Pilot Demonstration Base of Sport Industry　／ 138

B.7　Development Report of Jinjiang National Pilot Demonstration Base of Sport Industry　／ 146

B.8　Development Report of LongtanLake National Pilot Demonstration Base of Sport Industry　／ 153

B.9　Development Report of Fuyang National Pilot Demonstration Base of Sport Industry　／ 160

B.10　Development Report of Leling National Pilot Demonstration Base of Sport Industry　／ 168

B.11　Development Report of South Jiangsu (CountyTerritory) National Pilot Demonstration Base of Sport Industry　／ 176

B.12　Development Report of Ninghai National Pilot Demonstration Base of Sport Industry　／ 184

B.13　Development Report of Dengfeng National Pilot Demonstration Base of Sport Industry　／ 191

B.14　Development Report of Jinmen National Pilot Demonstration Base of Sport Industry　／ 199

B.15　Development Report of QinghaiLake (CountyTerritory) National Pilot Demonstration Base of Sport Industry　／ 206

B.16　Development Report of Chun'an National Pilot Demonstration Base of Sport Industry　／ 212

B.17　Development Report of Southern Anhui (CountyTerritory) National Pilot Demonstration Base of Sport Industry　／ 220

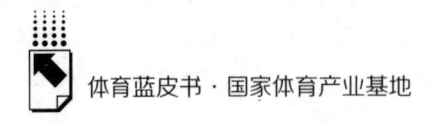

IV Stadium Cases

B.18 Diversified Large Theme Park-Beijing Olympic Park / 229

B.19 Sports-oriented Gathering Place for Sports and Cultural Activities- Tianjin Olympic Sports Center Venue Complex / 239

B.20 Quality Management of Modern Stadium-Wuhan Sports Center Development Co., Ltd / 246

B.21 People-oriented Sports & Cultural Area of the Lingnan Style-Guangzhou Tianhe Sports Center / 254

B.22 Mechanism Innovation in Operational Management of Stadium- Anhui Olympic Park Sports Industry Group Co., Ltd / 261

B.23 Highlighted Winter Sports Brand -Heilongjiang Yabuli Sports Training Base / 266

V Sports Goods Cases

B.24 Supplier of Global Brands of Cultural & Sports Facilities- Zhejiang Dafeng Industry Co., Ltd / 272

B.25 Brand-guided Core Business Competitiveness - Guangzhou Pisces Sporting Goods Group Co., Ltd / 278

B.26 Independent Innovation in the High-end Development of the Boat Industry-Zhejiang Huaying Holding Group Co., Ltd / 286

B.27 Transformation and Upgrading of Traditional Enterprise for a Wider Business Scope-Guangzhou Aiqi Industry Co., Ltd / 292

B.28 Brand Internationalization, a Booster of Corporate Development- Fujian Peak Group Co., Ltd / 299

B.29 Interdisciplinary Collaboration in the New Marketing Model of Sports Equipment-361 Sport (China) Co., Ltd / 306

VI Appendices

B.30 Appendix 1 Milestones of National Pilot Base of Sport Industry / 313
B.31 Appendix 2 Directories of National Pilot Base of Sport Industry / 317
B.32 Appendix 3 Related Documents of National Pilot Base of Sport Industry / 321

练基地、体育旅游基地、特色项目（如航空、武术）产业基地等多种类型；同时，北京、天津、河北、山西、辽宁、黑龙江、安徽、福建、山东、湖北、湖南、广东、海南、陕西、贵州、云南16个省份已经开始积极筹建或计划筹建省级体育产业基地。地方体育产业基地建设呈现蓬勃发展之势，为国家体育产业基地实现跨越式发展积累了丰富的储备。

3. 体育产业基地的完善期（2015~）

为进一步贯彻落实国务院46号文件精神，2015年开始，国家体育总局加快了体育产业基地的规范和建设步伐，体育总局领导提出"国家体育产业基地的命名和打造要进一步整合资源、进行布局规划，要进一步规范程序、明确标准，系统地提高层次、档次和品位"的要求，体育产业基地迎来新的发展时期。

体育总局体育器材装备中心作为具体执行部门，以"完善制度、规范管理、稳步推进、提升服务"为抓手，全面开展了各项基地建设工作。2015年5月开始，以《国家体育产业基地管理办法（试行）》为依据，启动了2015年度产业基地和示范单位的评审认定工作。此次评审经过了初审入围、方案报批、组成专家组、现场评估、评审评议、综合打分、上报总局、批复命名共8个阶段，历时近6个月。经总局核定批准，在全国范围内命名了平果、宁海、登封、荆门高新区、环青海湖（县域）、淳安、皖南（县域）共7个国家体育产业基地，并认定天津奥体中心、浙江大丰实业、武汉体育中心、广州天河体育中心、安徽奥园、亚布力训练基地、广州双鱼、浙江华鹰、广州爱奇实业、匹克集团、三六一度（中国）有限公司共11家国家体育产业示范单位。经过此轮评审，国家体育产业基地已经步入发展的新阶段。

为了进一步推动国家体育产业基地的规范发展，体育总局在总结近年来基地工作经验和深入调研的基础上，开展了对2011年《国家体育产业基地管理办法（试行）》的修订工作，面向全国各省区市体育局、体育产业理论专家及国家体育产业基地广泛征求意见。经过充分论证，2016年3月，国家体育总局下发的《关于加强国家体育产业基地建设工作的通知》中进一步扩展和厘清了国家体育产业基地的概念体系。自此，"国家体育产业基地"不再是某

总报告

General Report

B.1 国家体育产业基地发展现状与展望

姜同仁 王兆红*

摘　要： 国家体育产业基地是我国重点培育的体育产业主力军，具有较大的发展优势和潜力。本章重点阐述了国家体育产业基地发展动力和演进历程，全景式描绘了国家体育产业基地的经济社会贡献、行业发展态势和管理发展现状等总体概况，系统梳理了发展特点和存在瓶颈，深入分析了经济新常态、政策红利、深化改革带来的发展机遇，并对国家体育产业基地进行了前景展望和提出了建设性意见。

关键词： 国家体育产业基地　国家队　示范引领

---

* 姜同仁，教授，安徽财经大学体育产业管理与发展研究院院长，研究方向为体育产业；王兆红，教授，北京师范大学体育与运动学院副院长，研究方向为体育产业。

国家体育产业基地是我国重点培育的体育产业排头兵和国家队。加快发展国家体育产业基地有利于营造体育产业资源汇集的良好环境，对促进地方经济转型升级、保障和改善民生、扩大消费需求具有重要意义。2006年以来，经过10年的精心培育，国家体育产业基地已经初具规模。专项调查数据显示，2015年，14个国家体育产业示范基地体育产业总规模达2888.2亿元，实现增加值897.7亿元，占当年全国体育产业增加值的16.3%，占当年示范基地GDP的3.0%。国家体育产业基地对充分发挥产业集群的聚集效应、规模效应、区域辐射效应，全面带动全国体育产业的发展起到了积极的示范和带头作用。

2014年国务院颁布的《关于加快发展体育产业促进体育消费的若干意见》（以下简称"国务院46号文件"）明确指出，要"打造一批符合市场规律、具有市场竞争力的体育产业基地"。为了贯彻落实国务院46号文件精神，进一步促进国家体育产业基地的健康发展，2016年5月，国家体育总局开展了国家体育产业基地专题研究工作，对产业基地发展状况、面临问题和发展展望进行了系统梳理，探索了推动国家体育产业基地可持续发展的有效路径。

一 国家体育产业基地发展背景

2011年11月，国家体育总局出台了《国家体育产业基地管理办法（试行）》，首次对"国家体育产业基地"进行了官方的界定。2016年3月，在修订和完善的基础上，体育总局又正式下发了《关于进一步加强国家体育产业基地建设工作的通知》，对国家体育产业基地的概念进行了全面界定："经国家体育总局命名或认定的、在体育产业发展方面具备相当基础、规模和特色的地区，在体育产业重点领域具有较大影响力和较强竞争力的单位或机构，以及在体育产业特定领域成绩显著、具备较好经济和社会效益的活动或项目的总称"。①

---

① 国家体育总局：《关于进一步加强国家体育产业基地建设工作的通知》，2016年3月。

（一）体育产业基地发展动力

近年来，我国体育产业发展步伐日渐加快，地方经济社会转型升级诉求日益强烈，国家体育产业基地地位不断提升，多层面形成的良好态势为推动我国体育产业基地向规模化、集聚化和专业化方向发展搭建了重要的平台。

1. 国家战略发展规划形成的新机遇

针对体育产业基地的国家战略发展规划有力地推动了体育产业基地的快速发展。2006年颁布的《体育产业"十一五"规划》第一次提出："扶持体育产业基地建设，合理规划产业布局，充分发挥东、西部地区的比较优势，促进我国体育产业的协调发展"[1]，明确了体育产业基地的地位。2010年3月19日，国务院办公厅下发《关于加快发展体育产业的指导意见》（以下简称《指导意见》），首次从国家战略层面强调"加强对体育产业发展的区域布局，根据不同地区的比较优势和经济社会发展的实际情况，合理规划，促进形成体育产业发展的聚集区、示范区和城市发展功能区"[2]。为进一步落实国务院《指导意见》，2011年4月29日，国家体育总局印发了《体育产业"十二五"规划》的通知，明确提出到2020年"在全国建立20个国家体育产业基地、30个国家体育产业示范基地"[3]。2014年10月20日，颁布的国务院46号文件进一步提出"因地制宜发展体育产业，打造一批符合市场规律、具有市场竞争力的体育产业基地，建立区域间协同发展机制，形成东、中、西部体育产业良性互动发展格局"[4]。2016年7月13日，国家体育总局印发的《体育产业发展"十三五"规划》进一步提出："完善国家体育产业基地管理方式，提升国家体育产业基地的管理和服务水平，建成一批具有集聚效应和规模效应的体育产业基地。"[5] 国家推行的一系列战

---

[1] 国家体育总局：《体育产业"十一五"规划》，2006年3月。
[2] 国务院办公厅：《关于加快发展体育产业的指导意见》，2010年3月。
[3] 国家体育总局：《体育产业"十二五"规划》，2011年4月。
[4] 国务院：《关于加快发展体育产业促进体育消费的若干意见》，2014年10月。
[5] 国家体育总局：《体育产业发展"十三五"规划》，2016年7月。

略规划，为国家体育产业基地的建设和管理指明了方向，也为体育产业基地的发展与繁荣奠定了坚实的基础。

2. 地理空间集聚战略形成的新载体

体育产业基地的快速发展过程紧随国家空间集聚战略推进进程。2016年我国城市化水平已经达到57.35%，比2006年增长了29.34个百分点。伴随着城市化进程不断加快，我国进一步推进空间集聚战略布局步伐，国务院颁布的《关于印发全国主体功能区规划的通知》中明确提出了构建以"两横三纵"为主体的城市化集聚战略布局。这一战略布局规划了城市化的集聚发展走向，明确了城市化的发展要求，不仅为体育产业集聚发展拓展了空间，也为体育产业基地提供了具体的支撑点。以环渤海、长三角、珠三角为中心形成的三大优化开发集聚区，城市化水平普遍较高，体育产业发展比较成熟，成为体育产业基地优化开发的核心区，深圳、龙潭湖、富阳、淳安、宁海等一批国家体育产业基地集聚于三大区域；以海西地区、长江中游地区等形成的若干集聚区，城市化水平稳步提升，成为体育产业基地重点开发的区域，晋江、皖南（县域）、苏南（县域）等国家体育产业基地集聚于此。国家主体功能区空间集聚发展战略的持续推进，有力地加快了体育人力资本、技术资本、创新要素在空间平台的急剧聚集，推动着国家体育产业基地实现快速发展。

3. 体育产业高速发展形成的新助力

体育产业基地的发展有赖于本行业的发展潜力和经济地位。近年来，中国体育产业得到了大幅增长，规模不断扩大。数据显示（图1），[①] 2006年全国体育产业从业人员为256.3万人，总产出仅为3013.5亿元，"十二五"末体育产业总产出已经突破1.7万亿元，达到17107.0亿元；2006年全国体育产业增加值仅为982.9亿元，"十一五"末体育产业增加值已经突破

[①] 2006、2007年数据在全国体育产业专项调查基础上测算获取；2008年数据在第二次全国经济普查数据以及专项调查数据基础上测算获取；2009~2014年数据是在国家统计局、国家体育总局、各省市体育产业专项调查以及前四年体育产业数据基础上，通过测算获取；2015年数据是在全国体育产业专项调查数据基础上测算获取。

2000亿元，2015年进一步突破5000亿元大关，达到5494.4亿元。2006～2015年期间，全国体育产业实现总产出增加14093亿元，创造增加值增加4512亿元，2015年增加值是2006年的5.6倍，体育产业表现出强劲的发展势头。体育产业的高速发展显示出强大的发展潜力，奠定了重要的行业经济地位，释放出巨大的需求活力，从而进一步驱动国家体育产业基地保持良好的上升势头。

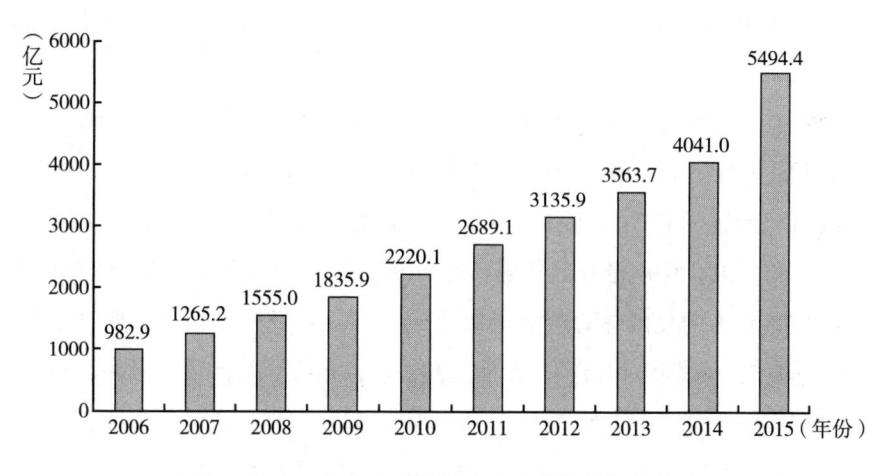

图1 2006～2015年中国体育产业增加值规模情况

4. 地方经济转型发展形成的新诉求

伴随着国家"稳增长、促改革、调结构、惠民生"的推进，地方经济探寻思路不断拓展，各类产业园区和特色集聚区建设成为地方经济转型发展的重要平台。这些园区集聚了一批高端企业、汇聚了一批前沿创新资源、搭建了一批产业支撑园区，不仅成为支撑地方经济平稳发展的重要载体，也是地方实现新一轮创新发展的重要助推器。体育产业作为一种民生产业、幸福产业和绿色产业，形成强大的社会诉求，成为地方经济转型发展中着力打造的重点行业。各地积极推动和引导各类体育产业园区和特色集聚区依据资源禀赋，进行规划布局，形成规模效应，充分发挥辐射和带动作用，推动体育产业快速发展，以此全面带动区域经济转型和社会进步发展。

（二）体育产业基地演进历程

国家体育产业基地的发展历史相对较短，从初步孕育到逐步成型，更加重视制度性建设和完善，演进历程经历了一个渐进的过程。

1. 体育产业基地的探索期（2006～2010）

"产业基地"作为产业集聚发展的重要形式，由于具备有利于释放强大的企业能力和集群优势等特点，在各行业中被广泛采用，并引起体育产业领域的关注。

深圳作为我国最早的对外开放城市，资源集聚效应明显，在优越的经济发展环境带动下，市场资本开始呈现向体育产业部门流动的趋势。"至2006年，深圳已聚集了1500多家体育制造类和体育健身娱乐企业，集聚了波力体育器材、好家庭、中航健身俱乐部和观澜湖高尔夫球场等一批知名体育企业，初步形成了较为明显的体育产业聚集效应"。[①] 为了进一步激发和促进体育产业的快速发展，深圳市积极探索发展之路，并由市发展与改革局牵头，向国家有关部门提出建立国家体育产业基地的构想。经过严格的论证、考评和审批程序，2006年4月国家体育总局正式批准设立"深圳国家体育产业基地"。

深圳国家体育产业基地的设立，标志着国家体育产业基地作为体育产业的国家队地位得到正式确立。至2010年，全国先后批准了6个国家体育产业基地。2006年12月，旨在打造"集运动、休闲、娱乐于一体的城市综合功能区"的成都温江成为我国西部第一个国家体育产业基地；2007年11月，以体育鞋服制造为主要产业集聚形式的福建晋江市成为全国第三个国家体育产业基地；2008年，以国内外体育组织和重大体育赛事为主要集聚基础的北京龙潭湖地区获批成为第四个国家体育产业基地；2009年9月，浙江富阳地区以球拍、水上运动器材等为主要特色的集聚区，成为全国第五个国家体育产业基地；2010年8月，山东乐陵市依托泰山体育有限公司等一批龙头体育器材企业的集聚发展，获批成为全国第六个国家体育产业基地。

---

① 深圳国家体育产业基地管理办公室：《国家体育产业基地申报材料》，2006。

整体来看，2006~2010年，我国体育产业基地基本以每年一个的速度在增长，示范基地的命名规模并不大，尚处在初创推进时期。

2. 体育产业基地的规范期（2011~2014）

进入"十二五"初期，伴随着各地申报国家体育产业基地的热情持续高涨，建立系统的认定标准和科学的动态监管机制迫在眉睫。经过前期论证和充分酝酿，2011年11月，国家体育总局正式下发了关于《国家体育产业基地管理办法（试行）》（以下简称《管理办法》）的政策文件。该办法作为针对国家体育产业基地颁布的第一个专门性法规文件，可以说是国务院办公厅《指导意见》中"促进形成体育产业发展的聚集区、示范区和城市发展功能区"有关内容的具体化和深化，填补了基地管理工作在制度上的空白，标志着国家体育产业基地逐步走上理性化、规范化之路。该文件进一步明确了国家体育产业基地的概念和类型，指出以地区为单位申请，命名为"国家体育产业基地"，以企业或机构为单位申请，命名为"国家体育产业示范基地"，产业基地工作自此进入常规模式。

2012年3月，总局经济司邀请6个基地及10个省、区、市代表，在成都温江基地召开国家体育产业基地建设座谈会，重点解读新出台的基地管理办法，并就基地布局、审批、建设等问题听取各方建议，为推动国家体育产业基地的稳定发展和科学布局奠定了坚实的基础。同年，国家体育总局经济司依据《管理办法》规定的程序开展产业基地评审工作，各地积极响应，9个省、区、市共申报了9个产业基地和28个示范基地。2013年7月，国家体育总局正式命名了第一个县域集群型的国家体育产业基地——苏南（县域）国家体育产业基地，认定了第一家国家体育产业示范基地——北京奥林匹克公园，从而实现国家体育产业基地的新布局。

国家体育产业基地的进一步规范和明确为全国各地体育产业发展指明了方向。据此，地方推动区域内体育产业做大做强，以点带面，促进体育产业的集聚发展，积极开展各类体育产业基地的建设工作。据统计，2014年，江苏、浙江、河南、广西、四川、青海6个省区共设立了88个省级体育产业基地，这些产业基地涵盖体育用品制造基地、运动健身休闲基地、专业训一类基地的名称,而是作为此项工作的统称,包含了三种具体的类型:"一是以地区(县或县域集群、不设区的市、市辖区)为单位,命名为'(地区名称)国家体育产业示范基地';二是以体育产业重点领域的知名企业或组织机构为单位,认定为'国家体育产业示范单位';三是以持续运营的优秀体育产业活动或项目为单位,认定为'国家体育产业示范项目'"。① 按照基地新的分类标准,全国共有国家体育产业示范基地14家,国家体育产业示范单位12家(见表1)。2016年5月,国家体育总局发布的《体育发展"十三五"规划》中进一步明确提出,要"统筹协调不同类型、不同区域、不同领域的体育产业基地发展,构建特色鲜明、类型多样、结构合理的国家体育产业基地布局"②,这为未来五年国家体育产业基地的建设与发展提出了纲领性要求,也为体育产业基地实现跨越式发展提出了更高的目标。

表1 国家体育产业基地名单一览(截止到2015年底)

序号	基地名称	基地类型	命名时间
1	深圳国家体育产业示范基地	示范基地	2006年4月
2	温江国家体育产业示范基地	示范基地	2006年12月
3	晋江国家体育产业示范基地	示范基地	2007年11月
4	龙潭湖国家体育产业示范基地	示范基地	2008年12月
5	富阳国家体育产业示范基地	示范基地	2009年9月
6	乐陵国家体育产业示范基地	示范基地	2010年8月
7	苏南(县域)国家体育产业示范基地	示范基地	2013年7月
8	平果国家体育产业示范基地	示范基地	2015年11月
9	宁海国家体育产业示范基地	示范基地	2015年11月
10	登封国家体育产业示范基地	示范基地	2015年11月
11	荆门高新区国家体育产业示范基地	示范基地	2015年11月
12	环青海湖(县域)国家体育产业示范基地	示范基地	2015年11月
13	淳安国家体育产业示范基地	示范基地	2015年11月
14	皖南(县域)国家体育产业示范基地	示范基地	2015年11月
15	北京奥林匹克公园	示范单位	2013年7月
16	天津市奥林匹克体育中心场馆群	示范单位	2015年11月

① 国家体育总局:《体育总局关于加强国家体育产业基地建设工作的通知》,2016年3月。
② 国家体育总局:《体育发展"十三五"规划》,2016年5月。

续表

序号	基地名称	基地类型	命名时间
17	浙江大丰实业股份有限公司	示范单位	2015年11月
18	武汉体育中心发展有限公司	示范单位	2015年11月
19	广州天河体育中心	示范单位	2015年11月
20	安徽奥园体育产业集团有限责任公司	示范单位	2015年11月
21	广州双鱼体育用品集团有限公司	示范单位	2015年11月
22	浙江华鹰控股集团有限公司	示范单位	2015年11月
23	黑龙江省亚布力体育训练基地	示范单位	2015年11月
24	广州爱奇实业有限公司	示范单位	2015年11月
25	福建匹克集团有限公司	示范单位	2015年11月
26	三六一度(中国)有限公司	示范单位	2015年11月

二 国家体育产业基地发展现状

体育产业作为一种朝阳产业和民生产业，对国家体育产业基地的经济发展和社会消费产生较大的拉动作用，为挖掘地方消费潜力、扩大消费需求、推动经济发展做出了重要贡献。

(一) 总体发展概况

近年来，随着国务院46号文件的强力支持，体育产业环境得到进一步优化，国家体育产业基地取得了较快发展，体育产业规模不断扩大，领域不断拓展，管理日趋完善，体育产业在国家和地方经济发展中体现出越来越重要的作用。

1. 经济社会贡献初步显现

(1) 国家体育产业示范基地集聚效应日趋形成

国家体育产业示范基地营造了体育产业资源集聚、技术不断创新、企业和人才大量汇集的良好环境，形成体育产业相对集中的区域，发挥出较强的集聚效应、规模效应和区域辐射效应。

一是体育产业体量初具规模。统计数据显示，2015 年，14 个国家体育产业示范基地体育产业从业人员 927268 人，体育产业总产出（总规模）达到 2888.2 亿元，实现体育产业增加值 897.7 亿元，占当年全国体育产业增加值的比重达到 16.3%。就具体示范基地而言（见图 2），晋江国家体育产业示范基地集聚单位数达到 8078 家，体育产业实现增加值 425.1 亿元；深圳国家体育产业示范基地单位数达到 5914 家，体育产业实现增加值 193.0 亿元，产业地位较为突出。

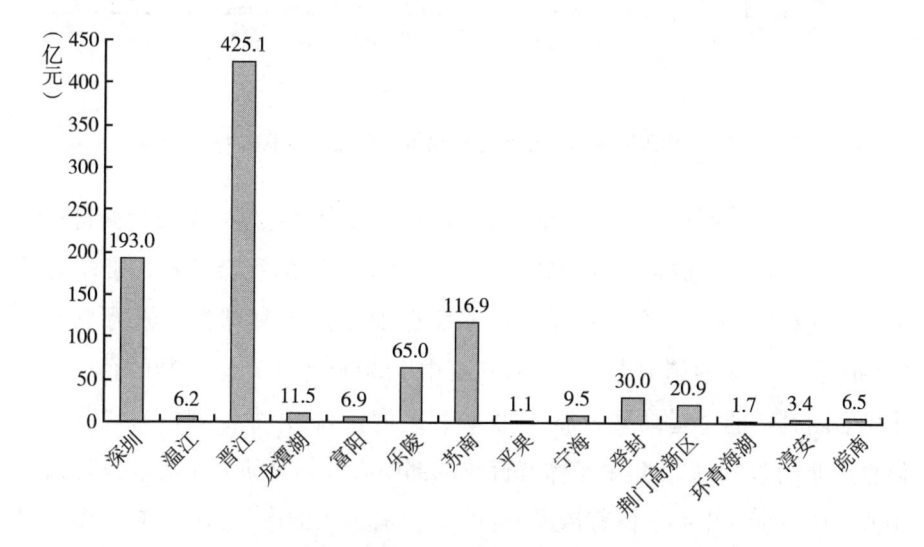

图 2　2015 年国家体育产业示范基地体育产业增加值

资料来源：由各国家体育产业示范基地提供，下同。

二是体育产业经济贡献地位明显。统计数据显示（见图 3），2015 年国家体育产业示范基地体育产业增加值占 GDP 比重达到 3.0%，远远高于当年全国 0.8% 的平均水平，体育产业对地方经济的贡献处于较重要地位。就具体示范基地而言，85.7% 的国家体育产业示范基地体育产业经济贡献超过了 1%；龙潭湖、乐陵、晋江、荆门高新区国家体育产业示范基地体育产业增加值占该地 GDP 比重均超过了 10%，其中龙潭湖国家体育产业示范基地甚至超过 50%，乐陵和晋江国家体育产业示范基地分别达到 29.0% 和 26.2%，体育产业的地方经济贡献水平极高，成为名副其实的支柱产业。

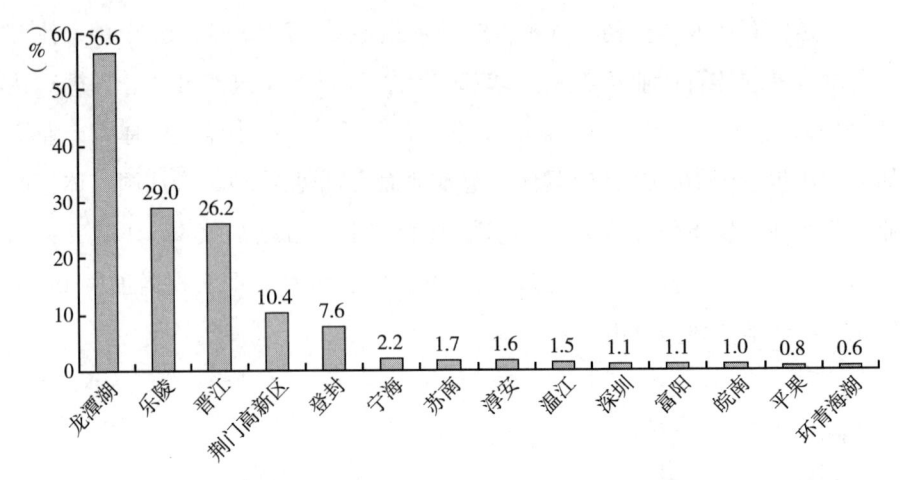

图3 2015年国家体育产业示范基地体育产业增加值占GDP比重

三是体育产业辐射效应开始凸显。各国家体育产业基地通过提升自身的软硬实力，普遍形成很强的专业特色，产生了巨大的社会效益，带动力增强。如浙江富阳上官乡集中了300多家企业生产各种球拍，成为中国的"球拍之乡"，辐射影响力较大；晋江集中了3000家生产运动鞋的企业，是中国名副其实的"运动鞋之都"，国际知名度较高；[①] 龙潭湖作为"北京市体育产业创意中心"，集聚了体育行政总部中心、体育研发中心、体育人才中心、体育训练中心、体育传媒中心等，具有强大的聚集辐射效应。温江国家体育产业示范基地则以新业态、新模式、新技术的创新升级，形成较强的带动效应，2015年该基地日常运动健身活动、休闲健身活动、体育赛事活动以及体育节庆活动，拉动温江餐饮、住宿、休闲娱乐消费达到3亿元；带动体育器材、运动服装鞋帽、运动饮料等体育用品零售消费5.1亿元[②]，充分体现了体育产业对刺激地方消费增长和拉动经济发展的综合作用。

(2) 国家体育产业示范单位经济社会贡献初现成效

国家体育总局批准设立的12家国家体育产业示范单位，皆是立足于体

[①] 刘娜、刘红：《我国体育用品产业集群核心竞争力的提升》，《上海体育学院学报》2013年第4期，第37~43页。

[②] 成都市温江区体育局：《温江国家体育产业示范基地发展报告》，2016年7月。

育产业领域的知名企业或单位，主要包括体育用品类和场馆类。经过多年的经营和精心培育，国家体育产业示范单位的经济效益逐步显现，社会影响力进一步加强。

一是经营效益保持较快增长。数据显示（见图4），2015年，12家国家体育产业示范单位的营业收入达到866934万元。其中，体育场馆类单位营业收入为153695万元，占12家国家体育产业示范单位营业收入总额的17.7%；体育用品类企业营业收入为713239万元，占家体育产业示范单位营业收入总额的82.3%。"十二五"期间，大丰实业、华鹰控股、爱奇实业、广州双鱼经营收入均处于快速发展轨道，其中大丰、华鹰、双鱼在"十二五"期间净利润年均增长率均超过30%；福建匹克、三六一度（中国）两家公司受到国内外市场寒流的冲击较大，经济效益在前半程出现一定的波动，但2013年开始迅速回升。6家体育场馆类示范单位中，北京奥林匹克公园一枝独秀，2013年以来连续保持增长势头，2014年营业收入首次突破10亿大关，同比增长36.5%；2015年营业收入进一步上升到134000万元，同比增长7.6%。从整体来看，国家体育产业示范单位保持较为良好

单位	营业收入（万元）
三六一度（中国）有限公司	175044
福建匹克集团有限公司	310750
广州爱奇实业有限公司	17212
浙江华鹰控股集团有限公司	15058
广州双鱼体育用品集团有限公司	55581
浙江大丰实业股份有限公司	139594
黑龙江省亚布力体育训练基地	1809
安徽奥园体育产业集团有限责任公司	1013
广州天河体育中心	4529
武汉体育中心发展有限公司	8745
天津奥林匹克体育中心场馆群	3599
北京奥林匹克公园	134000

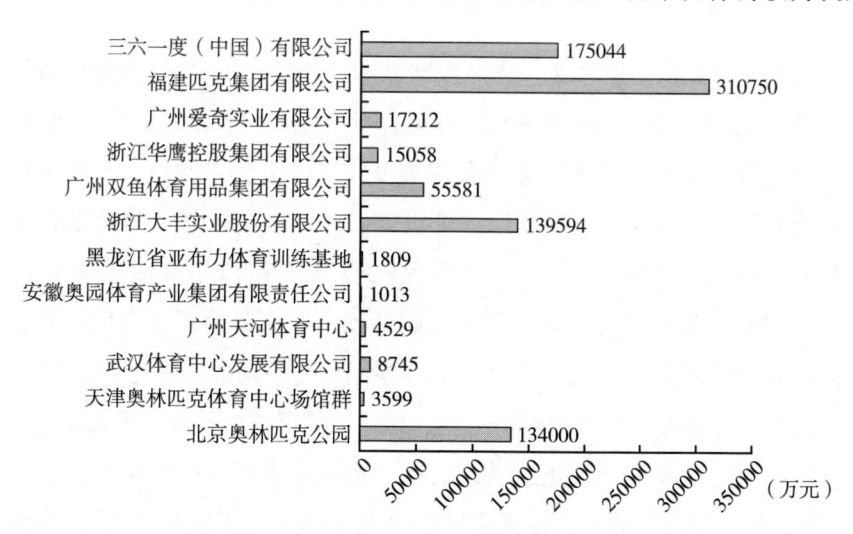

图4　2015年国家体育产业示范单位经营规模情况

资料来源：由各国家体育产业示范单位提供，下同。

的发展走势，体育用品类企业经济贡献较为突出。

二是特色经营助推发展。各国家体育产业示范单位均已形成独具个性的发展特色，如北京奥林匹克公园依托体育与旅游、文化、金融等多产业融合，构建了以体育产业为核心、多产业共存的大型体育主题公园格局；天津奥林匹克体育公园将体育产业的发展与休闲娱乐及商业开发相结合，形成体育文化活动聚集区，有效促进体育产业发展；武汉体育中心则实现管理创新，树立现代体育场馆管理新标准；广州天河体育中心以体惠民，建设岭南体育文化休闲区；安徽奥园以机制创新为突破口，推进大型体育场馆企业运营管理新模式；黑龙江省亚布力体育训练基地以突出主业为主攻方向，打造冰雪运动产业新品牌；浙江大丰实业股份有限公司立足产品集成，打造全球文体设施品牌供应商；广州双鱼体育用品集团有限公司以品牌引领，提升企业发展核心竞争力；浙江华鹰控股集团有限公司加强自主创新，推动船艇产业高端发展；广州爱奇实业有限公司紧抓转型升级，拓展传统企业发展新领域；福建匹克集团有限公司以品牌国际化为聚力方向，助力企业卓越发展；三六一度（中国）有限公司则以跨界协作为根本，发展运动装备营销新模式。

三是社会贡献已然显现。统计数据显示，2015年，12家国家体育产业示范单位贡献纳税总额41391.5万元，其中体育场馆类单位纳税总额7216.2万元，体育用品类企业纳税总额34175.3万元。2015年，6家场馆类示范单位用于向社会提供公共体育设施、产品、服务（或体育场馆免费低收费开放）的费用支出（不包括生产性支出和归还贷款支出）达到1976.5万元，举办面向公众的公共文娱活动和公共体育活动70756次，接受体育健身培训的居民达到25.0万人，参与健身活动的居民达到1056.8万人。大丰实业坚持不懈捐助希望工程、帮助困难群体、资助贫困大学生、赞助社区文化活动等公益事业，累计向社会捐资近千万元；2015年，三六一（中国）有限公司与腾讯公益联合发起"双十一·光脚脱光计划"，众筹项目累计超过400万元，累计捐赠62000多双童鞋；爱奇实业有限公司积极帮助贫困地区体育设施设备改善。总体来看，国家体育产业示范单位大力推动自身发展的同时,能够兼顾经济效益和社会效益,积极加强公共惠民服务力度或投身社会公益事业,得到大众的广泛认可。

2. 多业发展态势呈现活力

体育产业具有多属性、多功能、关联性强的特点,涉及国民经济多个行业,横跨第二产业和第三产业,产业范围较为广泛。目前,各产业基地经过多年的孕育与发展,已形成体育竞赛表演、健身休闲、体育用品、体育场馆等多种业态共同发展的态势,体育产业与旅游、文化、科技等产业融合之势已经凸显,成为地方经济发展新增长点的雏形开始显现。行业数据统计显示(见图5)①,2015年国家体育产业示范基地体育服务业增加值306.0亿元,②占体育产业增加值的36.0%;体育制造业增加值540.2亿元,占体育产业增加值的63.5%;体育建筑业增加值4.1亿元,占体育产业增加值的0.5%。总体来看,尽管各个产业基地会在不同的业态中呈现较大的差异性,但已经形成了种类齐全、多业发展的新格局。

一是体育用品业居于主导地位。经过多年的培育,体育用品业已经成为国家体育产业基地占比最大、发展最快的业态,稳居国家体育产业基地发展的主力位置。统计数据显示,2015年国家体育产业示范基地体育用品业从业人员达660967人,占示范基地体育产业从业人员的76.5%;实现增加值722.0亿元,占示范基地体育产业增加值的比重为84.9%。从构成看,体育用品及相关产品制造业从业人员达581434人,占到体育用品业从业人员的88.0%;实现增加值540.2亿元,占体育用品业增加值的74.8%。体育用品及相关产品销售、贸易代理与出租从业人员79533人,占体育用品业从业人员比重为12.0%;实现增加值181.8亿元,占体育用品业增加值的比重为25.2%。与体育用品及相关产品制造相比,体育用品及相关产品销售、

---

① 由于平果、登封、苏南的溧阳市各业态数据缺失,晋江体育管理活动、竞赛表演活动、健身休闲活动、场馆服务、中介服务、培训与教育、传媒与信息服务、其他与体育相关服务8个业态数据缺失,行业增加值数据未做统计,故此处行业增加值总和小于14个示范基地体育产业增加值之和,下同。

② 按照国家统计局统计口径,体育服务业是除体育用品和相关产品制造业、体育场地设施建设外的其他9大类。

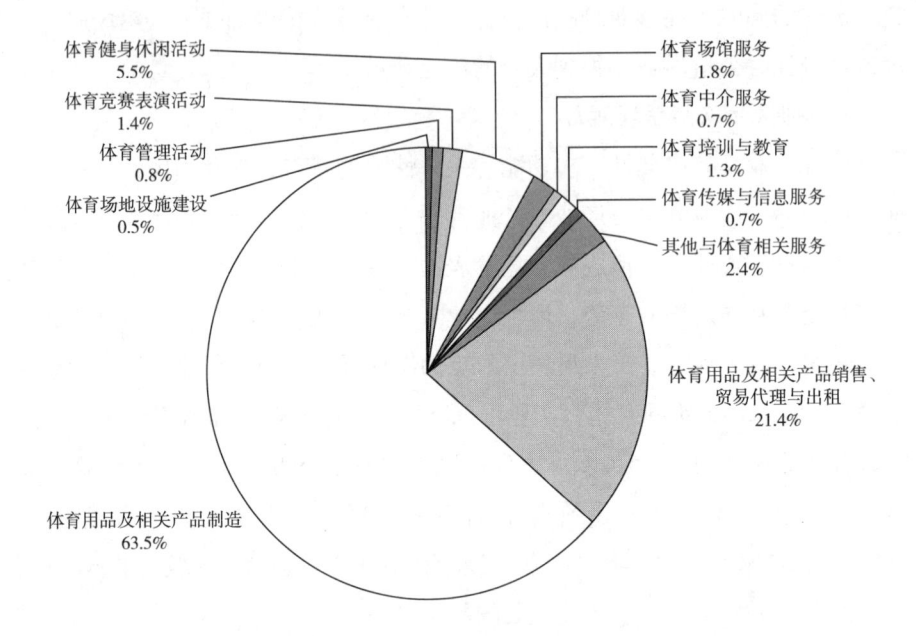

图5　2015年国家体育产业示范基地体育产业门类增加值构成

资料来源：由各国家体育产业示范基地提供。

贸易代理与出租仍存在一定的差距，市场上升空间仍然较大。

二是竞赛表演业蓬勃发展。竞赛表演业是体育产业中的核心产业，与体育产业体系的大部分行业都具有较强的关联性，在国家体育产业基地的产业中作用突出。①体育竞赛表演产业已经形成规模。随着大众需求趋于旺盛和各地政府重视程度的加强，体育产业基地的赛事迎来爆发式发展，2015年，举办全国性以上体育赛事达到121项；体育竞赛表演业实现增加值11.9亿元，占体育服务业的3.9%；从业人员6505人，占体育服务业的2.4%，竞赛表演市场的经济社会效益逐步显现。②精心培育的本土精品赛事不断涌现。一批经过长期培育和打造的精品赛事在国家体育产业基地生根发芽、茁壮成长，规模和影响不断扩大，品牌效益日渐显现，已经成为国内竞赛表演市场的重要力量。以北京奥园中国网球公开赛（北京）为代表的国际顶级网球赛事，以环青海湖为代表的系列国际自行车赛事，以成都马术节为代表的一系列马术赛事，以富阳永安山滑翔伞嘉年华为代表的航空精品赛事，以皖南黄山国际山地户外系列赛、宁海露营大会为代表的著名山地户外赛事、以淳安环千岛湖水上系列赛事为代表的水上运动赛事等，已发展成为国内乃至全球的顶级赛事品牌，在国际国内引起了较大的反响，受到社会各界的一致好评。③承办国际赛事影响力逐步增强。随着我国体育市场国际竞争力稳步提升，国际体育组织纷纷进入中国市场，为国家体育产业基地竞赛表演市场注入了新的生机与活力。北京国际田联世界田径锦标赛、世界田径挑战赛北京站、国际雪联自由式滑雪空中技巧世界杯、国际泳联世界跳水系列赛北京站、国际泳联短池游泳世界杯系列赛北京站、2015年亚洲羽毛球锦标赛等一批国际赛事纷纷落地国家体育产业基地，中美国际篮球对抗赛等一批商业赛事更是接踵而至，国家体育产业基地举办体育赛事的区域影响力迅速增强。

三是健身休闲业精彩纷呈。随着人们生活水平的不断提高，国家体育产业基地的健身休闲业已经逐步成为地方扩大消费需求、拉动经济增长、转变发展方式、促进社会和谐的有力支撑和持续动力。统计数据显示，2015年，国家体育产业示范基地健身休闲业从业人员58016人，实现增加值46.5亿元，对示范基地体育服务业的贡献达到15.2%，健身休闲产业呈现出较好的发展态势。①休闲项目日益壮大。国家体育产业基地已经基本涵盖主要健身休闲项目，三大球、羽毛球、乒乓球等传统健身项目持续受到热捧；武术、龙舟、舞龙、舞狮等民间传统项目日益成为休闲市场的重要内容；水上运动、汽车自驾运动、航空运动等高端时尚项目快速发展。②群众参与热情日趋高涨。数据显示，2015年6个体育场馆类国家体育产业示范单位全年共接待体育健身人数达到1056.8万人次，平均每个单位接待体育健身人数超过176万人次；接受体育健身培训的居民达到25万人次。③健身休闲消费市场逐步成熟。龙潭湖、深圳、温江等国家体育产业示范基地以社区、商业圈、城市综合体为中心的个性化、专业化健身休闲场所日益普及；皖南、苏南等国家体育产业示范基地以旅游目的地为载体的运动休闲度假基地已经初步形成效益；各个产业基地以精细化、个性化服务为方向的专业运动休闲体验市场日渐成熟。逐步形成了层次化、多样化的健身休闲消费市场格局。

四是体育场馆业方兴未艾。长期以来，国家体育产业基地致力于体育场馆的合理规划和布局，充分发挥体育场馆对完善区域功能、拓展区域发展空间的重要作用，推动了体育场馆业的较快发展。数据显示：2015年，国家体育产业示范基地体育场馆业从业人员25309人，占示范基地体育产业从业人员的2.9%；实现增加值19.4亿元，占示范基地体育产业增加值的2.4%。其中，体育场馆服务业从业人员10901人，实现增加值15.3亿元，占体育场馆业的78.9%；体育场地建筑业从业人员14408人，实现增加值4.1亿元，占体育场馆业的21.1%。

3. 管理发展体系日趋完善

面对高速走向规模化、集约化、专业化的发展，科技融合创新的深度和广度不断拓展，金融资本投资持续升温，产业融合的广度、强度和跨度不断提高的体育产业，国家体育产业基地不断创新管理理念、创新组织形态、创新内容形式、创新管理方式，探索和创造了一套激励和推动体育产业快速发展的管理制度体系。

一是管理制度不断调整优化。国家体育产业基地管理制度从"十一五"到"十三五"期间走过了从无到有、从有到优的发展历程。"十二五"的起始年，国家体育总局首次颁布了《国家体育产业基地管理办法（试行）》，实现了国家体育产业基地的有序化管理；进入"十三五"，国家体育总局又下发了《关于进一步加强国家体育产业基地建设工作的通知》，进一步明确了产业基地的概念，梳理和完善了产业基地的类型，尤其强化了产业基地的退出机制，推进了国家体育产业基地的科学化管理。

二是管理体系逐步得以完善。逐步建立了国家体育总局、省体育主管部门、所属地、基地本身的四级管理体系：明确总局的指导和服务职责，制定和修订全国层面的基地管理办法，开展审批认定工作，实施宏观指导，在政策、信息服务和市场开拓等方面给予扶持，并在促进基地之间的合作与交流、加强在国际交流活动以及重大项目中的合作上给予支持；省级体育主管部门负责基地申报的预审，协助对已获命名的基地进行管理和考核，制定和实施本级支持体育产业发展的政策；产业基地所在地方政府负责组建国家体育产业基地领导小组，从政策和政府服务等多方面统筹基地建设发展；产业基地自身建立基地管理机构，负责日常沟通、管理和服务工作。通过四级管理体系的构建，国家体育产业基地逐步形成顶层设计、程序科学、市场主导、平台搭建、共同发展的新格局。

三是管理协调机制受到重视。推进建立跨部门、跨领域协调机制，促进跨领域融合发展，是有效提升国家体育产业基地管理效能的关键。目前部分国家体育产业基地的体育部门正在尝试"跳出体育看体育"，谋划全产业、服务全社会，改体育产业工作"部门式"向"融合式"转变，与旅游、文化部门协同合作，出台跨部门融合发展政策和工作协调机制。同时，随着苏南、环青海湖和皖南县域集群产业基地的出现，跨地区的产业基地协调管理机制正在尝试进行中，即由产业基地所在地省级体育部门牵头，协调、引领各县市基地管理部门，完成对产业基地工作的统一管理和协调发展，取得一定成效。如苏南基地，根据"三市合一"且三市隶属于不同地区的特点，由省体育局牵头建立基地建设工作领导小组，统筹基地建设工作。在省体育局的协调和争取下，苏南基地的建设被纳入国家发改委《苏南现代化示范区建设发展规划》和江苏省《苏南现代化示范区建设工作实施计划》。在领导小组带领下，三市共同研制了苏南基地总体规划，明确了定位、目标和具体任务，形成一体化、协调一致、稳定发展的格局，步入良性、持续、健康的发展轨道。

（二）主要发展特点

随着我国体育产业的不断繁荣和发展，国家体育产业基地乘势而上，功能定位更加明确，体育产业基础不断夯实，政策引导力度不断加大，呈现良好的发展态势。

1. 功能定位日趋明确

根据体育产业集聚要素资源禀赋、区位特点和发展基础等所提出的国家体育产业基地产业目标定位，对于国家体育产业基地的持续发展具有决定性的牵引和导向作用。纵观14家国家体育产业示范基地和12家国家体育产业示范单位，基本涵盖了全部体育产业门类。各类产业基地在创建和发展过程中注重政策引导，充分结合本地资源禀赋、产业优势、区域特点和历史文化传统等，找准定位，因地制宜，有针对性地发展特色体育产业，逐步形成功能目标定位明确的产业集聚区和企业，并呈现不同的特点。

一是综合类国家体育产业基地，加快多元发展。包括深圳、温江、富阳、苏南（县域）、平果等国家体育产业示范基地，这类基地依托已有的体育用品制造业基础，加快发展体育竞赛表演、体育旅游、全民健身和民族特色体育产业，争取基地工作取得全面突破。以深圳为例，2015年，深圳市以体育竞赛表演市场为重点，完善"政府引导、社会承办、市场化运作"的办赛模式，举办了"中国杯"帆船赛、WTA国际女子网球深圳公开赛、深圳国际马拉松等一系列高水平品牌赛事，促进了体育产业工作发展，提升了城市软实力。平果国家体育产业示范基地，2015年在继续发挥群众体育、民族体育和体育基础设施方面优势的同时，依托自身资源和区位优势，将体育旅游和健康养老纳入重点支持和发展的产业门类。

二是以制造类为主的国家体育产业基地，加快转型升级。包括晋江、乐陵国家体育产业示范基地和广州双鱼、浙江华鹰、浙江大丰、广州爱奇、福建匹克、三六一度（中国）体育用品类示范单位等。近年来，随着制造业整体发展形势的变化，此类产业基地也不同程度地遇到招商引资效率减弱、新项目数量少、融资渠道狭窄等问题。因此，制造业类为主的产业基地普遍将工作重点放在产业结构调整上，鼓励企业进行新技术、新材料和新产品研发，以及出台高端科技人才引进政策等方面。

三是以体育健身休闲、体育旅游和竞赛表演为主的国家体育产业基地，加快品牌打造和融合发展。包括宁海、淳安、皖南（县域）、环青海湖（县域）等国家体育产业示范基地。此类基地以突出的山水自然资源为依托，着力加强体育旅游和休闲体育项目所需的基础设施建设，以打造品牌休闲体育赛事、体育旅游活动和培育专业化培训服务机构为引领，促进体育、旅游、文化的深度融合发展，不断提升体育旅游消费水平。处在汉、藏、土、回、撒拉等多民族聚集区且拥有赛马、赛牦牛、射箭、马术、摔跤等丰富民族体育文化资源的环青海湖（县域）国家体育产业示范基地，准确地将体育竞赛表演作为自身发展的主要方向和特色，充分利用青海国际品牌赛事的影响力，找准专业和业余赛事的结合点，向消费型"体育节庆"形式转变，形成了以"春走、夏赛、秋会、冬舞"为主题的150多项群众体育赛事活动。

四是以培训类为主的国家体育产业基地，加快特色发展。以登封国家体育产业示范基地为代表。该基地拥有"嵩山少林"这一品牌资源及历史悠久的武术培训传统，以武术训练表演、武术旅游和武术相关产品开发为基地发展主要特色。全市48所武术院校的10万余名在校学员，每年消费支出高达20亿元，极大地带动了交通、通信、餐饮、旅游等行业的发展。

五是以组织管理类为主的国家体育产业基地，加快高端服务产业发展。以北京龙潭湖为代表，该基地充分利用独特的体育组织资源优势，为新型体育服务和中介类企业提供平台，并优化区域发展环境，为基地内企业和社会组织持续提供综合服务及培训交流支持。

六是以场馆服务类为主的国家体育产业基地，加快经营创新发展。包括北京奥园、天津奥园、安徽奥园、武汉体育中心、广州天河体育中心、黑龙江亚布力训练基地等。该类产业基地以多元化运营模式统一和协调自身的发展，以实现多门类、多产业、一体化协同发展为目标，通过自主运营、委托运营、合作运营等多种方式，全面推进场馆的科学规划和立体化发展。

2. 产业基础不断夯实

经过多年的发展，各产业基地体育产业基础普遍得到较快发展，产业载体进一步得到完善。

一是群众体育参与人口普遍较高，活跃了产业氛围。体育产业的发展需要较强的体育消费市场加以支撑，各产业基地全民健身工作广泛蓬勃开展，活动组织和形式日益创新，活动内容更加丰富，全民健身活动的群众基础更加牢固。数据显示，64.3%的国家体育产业示范基地经常参与体育锻炼人口达到35%以上，龙潭湖、苏南、温江、富阳、宁海等国家体育产业示范基地经常参与体育锻炼人口甚至超过45%。良好的体育参与氛围进一步激发了市民参与体育健身的热情,有力推动了基地体育产业的快速发展。

二是体育产业社会组织形成规模,激发了产业活力。14个国家体育产业示范基地聚集了956个体育产业相关协会或行业组织,其中荆门高新区国家体育产业示范基地相关机构达到218个,苏南国家体育产业示范基地达到232个,深圳国家体育产业示范基地达到123个,皖南国家体育产业示范基地达到81个,晋江国家体育产业示范基地达到76个,各种体育产业社会组织为沟通和协调体育产业活动、开拓体育市场起到了重要作用。

三是体育产业公共设施逐步健全,奠定了产业基础。各产业基地不断加强体育设施设备和产品供给,经过多年的规划与建设,各产业基地体育场地设施得到大幅提升。2015年,国家体育产业示范基地体育场地设施建设投资达到321665万元,体育场地面积达到5240.6万平方米,71.4%的示范基地人均体育场地面积高于全国平均水平,苏南(县域)和荆门高新区国家体育产业示范基地人均体育场地面积分别达到3.6平方米和3.3平方米,为产业基地开展体育产业活动提供了更加有力的基础保障。大部分国家体育产业示范基地通过启动"一场一馆一池"和"两中心"标准建设,为大众提供了更加丰富的健身载体,也为体育产业升级发展提供了更加坚实的供给保障。

3. 空间布局不断优化

体育产业发展的空间地理集聚是我国体育产业发展的重要特征和优势基础。经过多年的培育与发展,国家体育产业基地空间布局呈现不断优化的良好态势。

一是地理空间分布扩大。"十一五"期间,国家体育产业基地分布仅涉及6个省、直辖市;进入"十二五"时期,国家体育产业基地范围已经扩大到14个省、自治区、直辖市,占全国的45.16%。其中,14个示范基地分别来自广东、福建、浙江、北京、山东、江苏、四川、安徽、湖北、河南、广西、青海等12省(自治区、直辖市),12个产业示范单位分别来自广东、福建、北京、浙江、湖北、安徽、天津、黑龙江8个省(直辖市)。

二是区域布局有所改善。从东、中、西部三大地带空间分布看,国家体育产业示范基地从"十一五"的 5∶0∶1 调整为"十二五"的 8∶3∶3，中西部地区有一定提升。从主要热点地区分布看，2015 年长三角、珠三角、京津冀、海西地区国家体育产业基地数量占全国的 61.5%，省平均密度达到 2 个。整体来看，国家体育产业基地与国家推进的"一带一路"、"京津冀协同发展"及"长江经济带"三大战略的重点省份布局具有一定的契合性，区域分布正在向多层次、多范围、立体化的新格局延伸。

三是辐射空间范围较广。国家体育产业基地依托有利的地理位置，形成较广的辐射扇面，产生较强的波及作用。如乐陵国家体育产业示范基地位于国家发展战略的黄河三角洲高效生态经济圈，便利的交通条件使得该区能够较好地辐射到京、津、冀等地区；温江国家体育产业示范基地的产业集聚能够有效辐射到川、渝、黔、云、贵、陕、青等地区，并能与环青海国家体育产业示范基地共同作用，带动西部体育产业的发展；晋江、深圳国家体育产业示范基地不仅能够有效辐射国内沿海地区，也能衔接东南亚等国家。

4. 政策引导不断加强

国家体育产业基地的蓬勃发展离不开地方相关政策的支持和引导。近年来，随着体育产业的持续推进，各地政府不断加强了相关政策的研制。

一是体育产业基地所属省（区、市）积极实施政策与规划引领。调研结果表明（见表 2），26 个国家体育产业基地所在的 14 个省（区、市）均已制定并发布了落实国务院 46 号文件的具体实施意见；其中全部的省（区、市）已经颁布或正在研制本地区体育产业"十三五"发展规划，并将体育产业纳入了省级社会经济发展规划中，提出了体育产业发展的总体设想。

二是体育产业基地所属省（区、市）积极推进政策与措施支持。各省（自治区、直辖市）积极根据本地区发展特点颁布、研制或正在计划出台扶持体育产业某些门类的具体政策，包括体育产业引导资金、体育产业发展基金、鼓励民间资本投资体育产业政策、体育旅游政策、省级体育产业基地政策等等，并建立了较为完善的资金管理使用制度，为体育产业基地发展注入了活力。

表2 国家体育产业基地所在省（区、市）体育产业政策情况一览
（截至2016年11月底）

省（自治区、直辖市、计划单列市）	体育产业"十三五"发展规划	体育产业引导资金	体育产业发展基金	鼓励社会资本投资体育产业政策	体育旅游政策	省级体育产业基地
北 京	√	√	△	√	√	√
天 津	√	√	—	√	△	√
黑龙江	○	○	△	√	△	√
江 苏	√	√	√	√	√	√
浙 江	√	√	√	△	√	√
安 徽	√	√	△	√	√	√
福 建	√	√	△	○	√	○
山 东	○	√	√	√	√	√
河 南	√	—	√	√	√	√
湖 北	√	√	√	√	△	√
广 东	○	○	○	△	△	△
广 西	√	√	○	√	√	√
四 川	△	—	○	—	—	√
青 海	○	√	△	√	△	√

注：根据各省（区、市）提交的2016年工作汇报整理。"√"—已制定/已成立/已开展，"○"—正在研制/筹备，"△"—计划研制/成立/开展，"—"—未制定或无计划。

三是体育产业基地所在地快步推进政策与规划扶持。如深圳、宁海、皖南、苏南等国家体育产业示范基地分别制定了《深圳市促进体育产业发展的若干措施》《宁海县关于加快发展体育产业实施意见》《关于印发黄山区加快推进体育产业发展意见的通知》《江阴市关于加快发展体育产业的实施意见》等；富阳、乐陵等国家体育产业示范基地分别发布了《杭州市富阳区体育产业发展三年行动计划（2016~2018年）》《乐陵市体育产业发展规划（2015~2025）》等；深圳国家体育产业示范基地正在审批关于赛事资助、职业俱乐部、企业贷款贴息、产业园区（基地）、领军企业认定等多项政策，细化程度极高；溧阳市委、市政府制定了《关于实施"休闲经济拓展"三年行动计划的意见》《关于实施"向健康经济创新"三年行动计划的意见》，将体育产业列入重点工作。国家体育产业基地当地政府通过制定具体可行的产业政策，为本地区体育产业基地工作提供了有力的支持。

（三）发展存在瓶颈

国家体育产业基地依托良好的特色资源优势，产生较明显的产业集聚和扩散效益，取得了一定的成效，但也存在诸多的瓶颈问题，在一定程度上影响了体育产业基地的健康可持续发展。

1. 发展规模尚显不足，影响了示范作用的进一步发挥

国家体育产业基地发展时间较短，规划设置走过了一段从尝试到逐渐明晰的过程，最初对总体数量、发展特色等方面统筹规划显然并不充分，导致国家体育产业基地整体设计与实际发展存在一定程度的脱节。"十二五"期间全国共批准建立了苏南（县域）、广西平果、浙江宁海、河南登封、湖北荆门、环青海湖（县域）、浙江淳安、皖南（县域）等8个国家体育产业示范基地和北京奥林匹克公园等12个国家体育产业示范单位，仅完成"十二五"目标的40%。经过10年的培育，目前国家体育产业基地规模总量仅为26个，整体发展速度并不快。而自文化部2004年命名首批国家文化产业示范基地、2007年命名首批国家级文化产业示范（试验）园区以来，全国共命名了20家示范（实验）园区和339家示范基地，规模总量是国家体育产业基地的10余倍。现有国家体育产业基地存量直接影响了产业总量规模，对区域体育产业发展的支撑作用仍有待挖掘。

2. 发展结构不尽合理，制约了引领范围的进一步拓展

按照体育产业发展的一般规律，结构布局是否合理，是衡量体育产业发展成熟度的重要标志。目前国家体育产业基地结构布局亟待优化：一是行业结构有待改善。从发达国家体育产业的发展历程看，体育产业越发达，体育服务业比重越高，目前发达国家体育服务业占体育产业比重的平均值超过了70%，其中卢森堡、英国、瑞典、丹麦、奥地利、芬兰6个国家甚至达到80%以上。[1] 国家体育产业基地作为我国体育产业的示范高地，理应为体育

---

[1] 姜同仁、张林：《我国体育产业发展面临的机遇与挑战——对国务院"新政策"的解读》，《北京体育大学学报》2015年第12期，第27~32页。

服务业的快速发展提供重要支撑，但2015年国家体育产业示范基地体育服务业占比仅为36.0%，不仅远远低于发达国家的水平，更低于全国当年49.2%的平均水平。我国体育产业基地在推动进程中，亟待进一步加强体育服务类基地的建设和发展。二是类型布局尚不全面。自2006年以来，国家体育产业基地类型经历了"1"—"2"—"3"的变化："十一五"定位"1"种类型国家体育产业基地；"十二五"定位国家体育产业基地和示范基地"2"种类型并存；到"十三五"确认国家体育产业示范基地、示范单位和示范项目"3"种类型设置。国家体育产业基地处在不断调整之中，本身就说明类型设置尚需完善。截止到2015年底，国家体育产业基地总共批准设立了14个示范基地和12家示范单位，示范项目尚未批准设立。其中，国家体育产业示范单位仅涵盖了6家体育用品制造企业和6家体育场馆服务单位，涉及示范单位类型明显较少。国家体育产业基地类型规划设置与实践推进尚不同步，这在一定程度上必然导致产业基地的示范引领作用大打折扣。三是基地之间差异较大。由于国家体育产业基地的产业基础、孕育背景、环境条件、资源禀赋等的不同，体育产业实际发展水平显现出较为明显的差异性。数据显示，2015年国家体育产业示范基地企业集聚数量最大值和最小值的极差达到8037家，体育产业增加值极差达到424亿元，发展较为成熟的晋江、深圳、苏南（县域）3个国家体育产业示范基地体育产业增加值占到14个体育产业示范基地总增加值的81.9%；国家体育产业示范单位营业收入最大值和最小值的极差达到31.0亿元，营业税金极差达到2.1亿元，其中匹克、三六一度（中国）、大丰、北京奥园4家示范单位的营业收入占12家国家体育产业示范单位总营业收入的87.6%，形成较明显的分化格局。

3. 核心竞争力仍然不强，阻滞了基地水平的进一步提升

核心竞争力是产业集群的重要引擎，也是赢得持续发展优势的主要基础。国家体育产业基地作为体育产业的主力军和排头兵，经过多年的发展，已经产生较高的集聚效应，但产业集群的创新竞争力、人才竞争力、品牌竞争力等核心竞争力仍然不强，亟待提升。一是创新竞争力有待加强。创新竞争力是国家体育产业基地赖以生存和持续发展的重要动力。统计数据显示，

2015年14个国家体育产业示范基地的R&D经费支出为48579万元，R&D投入强度仅为0.5%，远低于当年全国2.1%的平均水平①；6家装备类国家体育产业示范单位R&D经费支出28112.3万元，投入强度为3.9%。而2015年耐克公司用于产品研发创新的投入费用高达32亿美元，R&D投入强度达到10.5%。从国际经验看，R&D经费投入强度5%~10%的企业才能有竞争力。②持续加强我国体育产业基地的创新竞争力仍是当务之急。二是人才竞争力亟待提高。人力资源存量水平是国家体育产业基地健康发展的重要助力。统计显示：我国14个国家体育产业示范基地的企业从业人员中本科以上学历或获得中级以上职称的人数为34487人，仅占3.8%，33.3%的国家体育产业示范基地的本科及以上学历或获得中级以上职称的比例甚至低于1.5%。而意大利蒙特贝卢纳运动生产基地专业技术人员占80%以上，高学历达到50%。③存在这种差距的主要原因在于我国体育产业基地发展中占主导地位的仍然是劳动密集型产业，目前依靠人力资本实现体育产业升级的步伐仍需加快。三是品牌竞争力有待挖掘。品牌企业是国家体育产业基地核心竞争力的重要体现。从国际上看，目前国家体育产业基地的体育品牌尚没有一个进入"全球品牌100强"（英国Interbrand集团）与"世界品牌500强"（Brand Lab）等世人公认的权威国际品牌排行榜之列；从国内看，国家体育产业基地荣获"中国驰名商标"的总数量为190个，仅占体育产业基地所有企业的0.8%，其中33.3%的产业基地"驰名商标"尚处于空白。从整体发展来看，目前国家体育产业基地驰名商标数量明显偏少，特别是国际品牌尚未实现质的突破，品牌集中度较弱，影响了体育产业基地的区域竞争力和影响力。

---

① 国家统计局、科学技术部、财政部：《2015年全国科技经费投入统计公报》，2016年11月10日。
② 常建坤：《技术创新推进我国传统产业升级改造》，《中国流通经济》2006年第5期，第38~39页。
③ 刘娜、刘红：《我国体育用品产业集群核心竞争力的提升》，《上海体育学院学报》2013年第4期，第37~43页。

4. 工作基础较为薄弱，影响了发展活力的进一步释放

国家体育产业基地在实践推进中，由于各地产业工作基础仍普遍较为薄弱，重创建、轻建设的现象不同程度存在，一定程度上影响了产业基地发展活力的充分释放。一是制度约束仍然存在。体育产业基地的发展有赖于开放的制度安排，目前国家体育产业基地制度的变革与全国整体环境相比具有明显的滞后性和低效性，政府和市场两只手协同配合方面仍存在一定短板。体育资源配置行政化、体育资源隶属关系复杂、体育市场化投资主体不足、体育多元化消费欠缺、体育产业发展的制度体系不健全等问题，在一定程度上对国家体育产业基地体育市场经济的深入发展以及发展方式的深度转型产生消极影响。二是公共服务平台仍待加强。深入考察显示，国家体育产业基地的基础公共服务平台建设相对较弱，"互联网+"、智慧旅游、大数据等高新技术理念、技术与工具的应用水平普遍不高；政务发布平台、信息交互平台有待完善；体育产业专项调查统计工作缺少长效机制；旨在加快推进项目开发权、赛事举办权、场馆经营权、无形资产开发等具备交易条件的资源公平、公正、公开流转的资源交易平台普遍缺乏；针对体育产业专业服务人员资格认证缺乏统一的标准，体育产业专业人才支撑体系尚未形成。三是基层互动机制有待改进。由于区域管理范围的划分，部分国家体育产业基地内部行政区域之间仍然存在相对封闭的管理系统，尽管各省市正在尝试建立各县（区）之间的协调机构，但仍有部分产业基地的基层体育部门互动交流相对较少，自下而上的主动性较弱，实际执行力和实施效果仍有待加强。产业规律显示，体育作为一个系统只有成为彼此关联、密切运作的整体，产业才能达到效能最优化、效益最大化。目前我国国家体育产业基地体制的过度"条块化"，极大地影响了系统的正常协作和资源的正常流动，一定程度上制约了体育产业的产出效率。

三 国家体育产业基地面临形势

"十三五"时期是全面建成小康社会目标决胜的 5 年，是全面深化体育改革取得决定性成果的 5 年，是全面推进体育产业跨越式发展的 5 年，更是全面实现体育产业政策调整的关键5年。① 伴随着我国经济发展步入新的阶段、"健康中国"战略的逐步实施、供给侧结构性改革的不断深入，国家体育产业基地也将迎来新的发展机遇。

(一)新常态推动国家体育产业基地优化升级

习近平总书记明确指出"经济新常态"将给中国带来"实际增量依然可观、增长动力更为多元、发展前景更加稳定、市场活力进一步释放"的新发展机遇。② 2016年经济数据显示，全国GDP达到744127亿元，按可比价格计算，比上年增长6.7%，尽管呈现增速继续放缓态势，但按照IMF发布的最新《世界经济展望》，中国经济增速有望重回全球第一。2016年的中国经济增长对世界经济增长的贡献率达到33.2%，全面嵌入"经济新常态"轨道的国家体育产业基地也必将注入新的发展动力。

1. **全面提质增能力**

受体育产业发展方式转型压力、结构调整阵痛、路径依赖惯性使然的"三期叠加"影响，国家体育产业基地长期在"高大上"园区和"作坊式"集聚的漩涡之中徘徊。全国经济增长动力全面提升。2015年，我国全要素生产率水平达到76978元/人，研发经费占GDP比重达到2.1%，首次突破2%，技术进步在经济贡献中开始扮演重要角色。我国经济增长动力的新变化，必然带动国家体育产业基地由要素驱动转入创新驱动，全面实现体育产业的提质增效、快速发展。

2. **优化结构增动力**

伴随着全国供给侧结构性改革取得积极进展，产业结构优化转型成效明显。国家统计局数据显示，2016年全国第三产业增加值占GDP比重达到51.6%，同比提升1.4个百分点，高于第二产业11.8个百分点；需求结构

---

① 姜同仁：《新常态下中国体育产业政策调整研究》，《体育科学》2016年第4期，第33~41页。
② 习近平：《谋求持久发展共筑亚太梦想——在APEC工商领导人峰会开幕式上演讲》，http：//www.news.cn/.2014-11-9。

继续改善，全国最终消费支出对GDP增长的贡献率达到64.6%。[①] 结构优化调整已经成为我国经济新常态的重要特征。我国结构性改革成效进一步释放，势必带动国家体育产业基地进入产业结构"退二进三"、消费驱动的态势，体育产业动力进一步增强，体育产业水平和效率全面提升。

3. 生态发展增效力

受我国长期高能源资源消耗环境的影响，"体育产业资源环境的硬约束和刚性压力逐步开始显现，资源环境承载能力已经达到或接近上限"。[②] 当前，我国经济更加凸显绿色低碳特点，"传统能源利用效率提高、新能源和可再生能源比重不断提升、节能环保产业将高速增长、循环经济积极推进、产业绿色升级进程加快"。[③] 国家统计局最新数据显示，2016年我国单位GDP能耗下降5%，清洁能源比重上升，企业效益明显提高，经济发展开始步入可持续发展轨道。"十三五"时期，国务院印发的《中国制造2025》中明确提出"规模以上单位工业增加值能耗比2015年下降18%"的目标，伴随着我国经济环境进一步优化，必将为国家体育产业基地的硬约束和刚性压力带来新的释放空间，驶入生态发展的快车道，国家体育产业基地将迎来由高能耗驱动转入生态驱动的变化。

（二）新政策推动国家体育产业基地快速发展

为推动体育产业发展，政府着力释放政策红利，持续激发体育产业内在潜力。宏观政策的驱动，必将为国家体育产业基地注入新的活力。充分利用政策释放的红利，科学定位国家体育产业基地的功能，全面调动全社会的积极主动性，将从根本上激发国家体育产业基地的巨大能量。

1. 顶层设计指明方向

2014年，国务院46号文件指出要"因地制宜发展体育产业，打造一批

---

① 国家统计局：《2016年国民经济实现"十三五"良好开局》，http://www.stats.gov.cn/ 2017 - 1 - 20。
② 姜同仁、夏茂森：《新常态下中国体育产业发展与趋势预测研究》，《武汉体育学院学报》2015年第5期，第47~55页。
③ 王忠宏：《从产业五大变化看经济新常态》，《中国经济时报》2014年10月27日。

符合市场规律、具有市场竞争力的体育产业基地"。为贯彻落实国务院文件精神，《体育产业发展"十三五"规划》明确提出"建设50个国家体育产业示范基地、100个国家体育产业示范单位、100个国家体育产业示范项目"的发展目标。2016年，国务院办公厅颁布的《关于加快发展健身休闲产业的指导意见》（以下简称"国办77号文件"）进一步提出"结合各级体育产业基地建设，培育一批以健身休闲服务为核心的体育产业示范基地、单位和项目"。国家旅游局和体育总局共同印发的《关于大力发展体育旅游的指导意见》提出"到2020年在全国建成100家国家级体育旅游示范基地"的发展目标。国家相关部门从多个层面明确了国家体育产业基地的不同类型，量化了发展规模，为体育产业基地实现跨越式发展指明了方向。

2. 相关政策推动发展

自国务院46号文件颁布以来，国务院、国家体育总局联合国家发改委、教育部、国家旅游局等又先后发布了多项促进体育产业快速发展的利好政策。这些政策文件，从多个角度为体育产业发展保驾护航（见表3），制定了较为客观的体育产业目标和具体措施，主要表现在产业领域进一步开放、政府定位角色进一步转换、融资渠道进一步拓展、创新地位进一步提升，特别是进一步扩大了优惠政策。具体、系统的政策将对国家体育产业基地的发展提供全面的支持措施和有力的基础保障。

表3　国务院46号文件之后颁布的涉及体育产业的政策一览

发布时间	文件名称	发布部门	涉及体育产业的核心内容
2015年12月17日	关于体育场馆房产税和城镇土地使用税政策的通知	财政部、国家税务总局	对事业单位、居民委员会、村民委员会拥有的体育场馆进行补助，适当减免用于体育活动的房产、土地，免征房产税和城镇土地使用税。而对于经费自理的事业单位、体育社会团体、体育基金会、体育类民办非企业单位拥有并运营管理的体育场馆，在特定条件下，也可以对其用于体育活动的房产、土地，免征房产税和城镇土地使用税

续表

发布时间	文件名称	发布部门	涉及体育产业的核心内容
2016年3月28日	关于进一步加强国家体育产业基地建设的通知	国家体育总局	明确国家体育产业基地的概念和范围,包括示范基地、示范单位、示范项目三种类型
2016年5月15日	关于推进体育旅游融合发展的合作协议	国家体育总局与国家旅游局	旅游、金融、体育互动融合,助力经济转型升级
2016年6月15日	全民健身计划(2016~2020年)	国务院	到2020年每周参加一次及以上体育锻炼的人数达到7亿,经常参加体育锻炼的人数达到4.35亿、体育消费总规模达到1.5万亿元
2016年7月13日	体育产业发展"十三五"规划	国家体育总局	到2020年体育产业总规模超过3万亿元,从业人员数超过600万人、体育服务业增加值占比超过30%
2016年10月25日	"健康中国2030"规划纲要	中共中央、国务院	到2030年健康服务业总规模将达16万亿,经常参加体育锻炼人数达到5.3亿人
2016年10月25日	关于加快发展健身休闲产业的指导意见	国务院办公厅	到2025年健身休闲产业总规模达到3万亿元,培育一批以健身休闲发展为核心的体育产业示范基地、单位和项目
2016年11月2日	冰雪运动发展规划(2016~2025年)	国家体育总局等	2020年我国冰雪产业总规模达到6000亿元,2025年我国冰雪产业总规模达到1万亿元
2016年11月7日	关于促进自驾车旅居车旅游发展的若干意见	国家旅游局	到2020年建成各类自驾车旅居车营地2000个
2016年11月8日	水上运动产业发展规划	国家体育总局等	到2020年水上运动产业发展总规模达到3000亿元,全国水上(海上)国民休闲运动中心达到10个
2016年11月8日	航空运动产业发展规划	国家体育总局等	到2020年航空运动产业发展总规模达2000亿元,建立航空飞行营地2000个,打造一批航空运动旅游示范基地

续表

发布时间	文件名称	发布部门	涉及体育产业的核心内容
2016年11月8日	山地户外运动产业发展规划	国家体育总局等	到2020年山地户外运动产业发展总规模达4000亿元，建设3~5个国家级山地户外运动示范区、50条山地户外运动精品线路、50个山地户外运动精品项目
2016年11月28日	关于进一步扩大旅游文化体育健康养老教育培训等领域消费的意见	国务院办公厅	大力促进体育消费、提高体育场馆使用效率、盘活存量资源
2016年12月22日	关于大力发展体育旅游的指导意见	国家旅游局、国家体育总局	到2020年体育旅游总人数达到10亿人次，占旅游总人数的15%，体育旅游总消费规模突破1万亿元

注：根据国家各部门正式颁布的相关政策文件整理。

3. 地方政策促进落地

伴随着国家层面体育产业政策的相继颁布，加快发展体育产业日益成为全社会的共识。地方政府紧跟政策要求，相继启动了实施意见的研制和落地工作。截止到2016年底，全国31个省（区、市）（不包括港澳台）落实46号文件的滞后响应时间差平均仅为9个月，[①] 政策落地的滞后时间差较短，表明地方政府探求新一轮调整发展的主动性明显趋强。进一步梳理发现，获批国家体育产业基地的14个省（区、市）中，11个已经建立省级体育产业基地相关政策，剩下的省（区、市）正在研制或计划研制省级体育产业基地。各省（区、市）对体育产业基地建设和发展给予了明确的要求，如长三角地区的江苏省重点培育建设骨干企业支撑型、科技创新推动型和产业链条带动型三类特色产业基地，力争到2020年培育100家体育产业基地；浙江省重点培育体育特色小镇10个以上；上海市明确提出中心城区建设一批国家级和市级体育产业基地、示范项目。地方政策落地为国家体育产业基地的快速化发展提供了有力的支撑。

---

① 姜同仁：《新常态下中国体育产业政策调整研究》，《体育科学》2016年第4期，第33~41页。

（三）深化改革，推动国家体育产业基地持续发展

目前，我国已经全面进入深化改革的深水期和攻坚期，"十三五"着力消化深化改革的前期政策，将进一步发掘经济持续性增长潜力。对于国家体育产业基地而言，改革的核心是从体制层面打破过去10年体育产业增长的供给瓶颈，厘清政府、市场、社会的职能定位，通过宏观制度安排助力国家体育产业基地的持续、健康、稳定发展。

1. 简政放权破阻力

国务院46号文件中明确要求"加快政府职能转变，进一步简政放权，减少微观事务管理"，[①] 这就为政府重塑角色、实现从"权力型"向"服务型"转变提供了明确的方向。为有效推进政府行政体制改革步伐，国务院印发了《关于清理国务院部门非行政许可审批事项的通知》（国发〔2014〕16号）和《关于取消和调整一批行政审批项目等事项的决定》（国发〔2015〕11号）。按照国务院统一部署，国家体育总局先后取消了国家正式开展的体育竞赛项目立项审批、运动员交流协议批准、国家级裁判员审批，下放了经营高危险性体育项目许可；2015年5月，完成了非行政许可审批清理工作，除举办国际性或全国性航空体育竞赛活动审批正在履行新设行政许可程序外，国家体育总局已不存在非行政许可审批事项。[②] 政府不断加大简政放权的力度和范围，为破除体育产业领域的玻璃门、弹簧门、旋转门等阻力带来新的契机，随着以足球、篮球项目为代表的制度改革不断引向深入，国家体育产业基地的发展潜力必将得到进一步释放。

2. 市场作用激活力

2017年1月22日，习近平总书记在中共中央政治局深入推进供给侧结构性改革工作中强调"要坚持使市场在资源配置中起决定性作用，完善市场机制，打破行业垄断、进入壁垒、地方保护，增强企业对市场需求变化的

---

① 国务院：《关于加快发展体育产业 促进体育消费的若干意见》，2014年10月。
② 国家体育总局办公厅：《国家体育总局2015年政府信息公开年度报告》，2016年3月31日。

反应和调整能力,提高企业资源要素配置效率和竞争力",① 市场配置资源的主体地位进一步得以确认和强化。"发展体育产业的目的是满足人民群众多元化、多样化、多层次的体育需求,运用市场机制配置资源是基本方式"②,随着由"基础性"向"决定性"持续推进,市场将从根本上挖掘国家体育产业基地的核心潜力,激发体育企业的内在动力,提高市场配置体育资源的基本能力,释放体育市场的发展活力,全方位、多层次、立体化推进体育产业基地快速发展。

3. 社会参与释动力

国家统计局数据显示,2016 年全国新登记企业 553 万户,比上年增长 24.5%,平均每天新登记企业 1.5 万户。③ 随着改革推进步伐加快,我国经济发展的社会环境明显改善,国家体育产业基地体育产业社会参与的范围和广度也将进一步提升。根据国务院 46 号文件提出的"凡是法律法规没有明令禁入的领域,都要向社会开放"的基本要求,国家体育产业基地的各种隐形阻力将不断被突破,多边制约因素逐步放开,深度吸引社会力量积极参与体育产业发展的空间将得到进一步拓展。"十三五"时期,伴随着国家体育产业基地市场主体多元化发展、体育协会实体化运行、体育组织社会化推进,体育市场活力将进一步得到激发,体育产业的深度和广度将进一步延展。

四 国家体育产业基地前景展望

体育产业市场活跃、产业链长,能够促进消费、扩大内需、增加就业,带动周边产业的发展,对增强人民体质和促进经济社会发展贡献巨大。随着国家体育产业基地的快速发展,体育产业作为未来超预期增长的行业,发展

---

① 习近平:《必须把改善供给侧结构作为主攻方向》,央视网,2017 年 1 月 22 日。
② 张林:《市场和政府双轮驱动做大做强体育产业》,http://www.sport.gov.cn.2014 - 11 - 21。
③ 国家统计局:《2016 年国民经济实现"十三五"良好开局》,2017 年 1 月 20 日。

前景将更为广阔。"十三五"期间，受经济新常态、深化改革红利影响，国家体育产业基地发展必将更趋平稳，增长动力更为多元，发展质量进一步提升，标杆引领作用更加凸显，呈现新的发展态势。因此，应全面提高认识，积极参考借鉴国内外先进的管理和发展经验，推动国家体育产业基地健康可持续发展。

（一）加强统筹规划，扩大发展规模

国家体育产业基地发展是一项长期工程，为确保产业基地政策落实到位，应该按照统一部署，积极创造有利条件，多层次、全方位、立体化地扎实做好各项政策的推进工作。

一是制定专项规划，加强科学指导。随着国家体育产业基地地位的提升和影响力的加强，政府体育部门和协作机构在管理体育产业基地中的职能将进一步明确，着重加强宏观调控的同时，可以通过更加具体的专项政策杠杆推动体育产业基地的发展。"十三五"期间，制定针对国家体育产业基地的顶层设计规划或指导意见，全面引导体育产业基地的特色打造和差异化发展，加快培育一批涵盖不同层次、不同领域的体育产业基地，鼓励产业基地加快新模式、新管理、新方法的创新步伐，在特色产业集群打造、新业态培育、新领域拓展等关键方向和环节先行先试，为全国各类体育产业基地发展探索新路径、创造新经验、提供新范例。

二是加大财政投入，提高支持力度。财政支持是解决体育产业基地内资源配置和空间布局的重要保证，也是指导体育产业规划与建设有序进行的重要支撑力量。体育产业基地发展中的财政支持可以通过以下几个方面加以体现。第一，直接投资建设体育基本公共服务产品。国务院46号文件中明确提出到2025年人均体育场地面积要达到"2平方米"等具体目标，这些目标的实现有赖于公共财政的大力扶持，更有赖于公共财政投资额与体育公共服务建设数量之间的自然增长机制的形成。第二，设立专项引导资金。中央财政和地方财政可以专门设立体育产业基地发展引导资金，通过贴息、补助、奖励等方式，充分发挥财政资金的示范和带动作用，并引导、推动设立

由金融资本、产业资本筹资的体育产业投资基金。第三，调控体育产业建设活动与投资。政府通过设立税收杠杆来促进和限制体育产业投资和建设活动，以实现体育产业基地优化区域和重点区域的体育产业发展目标，如开征体育产业投资方向调节税或免征部分开发项目的营业税和交易税等，从而限制某些体育产业的过热开发或鼓励某些体育产业项目的积极开发。

三是营造良好环境，提升重要地位。为提升国家体育产业基地的广泛关注度和认可度，应该积极创造良好的舆论环境，充分利用新闻媒体传播速度快、范围广的优势特点，定时定期召开新闻发布会，推动多元化传媒报道，吸引市场的广泛关注。邀请国内著名体育产业专家对体育产业基地的发展目标、任务、内容等进行专题解读，提高广识度。召开管理部门、专家学者、企业、跨界等多种形式的研讨会，通过体育部门协调、专家展望呼吁、企业诉求互动、经济界受关注人物评论，来达到各行各业对体育产业基地发展的深入了解和广泛推广。

（二）注重质量发展，实现转型升级

国家体育产业基地建设作为"十三五"体育产业发展的重要任务，"表明基地化发展方式在优化资源配置、激发市场活力、推动体育产业提质增效等多层面的功能作用已经得到充分认可。"① 在未来发展中，进一步强化质量发展、内涵发展、融合发展，全面实现体育产业的转型升级，将是国家体育产业基地的主攻方向。

一是推进发展方式转变。我国由以满足人自身生存需要为主要目标的生存型阶段跨入以追求人自身发展为主要目标的发展型阶段，使得我国经济结构实现战略性升级。发展阶段的变化促使国家体育产业基地内在矛盾呈现新的阶段性特征，传统粗放式发展方式很难延续发展，推动体育产业转型升级将成为客观诉求和发展走向。目前，我国体育产业基地面临的外部环境尽管

---

① 潘时华：《创新培育国家体育产业基地　构筑体育产业提质增效载体支撑》，《中国体育报》2016 年 7 月 19 日。

有挑战，但总体上形成的有利条件，为体育产业转型发展带来了新的契机。未来发展中，体育产业基地应该实施更加积极主动的发展战略，更为主动地融入产业发展的大潮，把握发展的主动权，抓住国家经济结构调整的先机，从而全面加快体育产业基地发展方式转型升级的步伐。

二是提升产业竞争能力。国家体育产业基地作为发展体育产业的综合性国家级平台，经过未来多年的培育和内功修炼，其核心竞争力将得到显著提高，体育产业集聚水平显著加强，一批具有高科技含量和研发能力的骨干企业将实现质的飞跃；一批具有国际竞争力的著名企业与明星品牌将更加成熟；一批具有国际知名度的赛事和大型活动将落户产业基地。随着不同类型、不同区域、不同领域体育产业基地的特色化、个性化、品牌化发展，中心区域辐射圈、行业发展产业链、外围区域卫星点逐步形成，体育产业基地必将步入发展快车道，成为引领行业发展的主战场。

三是促动产业跨界融合。随着经济的快速发展，国家体育产业基地已经突破了单边发展的局限，体育产业体现的包容性和混合性优势，正将其推向更加开放化和多样化的境地。体育与旅游、文化、媒体、互联网＋等各个行业已经呈现深度融合的特征，这种结构形态的形成将为国家体育产业基地提供更加广阔的发展空间。目前，我国体育产业基地尽管还处于初级阶段，但上升的窗口已经打开，跨行业形成的市场开放化、资本多元化局面都为体育产业基地注入了快速发展的动力。

（三）持续优化结构，形成合理布局

"十三五"期间，随着国家体育产业基地在体育产业发展中的功能与作用不断强化，构建结构合理、类型多样、特色鲜明的国家体育产业基地布局，进一步发挥国家体育产业基地的示范引领作用，将是一项重要任务。

一是优化区域布局。结合《山地户外运动产业发展规划》《航空运动产业发展规划》《水上运动产业发展规划》《冰雪运动发展规划（2016～2025年）》等规划布局，全面对接"一带一路"、京津冀协同发展、长江经济带三大国家战略以及西部大开发、东北振兴、中部崛起等战略，进一步挖掘京

津冀、长三角、珠三角等优先发展地区的产业集聚优势，加快推进产业基地的质量化、高效化和积淀化发展；进一步开发海西地区、长江中游地区、西部地区、东北地区等重点发展地区的自然禀赋资源，围绕多种产业领域，加快体育产业基地的特色化、多样化和市场化发展。通过更好地发挥国家体育产业基地辐射、引导和带动作用，推动区域体育产业的可持续发展。

二是丰富类型结构。针对"十三五"开局之年确立的三种基地类型，可以考虑适当发展国家体育产业示范基地规模，深入探索体育特色小镇、体育服务综合体、体育产业集聚区等时下契合性强的发展类型；重点丰富国家体育产业示范单位领域，深入发掘涉及不同领域的企业的潜力；优先扩大国家体育产业示范项目增量，围绕山地户外、航空、冰雪、水上、"互联网+"、体育旅游、民族民间体育等特色项目，集中培育一批拓展性好、潜力大、示范作用强的引领项目，推进体育产业基地类型向更加多元、更高层次、更宽广度发展。

三是优化行业结构。针对国家体育产业基地不同领域的行业结构，充分考虑业态分布特点，尝试建立覆盖各行业的示范模板，优化体育制造业、体育服务业及相关产业结构的合理布局，着力提升体育服务业比重，进一步扩大示范带动的作用点和辐射面。以创新驱动为突破口，全面推动体育制造升级工程，大力扶持一批位居产业链核心环节的重点企业，精心培育重大产业项目，全面提升体育制造业的集聚发展水平；以规模发展为切入点，加快推进体育服务精品工程，结合各地体育产业基地的资源禀赋，精心培育以健身休闲、竞赛表演、体育旅游、体育中介、体育传媒等服务业为核心的国家体育产业基地。进一步拓宽体育产业发展领域，探索和支持地方积极培育一批多元化、创新性、成长性好的业态。

（四）夯实工作基础，加大支撑力度

"十三五"时期，充分调动市区和县域地方政府在发展体育产业过程中的积极性，进一步夯实体育产业基地的工作基础，全方位加大支持力度，促进体育产业已经具备较好基础和较大发展潜力的地区进一步加快集聚集约发

展,带动区域体育产业共同发展。

一是完善公共服务平台支撑系统。充分利用"互联网+"、智慧旅游、大数据等高新技术和手段,探索建立国家体育产业基地政府信息发布交流、体育资源与产权交易、体育产业投融资等服务平台。依托高等院校、科研机构、创新企业建立对口的体育产业创新研发中心,推进国家体育产业基地智库建设,加强体育产业多领域、多视角、立体化的深入研究。建立动态的国家体育产业基地人才库,完善体育产业高层次人才的吸引、培训、激励、筛选和使用政策。进一步完善产业基地政府购买公共体育服务机制,明确购买主体和承接主体,制定购买指导性目录,建立科学化、可操作性强的政府购买服务一体化体系。

二是完善组织协调保障支持系统。注重国家体育产业基地建设与发展中的各部门协调配合工作,逐步建立权威性的内部区域协调机构和管理组织,推动包括体育产业组织协调、调控管制、综合治理等在内的综合运转能力建设。第一,建立高层次的对接协调平台。建立基地区域内最高级别的体育行政领导联席会议制度,引入常态化轮值主席形式,推进区域协作规划和合作重大事宜;第二,建立体育产业部门之间的协商与衔接落实制度,制定有效的对接合作协议和落实计划;第三,建立专家顾问咨询委员会。吸收政府、企业、高校、研究机构等部门的专家、学者组成常设动态智囊团,负责具体评估、预测、规划基地体育产业关键理论与实践问题,通过百家争鸣的观点汇集和碰撞,从多个侧面为体育产业科学发展提供思想支持。

三是完善体育产业数据支撑系统。加强体育产业基地数据库建设工作,为地方体育产业政策的追踪和稳健性检验提供支撑。第一,建立全国体育产业基地统计常态化机制。对接国家体育产业专项调查工作,建立适合产业基地发展需要的统计实施方案,优化统计指标,建立长效机制,推进国家体育产业基地体育产业统计的连续化。第二,启动国家体育产业基地消费调查工作。对接国际体育消费的通行做法,全面反映国家体育产业基地消费者的基本特征和消费规律,为体育市场投资确定方向。第三,指导和推动地方体育产业统计工作。将体育产业数据建设纳入国家体育产业基地所在地方政府的常态化工作之中，建立稳定的基层统计网络体系。

（五）加强规范管理，实现良性发展

"十三五"期间，随着国家体育产业基地的行业管理与社会管理职能进一步增强，体育产业领域中各项管理的沟通、协调、服务和监督作用将得到充分发挥，市场配置体育资源的效能也将进一步提升。未来发展中，应更加注重提升国家体育产业基地管理工作的科学化和规范化水平，建立系统科学的规范管理体系。

一是构建产业基地监管体系。加强国家体育产业基地的监督管理工作，着力推进各级体育部门进一步转变政府职能、理顺基本关系、优化内部结构、提高工作效能，逐步建立权责一致、分工合理、执行顺畅、监督有力的行政管理体制。切实加大行政执法力度，有效运用法律、行政、经济、技术等手段强化监管，全力保护涉及体育产业发展的各类知识产权；充分发挥专业体育项目协会、俱乐部等社会组织的实体作用，强力规范市场主体的经营行为，不断强化行业自律意识，全面维护体育市场的基本秩序，最大限度地确保国家体育产业基地的稳定运转、规范运行、健康发展。

二是建立产业基地标准体系。结合国家体育产业基地的基本发展特点和内在规律，建立完善由体育产业基地国家标准、行业标准、地方标准、企业标准共同组成的一体化标准体系；支持和鼓励有条件的国家体育产业基地率先开展标准试点，总结经验，逐步推广，产生辐射效应。进一步发挥体育协会等社会组织的行业标准指导职能，全面推动行业管理标准体系建设。开展国家体育产业基地标准化示范区、示范地、示范点工作，加大标准化宣传推广和贯彻执行力度。加强产业基地准入标准、基础设施建设标准、从业人员认证标准、活动开展技术标准、项目运营安全标准等的制定和完善工作。

三是建立产业基地评估体系。国家体育产业基地发展过程中，要将政府、私人部门和各种社会组织都融入规范管理范围，建立立体化、全面性、

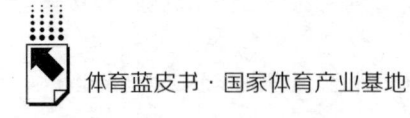

稳定化的动态评估体系，形成体育产业基地的管理合力。制定国家体育产业基地监测评估体系，引入第三方评估，建立常态化、制度化、科学化评价机制，跟进基地建立、发展、事后效果的全过程。分类制定国家体育产业基地考核监测、评价标准和奖惩退出政策，逐步实现自上而下的压力和自下而上的推力形成合力，不断推动国家体育产业基地的可持续发展。

分 报 告
Sub-report

B.2
国家体育产业基地经济社会贡献与展望

温阳 徐光辉*

摘 要： 国家体育产业基地为当地的经济社会发展做出了积极的贡献。本章首先构建了国家体育产业基地经济社会发展贡献指标体系，接着结合产业基地现有情况、从实践可获取的数据，系统梳理了示范基地和示范单位两类基地的经济社会贡献现状，最后从巩固经济贡献地位、提升总体贡献水平和拓展社会贡献范围三个层面提出了展望和建议。

关键词： 国家体育产业示范基地 国家体育产业示范单位 经济社会贡献

---

* 温阳，南京体育学院副教授，博士，研究方向为体育赛事管理、体育场馆管理等；徐光辉，江苏省体育产业指导中心产业发展部部长，研究方向为体育产业。

随着我国体育产业政策红利的不断释放，国家体育产业基地的体育产业规模不断扩大、领域不断拓展、体育消费持续活跃，体育产业在构建和谐社会和促进体育事业改革与发展中的作用日趋突出。目前，26个国家体育产业基地作为体育产业的主力军和国家队，积极发挥出体育产业集聚效应、规模效应和带动作用，促进了各地不同门类体育产业的大发展，为当地的经济社会发展做出了积极的贡献。

一 国家体育产业基地经济社会贡献发展监测指标体系

根据国务院46号文件精神，为了能更深入了解国家体育产业基地的发展状况以及对经济社会的综合拉动能力和贡献水平，国家体育总局体育器材装备中心委托江苏省现代体育产业研究服务中心设计了一套指标体系，来监测国家体育产业基地的发展；经宏观经济、产业经济、统计核算、体育产业、价值工程等多个领域专家论证修改，吸纳完善，形成现有指标体系。指标体系从供给侧指标与需求侧指标、总量指标与结构指标、存量指标与增量指标、经济指标与社会效益指标、一般指标与重点监测指标等多个维度去展现；通过数据分析反映出国家体育产业基地的宏观发展水平与拉动效应、存量规模结构与增长能力等状况；同时通过对这些指标的延伸分析，在更深层次揭示其发展的结构特征、区域特征、变动趋势等，为政策制定、实施与调整提供依据。

（一）经济社会贡献指标体系的建立

依据国家体育产业基地对经济社会发展贡献的主体，从产业规模类、产业质量类、体育消费类和体育活动类四个方面，构建了4个一级指标，11个核心指标、25个延伸指标以及11项专项指标的国家体育产业基地对当地经济社会发展贡献的指标体系（如表1）。

表1 体育产业对国家体育产业基地经济社会贡献指标体系一览

指标门类	核心指标	延伸指标	专题性指标
产业规模类指标	体育产业总规模	体育产业增加值及占GDP比重、增速； 骨干体育企业经营指标及年度增量；	专题性指标将根据重点区域、重点业态和重点企业相关数据展开专题性统计、调查和测算
	体育产业增加值及占GDP比	体育企业经营指标及年度增量； 体育类上市公司数、经营指标及年度增量； 体育企业R&D指标； 体育产业固定资产投资总额；	
	从业人员数量	体育企业纳税总额；	
	体育企业数量	体育产业经济增长贡献率	
产业质量类指标	体育服务业增加值及占体育产业增加值比重	体育服务业增加值占第三产业比； 体育制造业增加值占制造业比重； 体育设施固定资产投资额及占全社会固定资产投资额比重； 体育设施固定资产投资额中社会资本投资所占比重； 发展体育产业的财政经费支出；	
	高新技术企业数	体育产业人力资本、科研经费、注册商标、驰名商标、专利数等	
体育消费类指标	体育消费总规模	城乡居民人均体育消费占人均居民可支配收入比重；	
	城乡居民人均体育消费额	体育消费品批零总额； 阿里天猫京东体育产品销售总额及结构； 外国人来华体育主题消费人次及总额； 体育产品（服务）进出口总额；	
体育活动类指标（公共服务类）	经常参加体育锻炼人数及占常住人口比重	人均体育场地面积； 体育场馆设施年度增量； 体育场馆开放接待人数及增量、经营情况及带动区域内消费总额； 公共体育场馆惠民开放接待人数、服务内容及价值； 体育类社会组织数量及年度增量； 社会体育指导员总人数	
	年度举办全国以上体育赛事数		
	体育场馆设施存量		

（二）经济社会贡献指标体系的解释

1. 核心指标

核心指标是为了在宏观层面、较为全面地反映体育产业对经济社会发展的贡献程度。包括：体育产业总规模、体育产业增加值及占GDP比、从业人员数量、体育企业数量、体育服务业增加值及占体育产业增加值比重、高新技术企业数、体育消费总规模、城乡居民人均体育消费额、经常参加体育锻炼人数占常住人口比、年度举办全国以上体育赛事数、体育场馆设施存量等11个指标。

2. 延伸指标

延伸指标数据将在全国体育产业专项调查工作开展后，结合典型调查和相关数据综合测算产生。

3. 专题指标

专题指标主要针对体育赛事、新兴业态、重点运动项目，以及国家体育产业基地体育产业引导资金等体育产业工作，集中反映体育产业的行业发展趋势、特征和带动功能。其中涉及大型综合性体育赛事、足球、马拉松与自行车等热门赛事的综合拉动功能，体育企业、体育场馆设施及足球、冰雪、水上、航空、山地户外、汽车露营等重点项目运动场地建设、政府与社会投入等多项内容。该类指标未来将通过行业统计、部门统计、信息检索与行政记录等方式采集数据并核算。专题性指标包含大型综合性体育赛事对经济社会综合拉动；年度全国以上体育赛事数量及对当地经济社会综合拉动；马拉松、自行车等专项赛事参与人群及拉动相关消费总额；足球等全国性职业体育联赛及职业体育俱乐部主要经营数据；互联网体育服务数据；体育科技与知识产权服务；智能体育装备经营数据；足球、冰雪、水上、航空、山地户外、汽车露营等重点项目运动场地建设数量；足球、冰雪、水上、航空、山地户外、汽车露营等重点项目运动参与人群体育消费总额；体育产业专项资金总额及拉动社会投资总量；体育产业投资基金总额及年度投资金额；以及国家体育产业基地其他相关经济指标等。

二 国家体育产业基地经济社会贡献统计指标筛选构建

国家体育产业基地经济社会贡献发展指标体系是基于产业基地未来发展

而进行的总体设计和把握。为了较为全面地反映当前两类国家体育产业基地对地方经济社会发展的贡献情况，本章研究结合了示范基地和示范单位的实际情况，进一步制定了体育产业示范基地数据统计指标和体育产业示范单位数据统计指标。同时，根据本章所要呈现和达到的结果，基于产业基地现有情况、实践数据的可获取性，本次研究主要筛选了经济社会贡献指标体系的主要数据，个别数据采用了替代指标。

（一）国家体育产业示范基地数据统计指标

国家体育产业示范基地经济社会贡献统计指标包括：体育产业总规模、体育产业增加值及占 GDP 比、从业人员数量、体育企业数量、体育服务业增加值及占体育产业增加值比重等 14 类指标。

1. 政府的政策及经费投入

国家体育产业示范基地所在地政府出台的"体育产业发展规划"及配套政策法规及有效年份，示范基地所在地的专项资金金额、奖励补助金额和项目贷款担保金额，以及政府发展体育产业财政经费支出总额等。

2. 社会资本投入及风投基金

各商业银行和政策性银行、非银行信贷机构、证券机构、保险机构及其他金融机构提供给示范基地辖区内体育企业（或体育产业项目）的贷款或其他金融支持总额，示范基地辖区内体育企业（或体育产业项目）成功获得风险投资基金投资总额。

3. 体育产业总规模

反应体育产业发展总体规模的一类指标，通过综合计算国家体育产业基地各类体育业态总支出得出。

4. 体育产业增加值及占 GDP 比重

体育产业增加值是综合劳动者报酬、生产税净额、固定资产折旧和营业盈余四部分之和，体育产业增加值占 GDP 比重指当年示范基地体育产业增加值占当地国民生产总值的比重。

5. 体育服务业增加值及占体育产业增加值比重

体育服务业增加值指示范基地体育管理活动、体育竞赛表演活动、体育健身休闲活动、体育场馆服务、体育中介服务、体育培训与教育、体育传媒与信息服务、体育用品及相关产品销售、贸易代理与出租、其他与体育相关服务等业态的增加值之和，及占示范基地体育产业增加值的比重。

6. 体育产业从业人员数量

统计国家体育产业示范基地内体育系统行政管理部门、事业单位、体育社会组织和体育企业就业人员总数，以及体育产业从业人员中获得本科以上学历或获得中级以上职称的人员总数。

7. 体育企业和体育项目数量和质量

统计国家体育产业示范基地在工商行政管理部门登记注册的体育企业总数，以及示范基地内招商引资的项目投资额在1亿元以上或年产值超过5000万元以上体育企业或体育项目的总数。

8. 经常参与体育锻炼人数及占常住人口比例

经常参与体育锻炼人数指国家体育产业示范基地内每周参加3次及以上，每次锻炼时间30分钟及以上，每次锻炼强度达到中等及以上的人数，以及体育人口占常住人口的比例。

9. 体育协会或组织数

国家体育产业示范基地所在地民政部门或相关行政管理部门登记注册的体育产业相关协会或行业组织数目。

10. 年度全国以上体育赛事数

国家体育产业示范基地举办的全国以上体育赛事总量，具体是指《全国性单项体育协会竞技体育重要赛事名录》内的比赛、各中心（协会）主办的其他全国性比赛和国际比赛。

11. 体育场馆存量

国家体育产业示范基地所在地体育场地面积、建筑面积和用地面积，以及人均拥有体育场地的面积。

12. 体育场地投入

国家体育产业示范基地所在地体育行政部门用于提供体育设施免费或者低收费开放服务的支出总额，以及示范基地所在地内可供训练、比赛、健身使用的体育场地投资总额。

13. 科研投入和成果

国家体育产业示范基地所在地体育行政管理部门、事业单位、体育社会组织用于科学研究的业务费、仪器设备费、协作费、科研管理费、科研津贴等科研支出的相关经费，示范基地辖区内体育企业获得的经国家知识产权局授予的发明专利和实用新型专利的总数。

14. 商标和驰名商标数

国家体育产业示范基地区域内事业单位、体育企业在工商行政管理部门登记注册商标总数，以及拥有的经行政认定或司法认定的驰名商标总数。

（二）国家体育产业示范单位数据指标

国家体育产业示范单位经济社会贡献统计指标是在宏观层面较为全面地反映体育产业示范单位对地方经济社会发展的贡献程度，分为体育装备类和体育场馆类进行统计。体育产业示范单位核心统计指标包括：经营情况、企业公共服务投入及其他投入、风投基金、销售规模、从业人员数量等9类指标。

1. 经营情况

反映国家体育产业示范单位发展总体规模的一类指标，包括单位营业收入、营业成本以及营业税金等数据。

2. 公共服务投入及其他投入

公共服务投入主要针对体育场馆类示范单位向老年人、青少年、残疾人等特殊人群免费开放的总时长数，以及实际支出的用于向社会提供公共体育设施、产品、服务（或体育场馆免费、低收费开放）的全部费用支出（不包括生产性支出和归还贷款支出）的费用。

示范单位科研投入，是指用于科研的业务费（体育场馆类用于信息化建设的费用）、仪器设备费、协作费、科研管理费、科研津贴等科研支出费用。

示范单位其他投入，是指体育装备类示范单位围绕产品营销活动示范单位的前期投入、市场分析投入、人力资源耗费、广告策划宣传、市场运作费、客户管理费用等金额。

3. 风投基金

风投基金是体育装备类示范单位成功获得风险投资基金投资总额。

4. 销售规模

体育装备类示范单位统计产品销售额。分别统计体育用品的销售量、运动服装销售量、运动鞋帽销售量。

体育场馆类示范单位统计参与的人数和举办的活动。分别统计在体育场馆范围内参与健身活动的居民人次，接受示范单位举办的体育健身培训的居民人次，单位举办的面向公众的公共文娱活动和公共体育活动次数。

5. 从业人员

指体育装备类示范单位从业人员总数及其中获得本科以上学历或获得中级以上职称的人员总数。

6. 经营门店

指体育装备类示范单位在连锁企业经营管理的基础上，按照总店（总部）的指示和服务规范要求，承担日常销售业务的店铺数量。

7. 体育赛事

体育装备类示范单位赞助的全国以上体育赛事总量，具体包括《全国性单项体育协会竞技体育重要赛事名录》内的比赛、各中心（协会）主办的其他全国性比赛，以及国内举办的国际比赛。而体育场馆示范单位则统计场馆举办的各级各类体育赛事总量。

8. 科技成果

国家体育产业示范单位获得的经国家知识产权局授予的发明专利和实用新型专利数量。体育场馆类示范单位统计建成体育场馆信息服务平台，应用

"互联网+体育"或建成数字化服务体系数目。

9. 商标情况

国家体育产业示范单位在工商行政管理部门登记注册商标总数，体育装备类示范单位拥有的经行政认定或司法认定的驰名商标总数。

三 国家体育产业示范基地经济社会贡献统计指标分析

按照国家体育产业示范基地数据统计指标设置，结合国家体育产业示范基地上报的具体数据，分别从体育产业规模类指标、体育产业质量类指标和体育产业公共服务类指标三个方面进行全面梳理和系统分析。

（一）体育产业规模类指标分析

国家体育产业示范基地体育产业规模类指标主要包括体育产业总规模、体育产业增加值、体育产业增加值占当地国民生产总值（GDP）比重、体育企业法人单位数量以及体育产业从业人员总数等5项。国家体育产业基地是我国体育产业起步较早、发展较快的地区，作为全国体育产业的先锋部队，为拉动体育产业增长和稳定地方经济发展做出了重要贡献。

1. 体育产业初现发展规模

统计数据显示：2015年国家体育产业示范基地体育产业总产出达到2888.2亿元，其中，7.1%的国家体育产业示范基地体育产业总产出超过千亿元，28.6%的示范基地体育产业总产出超过百亿元，85.7%的示范基地超过10亿元，从中可以看出我国14个国家体育产业示范基地已初具规模。但进一步梳理发现各示范基地发展水平尚不平衡，最大规模与最小规模示范基地相比较，体育总产出相差296倍。按照示范基地体育产业规模大小分为三个层次。晋江国家体育产业示范基地继续保持体育用品业强势带动体育产业整体发展态势，2015年的体育产业总产出高达1332.8亿元，成为一枝独秀。苏南（县域）、深圳和乐陵国家体育产业示范基地紧随其后，苏南（县域）国家体育产业示范基地创造体育产业总产出达到533.2亿元，其中，江阴市围绕滨江体育产业片、体育用品制造产业片、沿江高速体育旅游产业带、沿锡澄运河水上体育产业带"两片两带"的总体布局，稳步推进体育产业发展；溧阳市依托生态资源，实行体育和旅游相结合的模式；昆山市以梦莱茵游艇俱乐部、中国名流马会为重点，打造一批高端体育休闲旅游企业，运作全球最大的水上乐园"昆山水之梦"，全面提升体育产业综合实力。深圳作为首家国家体育产业示范基地，近10年来不断发展壮大，2015年体育产业总产出已达498.7亿元。其余国家体育产业示范基地的体育产业规模均在100亿元以下的示范基地。其中，2015年来自青海、浙江、河南、湖北、安徽和广西6个省区的7家新增国家体育产业示范基地，作为国家体育产业基地最年轻的成员，发展比较活跃，展现出快速发展的潜力，荆门高新区国家体育产业示范基地体育产业总产出达到66.9亿元，领跑该集团。

体育产业增加值是反映体育产业发展的核心指标。统计数据显示：14家国家体育产业示范基地体育产业增加值达到897.7亿元，占2015年全国体育产业增加值的16.3%。其中，晋江国家体育产业示范基地以425.1亿元仍居榜首，领先第二名232.1亿元，占2015年全国体育产业增加值的7.7%；位居次位的深圳国家体育产业示范基地，其2015年产业增加值占全国体育产业增加值的3.5%；而苏南（县域）国家体育产业示范基地实现体育产业增加值116.9亿元，同比增长24.5%，位居第三名，紧随其后的是乐陵、登封、荆门和龙潭湖等体育产业示范基地，4家体育产业增加值均超过10亿元。

2. 吸纳就业能力较强

国家体育产业示范基地体育企业规模增大，集聚效应提高，创造了大量的就业机会。统计数据显示，14家示范基地体育企业法人单位数量多达23650家，体育产业从业人数达到915533人。其中，晋江国家体育产业示范基地的体育企业数量多达八千余家，占总数的34.2%，体育产业从业人数超过总人数的1/3。深圳作为我国最早挂牌的国家体育产业示范基地，在良好的基础上继续保持较快的增长势头，据当地统计数据显示，从2012～2015年，三年间深圳体育企业数量增加了1156家，增长率达到20.0%，三年体育企业从业人员增加近3万人,增长率为16.7%。荆门高新区国家体育产业示范基地,体育企业数达到3379家,体育产业从业人员33836人。

3. 经济贡献地位凸显

体育产业增加值占本地区GDP比重是考量示范基地对当地经济贡献的重要指标。统计数据显示（见表2）：2015年国家体育产业示范基地体育产业增加值占当地GDP比重达到3%,其中绝大部分国家体育产业示范基地比重超过了1%,高于全国0.8%的平均水平,体育产业对地方经济的贡献处于重要地位,成为当地名副其实的支柱产业。其中,龙潭湖国家体育产业示范基地体育产业增加值占当地GDP的比重最高,达到56.6%；而乐陵和晋江示范基地的体育产业增加值占当地GDP的近1/3；荆门高新区示范基地体育产业增加值占当地GDP比重也超过了10%。

表2 2015年国家体育产业示范基地体育产业规模统计数据一览

基地名称	体育产业增加值（亿元）	体育产业增加值占本地区GDP比重(%)
深圳国家体育产业示范基地	193.0	1.1
温江国家体育产业示范基地	6.2	1.5
晋江国家体育产业示范基地	425.1	26.2
龙潭湖国家体育产业示范基地	11.5	56.6
富阳国家体育产业示范基地	6.9	1.1
乐陵国家体育产业示范基地	65.0	29.0
苏南(县域)国家体育产业示范基地	116.0	1.7
平果国家体育产业示范基地	1.1	0.8
宁海国家体育产业示范基地	9.5	2.2
登封国家体育产业示范基地	30.0	7.6
荆门高新区国家体育产业示范基地	20.9	10.4
环青海湖(县域)国家体育产业示范基地	1.7	0.6
淳安国家体育产业示范基地	3.4	1.6
皖南(县域)国家体育产业示范基地	6.5	1.0
总　　计	897.7	3.0

资料来源：国家体育产业示范基地统计上报数据,下同。

（二）体育产业质量类指标分析

国家体育产业示范基地体育产业质量类指标主要包括示范基地体育服务业增加值占体育产业增加值比重、政府发展体育产业的财政经费支出总额、各类金融机构提供的贷款或其他金融支持总额、基地辖区内体育企业（或体育产业项目）成功获得风险投资基金投资总额、体育产业从业人员中获得本科以上学历或中级以上职称的人员总数、基地科研支出经费、基地获得的发明专利和实用新型专利总数、基地登记注册商标总数、基地驰名商标总数、基地辖区内招商引资的项目投资额在1亿元以上或年产值超过5000万以上体育企业或体育项目的总数、基地辖区内举办的全国以上体育赛事等11项。

1. 产业结构仍需不断调整趋向合理

一个地区的经济越发达，其第三产业发展越成熟，所占经济的比重也越大。统计数据显示（见图1）：2015年龙潭湖、环青海湖（县域）、温江、淳安4家示范基地体育服务业增加值占体育产业比重高达90%以上。其中，龙潭湖国家体育产业示范基地聚集众多体育组织，形成了以发展体育科学研究、中介服务、资本运作、信息交流等为主要目标的高端体育产业聚集区；环青海湖（县域）国家体育产业示范基地紧紧围绕高原体育、生态体育、民俗体育、文化体育，以"环湖系列赛事"和"传统体育赛事"等为出发点，并积极开发环湖骑行、登山、滑雪和探险等体育旅游项目，形成集住宿、餐饮、训练和体育旅游等功能为一体的综合基地；温江体育产业示范基地将运动有机结合文化、旅游、休闲，以马产业、水上运动和篮球等为重点进行发展，有效优化产业结构；淳安国家体育产业示范基地利用千岛湖，着力打造山水户外休闲旅游，产业转型升级成效显著。

当然，进一步梳理发现，2015年14家国家体育产业示范基地体育服务业增加值占体育产业增加值比重仅为36.0%，低于当年全国49.2%的比重，体育用品及装备制造业占据相对明显的优势，体育服务业贡献比例有些偏低，尚有较大提升空间。因此，国家体育产业示范基地产业结构仍需要不断调整和升级，使其趋向合理。

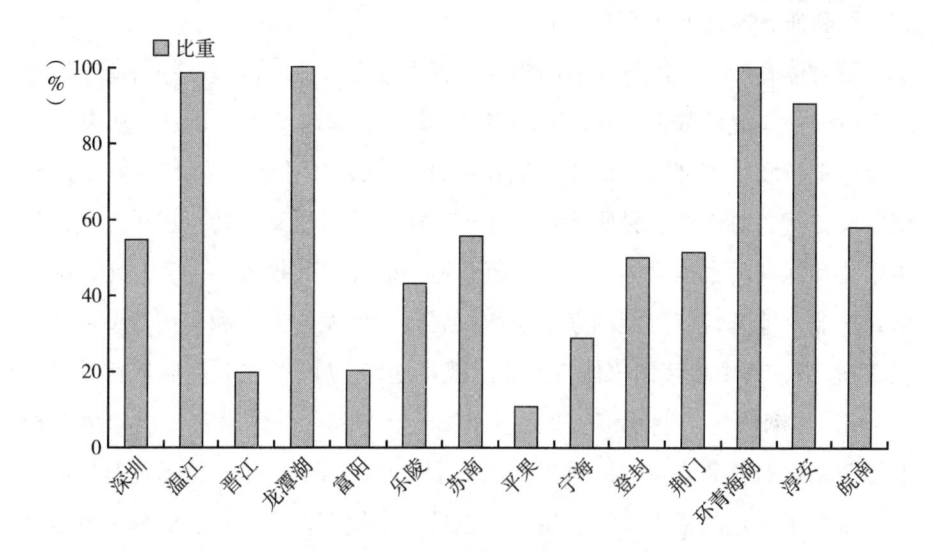

图 1　2015 年国家体育产业示范基地体育服务业增加值占体育产业比重比较

注：按照国家统计局统计口径，体育服务业是指除体育用品和相关产品制造业、体育场地设施建设外的其他 9 大类。

2. 政府投入和社会融资齐头并进

国家体育产业示范基地所在地政府通过设立专项资金、采用奖励补助以及进行体育产业项目贷款担保等多种形式，大力支持示范基地自身发展。2015 年 14 个示范基地所在地政府发展体育产业的财政经费支出总额达到74515 万元，当然投入力度各示范基地差异很大，财政投入最大和最小的示范基地相差近 100 倍。其中荆门和深圳当地政府对示范基地投入力度最大，两个示范基地政府共投入 40500 万元，占 14 个示范基地总投入的 54.4%。

同时，示范基地体育产业的迅速崛起和良好前景，吸引了各类金融机构的广泛关注，2015 年 13 个国家体育产业示范基地（温江数据缺失）成功吸纳各商业银行和政策性银行、非银行信贷机构、证券机构、保险机构等各类金融机构资金 1070263 万元，约是政府投入的 15 倍。其中晋江国家体育产业示范基地以其庞大的规模和巨大的发展潜力得到 53.2 亿元金融资本支持。整体来看，在示范基地所在地政府专项资金等的引导下，金融资本大量涌入，示范基地体育产业活力得到进一步释放。

3. 科研支撑有所重视

随着体育产业发展不断引向深入，国家体育产业示范基地的科研支持力度有所加强。统计数据显示，2015年13家示范基地（龙潭湖数据缺失）所在地体育行政管理部门、事业单位和体育社会组织用于科学研究的业务费、仪器设备费、协作费、科研管理费和科研津贴等科研支出共48579万元，其中乐陵和深圳两家国家体育产业示范基地科研经费共投入42517万元；国家体育产业示范基地获得经国家知识产权局授予的发明专利和实用新型专利总数3365个，其中晋江国家体育产业示范基地以1740个专利高居榜首，苏南（县域）国家体育产业示范基地拥有1032个专利。总体来看，国家体育产业示范基地对科研支持有所重视，取得了一定的科研成果，给示范基地体育产业带来了一定的活力和发展后劲。但进一步梳理发现，尽管部分示范基地科研能力有明显增强，但R&D经费投入强度并不高，2015年仅为0.5%，远低于当年全国2.07%的平均水平；同时，各示范基地科研水平存在较大的失衡，如乐陵和深圳两家国家体育产业示范基地科研经费投入占示范基地科研经费投入总额的87.5%，其余示范基地平均仅为551万元；晋江和苏南两家国家体育产业示范基地拥有的发明专利数量占到示范基地总数量的82.4%，50%的示范基地专利数低于20个。示范基地体育产业整体科研创新能力仍有待进一步提高。

4. 社会辐射与带动力增强

国家体育产业示范基地从创建至今，通过积极举办大赛，提升了基地软实力，丰富了当地居民的文化生活，提高了基地的国际知名度。统计数据显示（具体见表3）：2015年国家体育产业示范基地共举办了121项国际性比赛和全国大赛，其中苏南（县域）国家体育产业示范基地充分利用自身资源优势，2015年举办的全国以上赛事数量位居首位，达到33项；深圳国家体育产业示范基地不断完善"政府引导、社会承办、市场化运作"的办赛模式，举办了WTA国际女子网球深圳公开赛、2015FIM花式极限摩托车世界锦标赛、2015深圳国际马拉松赛等品牌赛事达到23项。

在政府的大力支持下，国家体育产业示范基地通过多年努力，现已产生巨大的社会效益，且辐射影响力与带动力不断增强。统计数据显示：2015年国家体育产业示范基地招商引资的项目投资额在1亿元以上或年产值超过5000万元以上体育企业或体育项目达到138项，其中苏南（县域）和晋江国家体育产业示范基地此项数量达到87项，占总数的63.0%；2015年12家国家体育产业示范基地（晋江、登封数据缺失）的体育事业单位、体育企业在工商行政管理部门登记注册商标总数达到3895个，其中荆门高新区和苏南（县域）国家体育产业示范基地注册商标总数达到3007个，占到示范基地总数的77.2%。

表3 2015年国家体育产业示范基地体育产业社会辐射统计数据一览

基地名称	招商引资大企业和项目（个）	举办全国以上赛事（项）
深圳国家体育产业示范基地	1	23
温江国家体育产业示范基地	1	4
晋江国家体育产业示范基地	43	8
龙潭湖国家体育产业示范基地	0	0
富阳国家体育产业示范基地	2	3
乐陵国家体育产业示范基地	11	0
苏南(县域)国家体育产业示范基地	44	33
平果国家体育产业示范基地	0	4
宁海国家体育产业示范基地	17	4
登封国家体育产业示范基地	4	3
荆门高新区国家体育产业示范基地	10	6
环青海湖(县域)国家体育产业示范基地	1	4
淳安国家体育产业示范基地	2	18
皖南(县域)国家体育产业示范基地	2	11
总　计	138	121

（三）国家体育产业示范基地体育产业公共服务类指标分析

体育公共服务体系关乎国民生活质量、关乎民生，其建设与完善的状况直接影响和制约国家体育产业基地的建设，因而公共服务指标是评价体育产业基地的社会贡献的重要指标。本研究把用于提供体育设施免费或者低收费开放服务的支出费用、所在地体育场地面积、人均拥有体育场地的面积、体育场地投资总额、基地所在地民政部门或相关行政管理部门登记注册的体育产业相关协会或行业组织、体育人口数量及占常住人口比等7个统计数据作为示范基地体育产业公共服务类指标（具体数据见表4）。

表4　2015年国家体育产业示范基地体育产业公共服务类指标统计数据一览

基地名称	体育设施免费或低收费开放支出（万元）	体育场地投资（万元）	人均体育场地面积（m²）	体育协会或行业组织（个）	体育人口占常住人口比(%)
深圳国家体育产业示范基地	198	117342	2.2	123	30.2
温江国家体育产业示范基地	100	20000	1.8	29	46.0
晋江国家体育产业示范基地	—	7993	1.3	76	39.0
龙潭湖国家体育产业示范基地	585	8000	0.8	2	49.1
富阳国家体育产业示范基地	100	20865	1.9	7	45.0
乐陵国家体育产业示范基地	500	12000	1.1	21	40.0
苏南（县域）国家体育产业示范基地	832	41605	3.6	232	48.9
平果国家体育产业示范基地	80	8215	1.5	45	15.7
宁海国家体育产业示范基地	220	1048	2.5	63	45.0
登封国家体育产业示范基地	20	1000	0.8	0	38.0
荆门高新区国家体育产业示范基地	5000	21102	3.3	218	15.4
环青海湖（县域）国家体育产业示范基地	255	12495	2.3	31	22.0
淳安国家体育产业示范基地	30	10000	1.5	28	35.0
皖南（县域）国家体育产业示范基地	540	40000	1.5	81	20.0
总　计	8460	321665	—	956	—

1. 融资渠道日益多元化

国家体育产业示范基地经过多年建设，逐步形成了以公共财政为主、社会投入为辅的多元公共服务投入经费保障制度。各级政府建立相关的政策制度，对所需的经费予以保障，并加大公共服务体系的投入力度，力保公共体育服务经费增长幅度不低于财政收入的增长幅度,并不断提高公共体育服务经费在全部体育事业经费中的比例。统计数据显示:2015年国家体育产业示范基地投入321665万元用于体育场地建设,并支出8500万元用于提供体育设施免费或者低收费开放。

国家体育产业示范基地全面调动全社会兴办体育公共事业的积极性,扩大社会资源进入全民健身事业的途径,采取多种方式筹集资金,推进公共体育设施建设和运营,为开展全民健身运动提供良好条件。如苏南(县域)国家体育产业示范基地的江阴市天华纱业有限公司投资3500万元建设天华体育馆,阳光、华西等上市企业和天华、华宏等民营企业投资2.2亿元建设华西农民体育健身中心。

2. 体育设施条件不断完善

体育设施是开展公共体育服务的基础条件,也是群众关注的焦点。国家体育产业示范基地经过多年体育场地的规划与建设,2015年已达到5241万平方米,绝大部分示范基地人均拥有体育场地的面积高于全国平均水平。各示范基地纷纷致力于提升体育场地设施水平,满足大众的基本体育健身需求,如乐陵国家体育产业示范基地在全市城区和乡镇修建了11处笼式足球场和8处体感运动场所,全部向社会免费开放;宁海国家体育产业示范基地对2009年以前安装的健身路径进行了强制报废,更新了健身路径80条、篮球场30片。

发达国家在公共服务社会化改革中十分重视体育资源整合。盘活现有体育场地设施资源,依托学校、企事业单位的体育场地设施,是开展公共体育服务的一种必然选择。各国家体育产业示范基地积极协调教育、城建等部门,采取可行措施,推动政府制定配套政策措施,并以政府购买服务的形式,实现体育设施社会共享,提高现有体育场地设施的开放利用率。如宁海国家体育产业示范基地出台《中小学校体育场地设施向社会开放实施方案》,明确将非寄宿制中小学校的室外场地和室内场馆,分别按照免费开放和第三管理市场化运作方式,采用活动时间、人数、项目"三限"方式,在寒暑假、双休日、法定节假日、工作日非教学时段向社会开放。

3. 体育组织网络建设促体育人口稳步增加

国家体育产业示范基地坚持"政府主导、社会参与、条块结合"的多元化公共体育组织网络建设方向，积极整合社会资源。2015年在当地民政部门或相关行政管理部门登记注册的体育产业相关协会或行业组织多达956个，其中24.3%来自苏南（县域）体育产业示范基地，22.8%来自荆门体育产业示范基地，12.9%来自深圳体育产业示范基地。有效管理百姓"身边的组织"，体育产业示范基地的居民体育锻炼行为不断规范，体育锻炼人群规模不断扩大，良好的体育参与氛围又进一步激发了市民参与体育健身的热情，有力推动了基地体育产业的快速发展。

统计数据显示：2015年14个国家体育产业示范基地的体育人口总数达到882.1万人，宁海、富阳、龙潭湖、苏南和温江等示范基地体育人口占到常住人口比重甚至超过45%。其中，苏南国家体育产业示范基地的江阴市经常参与体育锻炼人口达到198.1万人，江阴作为首批"江苏省公共体育服务体系示范区"，非常重视公共服务体系建设，出台《关于全面推进学校体育设施向社会开放工作的实施意见》和考核评估办法，每年投入180余万元，全市82所中小学校体育设施向社会开放，占比达92%；同时，江阴市体育中心实行市场化运作，推进"一卡通"消费系统，相继在特定节假日推出免费开放、市民水上活动中心晨练和暑期优惠等一系列惠民便民新举措。

四 国家体育产业示范单位经济社会贡献统计指标分析

（一）国家体育产业示范单位（装备类）统计指标分析

根据国家体育产业示范单位经济社会贡献的统计指标，重点对浙江大丰实业股份有限公司、浙江华鹰控股集团有限公司、广州双鱼体育用品集团有限公司、三六一度（中国）有限公司、广州爱奇实业有限公司以及福建匹克集团有限公司等六家装备类国家体育产业示范单位分别进行数据统计

(具体如表5所示)。2015年度,浙江大丰等6家体育装备类示范企业积极寻求转型升级,整体经营情况良好。各项经济指标和企业财务业绩均表明,国家体育产业示范单位中的体育用品企业保持较好的发展态势。

表5 2015年国家体育产业示范单位(装备类)统计数据一览

统计指标	统计单位	6家示范单位数据统计总和
营业收入	万元	713239
营业成本	万元	460240
营业税金	万元	34175
风投总额	万元	7820
本科或中级以上员工	人	1187
市场营销投入	万元	111140
科研支出	万元	28112
专利数	个	517
商标数	个	918
驰名商标	个	7
门店数	家	13210
销售额	万元	712546
体育用品销售量	件	22976434
服装销售量	套	33523886
鞋帽销售量	套	23793012
赞助赛事数	次	64

资料来源:国家体育产业示范单位统计上报数据,下同。

1. 企业经营投入产出

统计数据显示:2015年6家国家体育产业装备类示范单位营业总营业收入达到713239万元,营业毛利252999万元,毛利率为35.5%。2011~2015年期间,三六一度(中国)有限公司和匹克集团有限公司尽管遭受国内外市场寒流的冲击出现波动,经营效益在前半程出现一定的回落,但从2013年开始快速恢复壮大,保持较高的增长。其中,匹克集团有限公司加速"品牌国际化"战略,出口总额增长率为13.3%,现已成为海外销售占比最高的中国体育品牌,2015年营业收入高达31.1亿元,遥遥领先其他

5家示范单位。

大丰、华鹰、爱奇、双鱼则均处于快速发展中，其中大丰、华鹰、双鱼"十二五"期间净利润年均增长率均超过30%。2015年大丰实业股份有限公司高速发展，营业收入达到139594万元，比2014年增长12%；爱奇实业有限公司营业收入17212万元，同比增长13%；双鱼体育用品集团有限公司，营业收入55581万元，同比增长7.3%；华鹰控股集团有限公司营业收入15058万元，同比增长16.4%。

2. 企业市场营销投入产出

营销不是企业唯一成功因素，却是企业成功的关键因素。市场如战场，谁能把营销做得更好谁就掌握了战争的主动权，就能旗开得胜。统计数据显示：2015年6家国家体育产业示范单位围绕产品营销活动的前期投入、市场分析投入、人力资源耗费、广告策划宣传、试产运作费、客户管理费用等的市场营销总投入达到111140万元，其中匹克集团有限公司走在前列，2015年在市场营销上投入达到72715.5万元，占其营销成本的38.2%。匹克的市场营销呈现多点开花的特点：一是投入巨资赞助国际一流赛事、顶级体育明星和国家队等方式，扩大品牌影响力，打造行内一流的运动品牌；二是致力于匹克商标的拓展，2015年企业在工商行政管理部门登记注册商标达191个，其中驰名商标1个；三是投入大量人力物力开发国内外市场，逐步完善产销结合的品牌运营体系，主要包括利用国内的200多个经销商、6000多个销售网点，以及国外40多个经销商、200多个销售网点，2015年实现了310750万元的销售业绩。

紧跟其后的三六一度（中国）有限公司在市场营销上投入达到32422.7万元，占营运成本的30.6%。公司通过深耕品类细分战略，找准国内最具市场成长空间的运动品类，重点投入科技产品和童鞋，在国内构建了一个拥有31家一级代理商、7000余家专卖店的经销网络，并不断向海外延伸；公司通过赞助男子冰壶世锦赛冠军瑞典队、第八届金门马拉松赛和361°游泳冠军嘉年华等知名赛事提高品牌的知名度；在商标的拓展上不遗余力，在工商行政管理部门登记注册商标达580个。2015年实现了175044万元的销售业绩，体育用品销售量达到 8795300 件，服装销售量达到 9691900 套，鞋帽销售量达到 9585300 套。

大丰实业股份有限公司、华鹰控股集团有限公司、双鱼体育用品集团有限公司和爱奇实业有限公司等 4 家示范单位尽管在市场营销投入力度上不如匹克和三六一度（中国）两家企业，但是几家企业根据自身产品、所在市场和国家政策的变化，能够快速做出反应，制定相应的企业营销策略，取得了一系列成果。如华鹰控股集团有限公司构建了全球营销网络，已设置了 52 家全球船艇销售代理商，遍及美国、英国、意大利、德国、澳大利亚等国家。

3. 企业创新科研投入

在市场经济条件下以及经济国际化的大环境中，企业始终面临着巨大的竞争压力。没有技术上的独立，就难以有经济上的独立，受制于他人的企业难以生存，更谈不上发展。统计数据显示：2015 年 6 家装备类示范单位用于科研的业务费、仪器设备费、协作费、科研管理费、科研津贴等科研支出总费用为 28112 万元，R&D 经费投入强度 3.9%，与国际上 R&D 经费投入强度 5%~10% 的企业才有竞争力的实践仍有一定的距离。就具体示范单位而言，华鹰控股集团有限公司和三六一度（中国）有限公司是装备类示范单位中仅有的两家 R&D 经费投入强度超过 5% 的企业。其中，华鹰公司 2015 年 R&D 经费投入强度达到 6.2%，该公司坚持"自主研发、自有品牌、自营市场"，拥有自有品牌和全球营销网络，重点打造了一支拥有 72 位国内外专家组成的研发团队，与国内外多家研发机构建立合作平台，获得授权国家专利 42 项，已经成为全球最大的专业赛艇制造企业，以及国际游艇制造企业之一；三六一度（中国）公司的科研投入力度仅次于华鹰企业，取得了显著的科研成果，获得授权国家专利多达 165 项，公司与百度共同推出了首款智能童鞋。自主研发了"361 – Sensation"跑鞋系列，并与乐视体育成为战略合作伙伴，保持了中国运动品牌行业的领军地位。

另外，大丰、匹克、爱奇、双鱼 4 家示范单位 R&D 投入强度 2015 年等于或低于6家体育装备类示范单位总体水平。其中，大丰实业股份有限公司当年R&D经费投入强度为3.9%，略高于其他三家示范单位，公司目前拥有国内首个文化场馆设备省级研发中心、博士后工作站及国家级实验室，现已成为国家重点高新技术企业、全国知识产权试点单位，以及全球知名的文体设施整体集成方案解决商，具有一定的发展潜力。其余3家示范单位创新投入力度仍有待进一步加强。

4. 企业社会贡献

"经济学之父"亚当·斯密认为，"理性经济人"应具有"充分的慎重""严格的正义""适度的仁爱"三种品德。他还指出："社会的财富如果不被全社会所共享，那么这个社会就不稳定"。企业理应破除狭隘的自身利益而承担起社会责任，为整个社会做出贡献。统计数据显示，2015年6家装备类国家体育产业示范单位纳税总额为34175万元，其中匹克公司纳税额达到21040.0万元，纳税增长率为1.8%，成为当年纳税大户；大丰坚持不懈地捐助希望工程、帮助困难群体、资助贫困大学生、赞助社区文化活动等社会公益事业，累计已向社会捐资近千万元；三六一度（中国）有限公司与腾讯公益联合发起的"双十一·光脚儿童脱光计划"，众筹项目累计超过400万元，累计捐赠6.2万双童鞋；爱奇实业有限公司积极资助贫困地区体育设施设备的改善，并大力推行环保生产等。

（二）国家体育产业示范单位（场馆类）统计指标分析

根据国家体育产业示范单位经济社会贡献发展的统计指标，重点对广州天河体育中心、武汉体育中心、天津奥体中心、北京奥林匹克公园、安徽奥林匹克公园以及黑龙江省亚布力体育训练基地等6家示范单位进行数据统计，具体如表6所示。2015年，北京奥林匹克公园等6家体育场馆示范单位在强化内部管理改革、创新运营理念和运营方式的同时，兼顾经济效益和社会效益，承办专业化、高水平体育比赛，并加大公共惠民服务力度，满足所在地群众对高水平体育赛事欣赏和日常健身的需求。

表6 2015年国家体育产业示范单位（场馆类）统计数据一览

统计指标	统计单位	6家示范单位数据统计总和
营业收入	万元	153695
营业成本	万元	90064
营业税金	万元	7216
健身活动居民	万人次	1057
健身培训居民	万人次	25
体育活动	次	70756
体育赛事	次	568
提供公共体育的全部费用支出	万元	1977
信息化服务平台	个	19
科研支出费用（）	万元	1206
专利总数	个	9
商标总数	个	169

1. 单位经济效益

大型体育场馆赛后运营管理成为全世界的难题，很多场馆难以自负盈亏，而2015年北京奥林匹克公园、天津奥体中心、武汉体育中心、广州天河体育中心、安徽奥林匹克公园以及黑龙江省亚布力体育训练基地等在场馆运营上起到示范效应。从各示范单位统计数据可以看出：6家示范单位总营业收入为153695万元，缴纳营业税金7216万元。其中，北京奥林匹克公园、武汉体育中心和广州天河体育中心表现较为突出，天津奥体中心、安徽奥林匹克公园以及黑龙江省亚布力体育训练基地收支也略有结余。

其一，北京奥林匹克公园围绕"文化展示交流平台、国家交往联络窗口、公共文化服务基地、生态文化产业园区"四个核心功能积极作为，在产业提升、服务提升、环境提升、队伍提升上开展大量工作，促进产业稳步发展。统计数据显示，2015年北京奥园营业收入约134000万元，同比增长7.6%，营业税金贡献达到5420万元，表现最为突出。北京奥林匹克公园成为全球奥运会后经济发展和奥运遗产永续经营之典范。

其二，武汉体育中心始终坚持"以体为主、产经兴业、合作共赢、服务社会"的经营策略,以服务质量为导向,推行管理体系,研究体育场馆服务标准,优化体育场馆管理平台。2015年武汉体育中心营业收入达到8745万元,同比增长6%。武汉体育中心通过找准体育场馆社会公益性和市场化运作的平衡点,探索出一条经营管理的市场化道路,为体育场馆经营行业树立了标准,取得了一定的成绩。

其三,广州天河体育中心通过全面统筹和规范中心各场馆的物业经营活动,降低非本体产业的出租比例,调整并合理安排不同的时间空隙,拓展经营渠道,经营创收平稳增长。2015年,天河体育中心营业总收入为4529万元,其中天河体育场、体育馆、游泳馆三大主体场馆均实现盈利。天河体育中心将以体为主、广开思路、搞活经营作为运营管理宗旨,展现出较强的发展能力。

其四,天津奥林匹克中心致力于打造体育文化活动集聚区,多年坚持以体为本、多业并举,产业呈现蓬勃之势。2015年,天津奥林匹克中心营业收入为3599万元,其中奥林匹克中心的体育场2015年经营收入达到1543万元,基本与上年持平;体育馆为1518万元,同比增长13%;游泳跳水馆全年经营收入542万元,同比增长11%。天津奥林匹克中心场馆群已经成为融体育竞赛、文艺会演、健身、会议、展览、商务等多项功能为一体的体育产业服务区。

其五,安徽奥林匹克公园采用以场馆养场馆、以商养场馆的发展思路,运用现代企业机制,成立国有独资的安徽奥园体育产业集团,推进体育场馆运营机制的改革创新,各项经济指标实现较大提升。2015年,安徽奥园继续积极推进体育赛事带动体育场馆企业化运营,动态赛事和静态租赁合力发展,实现营业收入1013万元,取得较好的经济效益。

其六,黑龙江亚布力体育训练基地引进国内知名的雪场管理团队进行市场化运营,开发滑雪旅游市场,打造行业标杆。数据显示,2015年亚布力体育训练基地实现营业收入1809万元。基地致力于满足广大滑雪爱好者和旅游者的实际需求,不断提高服务质量和层次,努力扩大规模,积极推进由以国内市场为主向国际市场拓展转型,不断提升体育产业层次,精心打造亚布力滑雪品牌，取得一定的经济效益。

2. 单位社会效益

大型体育场馆作为政府公共服务的重要部分，普遍受到重视。北京奥林匹克公园、天津奥体中心、武汉体育中心、广州天河体育中心、安徽奥林匹克公园以及黑龙江省亚布力体育训练基地等国家体育产业示范单位都很重视公共服务的经费投入、场地提供和健身指导服务。

（1）加强公共体育的经费支持

各国家体育产业示范单位都向社会提供公共体育设施、产品、服务，以及向社会免费或低收费提供运动健身场地的经费保障。天津奥体中心、武汉体育中心、广州天河体育中心提供公共体育的经费支出排在前三位，其中天津奥林匹克中心2015年投入695万元资金用于向社会提供公共体育设施、产品、服务，金额成为六家场馆之首。紧接其后的是广州体育中心和武汉体育中心，公共服务支出费用均超过400万元。北京奥林匹克中心、安徽奥林匹克中心、黑龙江省亚布力体育训练基地3家示范单位用于向社会提供公共体育设施、产品、服务的总额为408.7万元。

（2）构建全民健身服务体系

六家国家体育产业示范单位依托自身的场馆优势和发展特点，积极构建完善的全民健身服务体系。

其一，北京奥林匹克公园全年向特殊人群（老年人、青少年、残疾人）实现免费开放，2015年园区全年共接待健身活动人数约408万人次，举办赛事、全民健身、文化休闲等大型活动481场次，其中体育赛事达到80项。同时依托园区的良好设施条件，举办"光明跑3+1半程马拉松接力赛"、"2015世界血友病日·为爱而走慈善健走大会活动"等系列全民健身活动及公益健身活动。奥体中心园区健身步道、健身路径、轨道棋、乒乓球长廊、民族传统健身项目休闲广场、人工湖畔等设施构成的园区休闲健身场所，全年6：00到23：00面向社会免费开放，每天达16个小时以上，年内累计惠及民众达4.18万人次。

其二，天津奥林匹克中心全年向特殊人群实现免费开放，接受健身活动居民230万人次，健身培训居民3.6万人次。其中，体育场被评为免费、低收费开放工作先进单位，全年向社会开放天数超过330天，举行了公益性活动17场，举办健身知识讲座全年5次，全年健身技能培训7000人次，进行国民体质测试全年5000人次；体育馆免费低收费对市民开放，平均每天来馆锻炼人数300余人次，全年累计达到10万余人次，所有项目节假日、全民健身日等时间安排免费开放；游泳跳水馆全年对外开放天数近360天，每周对外开放时间126小时。

其三，武汉体育中心全年向特殊人群免费开放的总时长8202小时，2015年共提供免费、低收费的游泳名额48200人次，提供免费、低收费服务的体育健身场地：羽毛球12912场、乒乓球6020场，合计减免金额155万元；组织约5万市民免费欣赏了国际一流赛事共20余场；组织实施了"三八"、"五一"、"六一"等节假日共18个项目的免费开放工作；并获取了国家低免开放中央财政补贴425万元、获得了免低开放奖励资金25万元。2015年，该中心接待参加健身的居民活动达到20万人次，参加健身培训居民7万人次。

其四，广州天河体育中心全年向特殊人群免费累计开放时间45684.5小时，参加健身的居民活动达到297.8万人次，参加健身培训的5.7万人次；2015年，该中心共举办各类体育活动84次，其中各级各类体育赛事共60场，进场人数近400万人次。

其五，安徽奥林匹克公园全年向特殊人群360天免费开放部分项目和场地，参加健身的居民活动达到100万人次，参加健身培训的有3.5万人次。2015年，安徽奥园相继承办各类大中小型体育活动106次，举办体育赛事共计50场次，观看人数达到数万人次。

其六，黑龙江省亚布力体育训练基地开放时间受雪期影响，全年向特殊人群提供56天免费开放，参加健身的居民1万人次，参加健身培训的有1万人次。2015年，基地相继承办各类大中小型体育活动35次，以及举办各级各类体育赛事共计10场次。公司主动承担社会责任，与教育部门合作，启动"百万青少年上冰雪"活动；打造南极景观，将此作为青少年爱国主义教育基地，免费向公众开放。

五 国家体育产业基地经济社会贡献发展展望

（一）发展规模不断扩大，经济贡献地位进一步巩固

国家体育产业基地是我国体育产业起步较早、发展较快的区域，为稳定经济增长和拉动体育产业消费做出了重要贡献，统计数据显示，2015年，14个国家体育产业示范基地体育产业总产出达到2888.2亿元，体育产业增加值达到897.7亿元，各基地体育产业增加值占GDP的比重明显高于当地平均水平，绝大部分基地的体育产业增加值GDP占比高于全国水平；12家国家体育产业示范单位营业总收入达到86.69亿元，国家体育产业基地的经济贡献地位已经开始显现。

《体育产业发展"十三五"规划》中明确提出了到2020年"建设50个国家体育产业示范基地、100个国家体育产业示范单位，100个国家体育产业示范项目"的总体发展目标，国家体育产业基地作为体育产业的排头兵，必将迎来爆发式增长，体育产业的经济贡献地位也将进一步巩固。"十三五"期间，为了实现既定目标，需要从多个层面加快国家体育产业基地的发展：一是结合基地自身特点进一步明晰发展模式。晋江、富阳和乐陵等国家体育产业基地具有一定的体育产业发展基础，且有较强的发展潜力，可以采用由市场主导，政府推动的发展模式；皖南（县域）、龙潭湖、宁海、登封等具有区位和资源禀赋优势的地区，其优势完全依靠自身难以完全发挥出来，需要靠政府推动发展模式。国家体育产业基地需在地理集聚的基础上，做到分工的高度专业化和跨产业发展，体育企业间建立起紧密的社会网络关系，才能快速扩大产业规模，集聚发展。二是结合基地发展过程进一步加强全面建设。国家体育产业基地存在不同类型、发展应各具特色，但由于部分基地统筹规划方面做得不太够，建设过程中跟不上计划，政府和市场协调存在不足，在某种程度上影响了基地的示范带动作用。实践中需要进一步调动当地政府在发展体育产业过程中的积极性，促进已经具备较好基础和较大发

展潜力的地区加快集聚集约发展，引领和带动区域体育产业共同大发展，为实现2020年全国体育产业规模3000亿目标做出贡献。

（二）产业品质不断提高，总体贡献水平进一步提升

随着全国体育产业政策不断推进，体育产业发展环境呈现利好态势。2015年国家体育产业基地政府投入和社会融资齐头并进，各商业银行和政策性银行、非银行信贷机构、证券机构、保险机构等各类金融机构纷纷投资，招商引资的项目投资额稳步上升，科研创新重视程度不断加强，总体经济贡献水平取得了一定的成效。

《体育产业发展"十三五"规划》中明确提出"加强示范引领。完善国家体育产业基地管理方式，提升国家体育产业基地管理和服务水平，建成一批具有集聚效应和规模效应的体育产业基地"的主要任务。[①] 从系统论分析，一个好的系统是能够内部各元素循环互动，并能够跟外部进行充分的人才流、资金流、物流和信息流的交换。因此，国家体育产业基地作为一个系统，在资源有限的条件下，必须要有开阔的视野，对基地的建设和发展采取整体、系统的方法进行研究，提高基地的产业品质，从而实现基地整体效益最大化：一是厘清产业基地的内部结构。国家体育产业基地区域内部要素多、内部结构复杂，如果各要素之间积极互动，存在着物质循环和人员、信息有效流动，产生协同效应，形成良性循环；但是如果各要素之间恶性竞争，产生消极的效应，互相牵制，就可能形成恶性循环。为了使产业基地整体有序发展，需先厘清其内部结构，可将其分为体育产业核心层，以及为核心层提供支持的辅助层。二是推动系统内部各层次的有序发展。对于核心层，需要保障各业态的均衡发展，不断调整和升级产业结构，加大服务业的投入和产出，逐步形成以服务业为主导的推动经济增长的格局；对于辅助层，需加强基地与地方政府、行业协会和其他中介组织、科研院所及教育培训机构的联系和合作，加强其服务供给能力。三是实现系统内部各层及外部

---

① 国家体育总局：《体育产业发展"十三五"规划》，2016年7月。

的互动发展。对于系统内部的核心层和辅助层两层之间,要加快层间流动,核心层向辅助层提供软硬件保障和准备提出自身需求,而辅助层则要实现知识和信息资源等更快向核心层流动,更好地为其服务;从系统内部和外围之间,要不断互动交流,最终形成由研发、供应、生产、销售和服务构成的完整的价值链系统。国家体育产业基地作为一个整体,通过建立由内及外的良好循环流动系统,将进一步提升总体贡献水平,逐步成为全国体育产业发展的标杆。

(三)公共服务不断加大,社会贡献范围进一步拓展

基本公共服务是人类发展的重要条件,也是人类发展的重要内容。国家体育产业基地需要承担起社会责任,为整个社会做出积极的贡献。目前,国家体育产业基地逐步形成了以公共财政为主、社会投入为辅的多元投入经费保障制度,努力构建起完善的全民健身服务体系,积极投身社会公益事业,形成良好的口碑和形象。

"十三五"期间,国家体育产业基地将继续致力于构建一个由政策经费保障、社会体育组织网络、公共体育设施、群众体育活动和技术指导与信息咨询组成的、完整有效的公共服务体系,为社会发展做出更大的贡献。一是建立政策规划指导机制,体系建设有据可依。公共体育服务体系建设要正式纳入基地考评体系,加大权重,调动基地兴办全民健身事业的积极性,扩大社会资源进入全民健身事业的途径,多渠道增加全民健身投入。二是加大社会体育组织网络化,体系建设落到实处。坚持"政府主导、社会参与、条块结合"的多元化公共体育组织网络建设方向。有效发挥基层体育组织的作用,使百姓"身边的组织"真正得到落实,能够在体育组织指导下规范进行体育锻炼,扩大有组织体育锻炼人群规模,激发居民参与体育健身的热情。三是整合资源强化管理,完善公共体育服务硬件设施。充分依托学校、企事业单位的体育场地设施,盘活现有体育场地设施资源。各国家体育产业基地积极协调教育、城建等部门,采取可行措施,推动政府制定配套政策措施,并以政府购买服务的形式,实现体育设施社会共享,提高现有体育场地

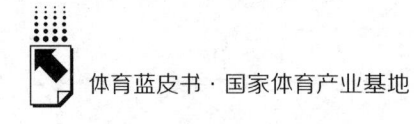

设施的开放利用率。四是围绕不同人群需求，开展系列全民健身活动。群众体育活动不能光靠行政指令，需要营造良好的健身氛围。依托电视、广播、报纸、互联网等宣传平台，宣传倡导科学健身理念，加强健康常识、科学健身等文明生活方式的宣传教育，增强广大人民群众体育健身意识，引导群众自觉参与健身，养成终身体育、科学健身的习惯。同时从不同人群的需求、兴趣和体育基础出发，打造不同类型的贴近其实际生活的体育活动来吸引更多的群众参与。五是加强技术指导和咨询，搭建新型健康服务平台，提升科学健身指导服务水平，组织开展基地当地居民的日常体质测定，提高居民健身的针对性和有效性。提高全民健身服务信息化水平，建立全民健身信息服务网，为居民提供及时便捷的资讯服务。

B.3
国家体育产业基地行业发展态势与展望

夏茂森 邢尊明*

摘　要： 当前国家体育产业基地各业态吸纳就业能力较强，产业规模不断发展，呈现一定的发展活力。体育竞赛表演、健身休闲、体育场馆和体育用品业等主要业态发展水平提升较快，品牌化、规模化发展突出，在一定程度上满足了当前人们多元化、个性化的体育产品服务需求。未来发展中，如何进一步实现各业态保持长足发展的势头，以及如何进一步促进各业态间实现深度融合发展等问题均有待于各国家体育产业基地集思广益、筹思创新来解决。

关键词： 国家体育产业基地　行业发展　机遇

近年来，国家体育产业基地如雨后春笋，呈现快速发展态势，这对于促进和形成我国体育产业发展的聚集区、示范区和城市功能区意义重大，也是我国目前及今后一段时期内体育产业发展的重要方向。比较而言，各国家体育产业基地的发展均各有侧重，行业特点也都较为鲜明，这亦为当前如火如荼、发展迅速的体育产业着上了一道浓墨重彩的靓丽风景。

国家体育产业基地作为我国体育产业实现"跨越式"发展的重要方式和有力抓手，所涉及的体育行业涵盖面很广。为此，本章后续将从国家体育

---

* 夏茂森，安徽财经大学副教授，博士，研究方向为体育产业、演化博弈；邢尊明，华侨大学教授，博士，研究方向为体育产业与体育管理。

产业基地行业发展需求和总体概况入手，重点梳理体育用品业、体育竞赛表演、体育健身休闲、体育场馆等4个主要行业的发展概况和特征，并对行业发展态势进行系统展望。

一 国家体育产业基地行业发展概况

供需关系是决定行业兴衰成败的一个关键，供给与需求之间呈现相互联系、相互制约关系，是行业生产运营和市场消费之间关系的主体反映。在国家体育产业基地行业蓬勃发展的今天，从全局性视角归结行业发展需求、展现行业发展概况和前景，对准确把握体育产业基地行业发展基本脉络，梳理行业发展的深层次产业逻辑具有十分重要的意义。

（一）行业发展需求

1. 整体社会体育需求日益旺盛

随着国民经济的快速增长，人们生活水平不断提高，居民可支配收入与生活余暇日益增加，参与运动健身的意识和体育需求不断增强，根据艾瑞咨询2016年的互联网调查数据，中国有5亿体育人口红利，互联网体育平台用户持续扩增，2016年3月，主流互联网体育平台的月度覆盖人数达1.36亿人[①]。庞大的体育人口和旺盛的社会需求，进一步带动了实物型、参与型和观赏型等多种类型体育需求的增加，横跨传媒、服务和用品等多个行业。基地行业作为国家体育行业发展的主战场，由此也得到了极大的促进，其发展需求日益迫切。

2. 行业规模效应需求日益加大

根据经济学理论，当生产规模扩大后，由于要素间的有机结合，将使得产业内生产达到或超过盈亏平衡点。在平均成本呈现下降趋势时，规模效应

[①] 中国商情网：《艾瑞咨询：2016年中国互联网体育用户研究分析报告》，http://www.askci.com/news/hlw/20160620/10511631107.shtml，2016-06-20。

彰显，由此将会进一步推进产业发展。国家体育产业基地是在一定的行业基础上发展的，基本都具备规模经济的先决条件。因此，随着国家体育产业基地的成立、发展，体育政策扶持力度加大，体育产业内人力、资本和创新等要素日益融合，原先已具备或正虚席以待的行业规模效应需求被进一步地加大了。

3. 行业集聚效应需求日益迫切

国家体育产业基地内部由于行业的相关或互补性，使其通过纵横交错的网络关系紧密联系在一起，空间集聚有利于降低行业制度成本，提高规模经济效益和范围经济效益，以及提升行业和企业市场竞争力的需求日益迫切，尤其是在一些体育用品制造业方面体现尤为突出。行业集聚可用费用较低的企业内交易替代费用较高的市场交易，达到降低交易成本的目的，同时还可以在生产成本、原材料供应、产品销售渠道和价格等方面形成一定的竞争优势，提高企业进入壁垒，以及提高企业对市场信息的灵敏度和使企业进入高新技术产业和高利润产业等等，这些都为国家体育产业基地行业的空间集聚提出了更深层次的需求。

4. 区域辐射效应需求不断凸显

国家体育产业基地独特的产业条件优势和作为体育产业发展的基点，其在人才、场馆、用品、赛事安排和文化等方面具有重要的资源优势，由此通过该基点来带动、引领周围区域体育产业发展的需求也被进一步的激发了，基地的区域辐射效应需求正不断凸显。

（二）行业发展概况

国家体育产业基地作为体育产业示范和集聚区域，随着行业发展需求的日益旺盛，各业态供给规模不断扩大，供给产品日趋丰富。统计数据显示：2015 年示范基地聚集体育企业达到 23650 家，企业从业人员达到 915533 人；装备类示范单位体育用品销售量达到 22976434 件；各示范基地 2015 年举办全国以上赛事达到 121 项，一批经过长期培育和打造的精品赛事在国家体育产业基地生根发芽、茁壮成长，规模和影响不断扩大，品牌效益日渐显现；健身休闲项目日益壮大，一批健身传统项目普及程度逐年提高，民族传统体育项目正在成为休闲市场的重要内容，高端时尚项目快速发展，极限项目逐步兴起。国家体育产业基地丰富的产品供给推动各业态呈现快速发展态势。

1. 各业态基本情况

从行业发展总体规模看，各业态吸纳就业能力较强，产业规模不断发展。统计数据显示：体育用品业呈现快速发展态势，2015年吸纳从业人员达660967人，实现增加值722.0亿元，占示范基地体育产业增加值的比重为84.9%；体育竞赛表演业蓬勃发展，2015年吸纳从业人员6505人，实现增加值11.9亿元，占体育服务业的3.9%；体育健身休闲业精彩纷呈，2015年吸纳从业人员58016人，实现增加值46.5亿元，对示范基地体育服务业的贡献达到15.2%；体育场馆业方兴未艾，2015年吸纳从业人员25309人，实现增加值19.4亿元，占示范基地体育服务业增加值的6.3%；体育培训与教育充满活力，2015年吸纳从业人员20012人，实现增加值11.4亿元，占示范基地体育服务业增加值的3.7%；体育旅游、体育健康、体育会展等其他与体育相关的服务业态呈现较大的生命力，2015年吸纳从业人员75602人，实现增加值21.0亿元，占示范基地体育服务业的6.9%。

2. 产业结构的业态分布

按照三产划分，各类体育产业活动主要分布在第二、三产业之中。从体育在第二产业中的分布看，2015年国家体育产业示范基地的体育用品及相关产品制造比例远远高于体育场地设施建设，数据显示（见表1），体育用品及相关产品制造占体育第二产业的比例99.2%，体育场地设施建设仅为0.8%。从体育在第三产业中的分布看，体育用品及相关产品销售、贸易代理与出租所占比重最大，占到体育产业的21.4%，占到体育第三产业的59.4%。国际一般经验显示，体育第三产业内部结构呈现一定的变动趋势：当产业发展水平较低时，体育销售等传统商业活动发展较快，增加值占体育第三产业的比重较高；当产业层次提高到一定程度后，体育中介等生产性服务业的产值比重将快速上升，从而引导体育赛事、体育健身休闲等主体产业迅速发展。① 统计数据显示，2015年体育中介服务业增加值为5.8亿元，仅占体育第三产业的1.9%，表明国家体育产业示范基地各业态在第三产业分布尚待进一步优化。

表1 2015年国家体育产业示范基地体育二、三产业结构分布一览

	指标	增加值(亿元)	占体育产业比重(%)
	总计	850.3	100
第二产业	体育用品及相关产品制造	540.2	63.5
	体育场地设施建设	4.1	0.5
第三产业	体育管理活动	6.7	0.8
	体育竞赛表演活动	11.9	1.4
	体育健身休闲活动	46.5	5.5
	体育场馆服务	15.3	1.8
	体育中介服务	5.8	0.7
	体育培训与教育	11.4	1.3
	体育传媒与信息服务	5.6	0.7
	其他与体育相关服务	21.0	2.4
	体育用品及相关产品销售、贸易代理与出租	181.8	21.4

资料来源：各国家体育产业示范基地统计上报数据。其中平果、登封、苏南（溧阳）各业态数据缺失，晋江体育管理活动、竞赛表演活动、健身休闲活动、场馆服务、中介服务、培训与教育、传媒与信息服务、其他与体育相关服务8个业态数据缺失，行业数据不做统计，故此处行业增加值总和小于14个示范基地体育产业增加值之和，下同。

3. 层次结构的业态分布

根据体育及相关产业分类标准，体育产业具体分为核心层、外围层和相关产业层。其中体育管理活动、体育场馆服务、体育竞赛表演活动、体育健身休闲活动分布在体育产业的核心层；体育中介活动、体育培训与教育、体育传媒与信息服务以及其他与体育相关服务分布在外围层；体育用品及相关产品制造、体育用品及相关产品销售、贸易代理与出租以及体育场地设施建

---

① 姜同仁、侯晋龙、刘娜：《中国体育产业发展方式转变的3大结构障碍与战略调整》，《天津体育学院学报》2012年第27（6）期，第473~478页。

设分布在相关产业层。一般而言，体育产业核心层业态所占比重越大，说明体育产业发达程度越高。统计数据显示（图1），2015年国家体育产业示范基地体育产业的核心层所占比重尚不足10%；与此相对应的是，相关产业层的比重超过85%。这充分说明，目前国家体育产业示范基地的体育产业业态分布尚不成熟，以体育管理活动、体育场馆服务、体育竞赛表演和体育健身休闲为主导的核心业态层亟待进一步发展。

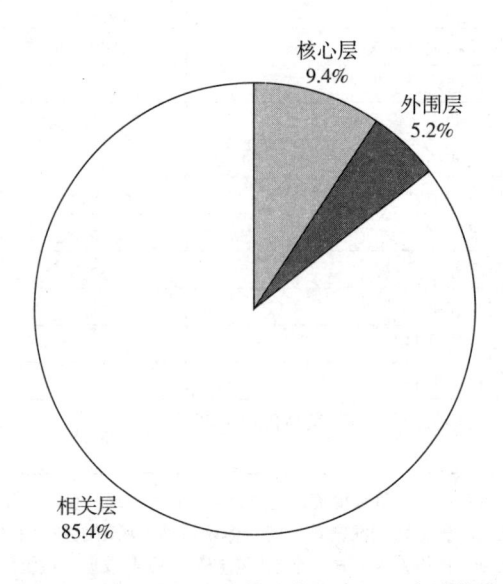

图1　2015年国家体育产业示范基地体育产业层次结构的业态分布

（三）行业发展特征

1. 体育制造业占据主体位置

尽管国家体育产业示范基地在业态发展方面各具特色，呈现多元发展态势，但总体而言，体育制造业在示范基地各业态中主体地位仍十分突出，2015年体育制造业在示范基地体育产业中占比达到63.5%，远远高于体育服务业和体育建筑业。进一步考察发现，部分国家体育产业示范基地的体育制造业地位仍较为稳定，如晋江、乐陵的体育制造业增加值占本基地体育产业增加值比重分别达到80.4%、55.4%，短期内难有较大改观。

2. 体育服务业发展日受重视

国际产业演进规律显示，体育服务业是体育产业发展中最为活跃的核心业态。数据显示，国家体育产业示范基地体育服务业占比并不高，仅为36.0%，低于全国平均水平。进一步考察发现，各产业基地近年来开始重视体育服务业的发展，深圳、富阳国家体育产业示范基地在推动传统体育用品业向高端升级的同时，也进一步加快健身休闲业等服务业态的快速发展；温江、龙潭湖、环青海湖、淳安国家体育产业示范基地紧紧依托服务业的力量，助推体育产业的整体发展。纵观国家体育产业基地的发展，体育服务业已经引起各示范基地的重视。

3. 业态结构失衡桎梏亟待破解

从国家体育产业示范基地业态结构的分析结果看，体育用品业占据较大比重，产业结构亟待进一步优化；生产性体育服务业较为薄弱，行业结构有待进一步优化；体育产业核心层业态比重不高，层级结构亟待进一步发展。尽管很多基地在更早时候就已经关注到了这一系列问题，但可能受制度体系路径依赖的影响，时至今日，业态结构发展的重重坚冰仍未完全打破，致使业态结构失衡状态没有很大的改观。

（四）行业发展趋势

1. 体育服务业占比将进一步提升

无论是依据产业发展规律，还是各基地在当前业态发展中的远见规划，都无疑凸显了体育服务业发展崛起的难以阻挡。随着体育用品制造业发展的不断成熟、完善，其所占比重将趋于固定、继而其比重第一的地位将会逐步让位于服务业，体育产业进一步向高级化迈进。另一方面，伴随制造业发展而来的用品销售、流通及其相关产业都将进一步展现勃勃生机，同时随着各基地对发展体育服务业的日益重视，投入力度不断加大，制度层面的不断完善，体育服务业发展趋势将更趋明朗，其在总体中占比也将进一步提升。

2. 多业态融合发展趋势将进一步凸显

随着体育产业步伐不断加快，部分产业基地的体育竞赛表演、健身休闲、体育旅游等多个业态已逐步开始融合，共同促进、共同发展的格局趋于形成，而随着融合发展的巨大潜力彰显，其他基地或纷纷效仿，或自主创新融合发展，从而会推动多业态融合发展态势进一步凸显。

3. 行业集聚和辐射效应将进一步提升

随着各基地依据自身优势，不断创新发展（科学的规划、人力物力的大量投入、相关的政策倾斜、产业链的不断拓展延伸和创新的管理模式实施等等），其特色业态优势将会进一步凸显，由此可能在生产成本、原材料供应、产品销售渠道、服务质量和价格等方面形成一定的竞争优势，并在空间网络关联作用下，行业集聚效应会逐步提升，进而由该基地引领、带动周围区域体育产业潜力逐步激发和释放，辐射效应也将进一步提升。

二 体育竞赛表演业发展态势与展望

体育竞赛表演业是体育产业极具影响力、带动力和辐射力的产业门类。随着体育赛事的不断发展和推广，体育竞赛表演的市场体系日渐完善，竞赛表演业的品牌化、系列化和产业化特征日益明显，且已成为众多国家体育产业示范基地带动区域经济发展的新增长点。未来发展中，随着职业体育改革的不断推进，职业体育市场之间的界限逐渐模糊，职业体育赛事无形资产和衍生市场开发日臻完善，将极大地推动体育竞赛表演市场的迅猛发展。

（一）发展概况

近年来，随着体育产业发展的受重视程度日益加深，各类体育赛事表演活动逐渐增多，且总体规模也越来越大。数据显示，2015年，国家体育产业示范基地举办全国性以上体育赛事达到121项；体育竞赛表演业实现增加值11.9亿元，占到体育服务业的3.9%；从业人员6505人，占体育服务业的2.4%。北京奥园的中国网球公开赛（北京）、环青海湖国际自行车赛事、富阳永安山滑翔伞嘉年华、皖南黄山国际山地户外系列赛、淳安环千岛湖水上系列赛事等，都已发展成为国内乃至全球的顶级赛事品牌；以承办北京国际田联世界田径锦标赛、国际雪联自由式滑雪空中技巧世界杯、国际泳联世界跳水系列赛北京站、2015年亚洲羽毛球锦标赛等一批国际赛事为载体，极大地带动了各产业基地的对外影响力（见表2和表3）。

表2 国家体育产业示范基地的部分国际重大体育赛事情况一览

编号	基地名称	赛事名称	举办单位
1	深圳国家体育产业示范基地	2015WTA250深圳公开赛	国家体育总局网球运动管理中心、深圳市政府
2	深圳国家体育产业示范基地	2015高尔夫深圳国际赛	国家体育总局小球管理中心
3	深圳国家体育产业示范基地	2015年ATP深圳公开赛	中国网球协会
4	深圳国家体育产业示范基地	深圳国际男篮四国邀请赛	澳洲虎体育传媒（深圳）有限公司、佳兆业文化体育（深圳）有限公司
5	深圳国家体育产业示范基地	2015年深圳国际马拉松赛	中国田径协会、深圳市人民政府
6	深圳国家体育产业示范基地	2015年第十三届中国深圳标准拉丁舞世界公开赛	中国国际标准舞总会、深圳市对外文化交流协会、市文学艺术界联合会、福田区委宣传部（文体局）
7	深圳国家体育产业示范基地	2015FIM花式极限摩托车世界锦标赛	国际摩托车运动联合会（FIM）
8	深圳国家体育产业示范基地	2015年NBA中国深圳站比赛	北京体育之窗文化股份有限公司
9	深圳国家体育产业示范基地	2015洲际青年男子篮球巅峰争霸赛	北京亚特拉斯体育文化大战有限公司
10	深圳国家体育产业示范基地	ICC国际冠军杯足球赛	乐视体育文化产业发展（北京）有限公司
11	深圳国家体育产业示范基地	ITF网球国际元老赛深圳站比赛	国际网球联合会、中国网球协会
12	温江国家体育产业示范基地	成都·迪拜国际杯-温江·迈丹赛马经典	成都市人民政府
13	富阳国家体育产业示范基地	中美国际篮球对抗赛	富阳区人民政府
14	富阳国家体育产业示范基地	2015中国富阳滑翔伞定点世界杯赛	富阳区人民政府
15	环青海湖（县域）国家体育产业示范基地	第十四届环青海湖公路自行车赛	国家体育总局、国家新闻出版广电总局、青海省人民政府

续表

编号	基地名称	赛事名称	举办单位
16	淳安国家体育产业示范基地	2015年10公里马拉松游泳世界杯赛	国际泳联
17	淳安国家体育产业示范基地	中国国际露营大会	中国登山协会
18	淳安国家体育产业示范基地	中国·杭州环千岛湖国际公路自行车赛	浙江省体育局
19	苏南(县域)国家体育产业示范基地	2015年洲际篮球巅峰争霸赛	国家体育总局篮球运动管理中心
20	皖南(县域)国家体育产业示范基地	中国黄山(黟县)国际山地车公开赛	中国自行车运动协会、安徽省体育局、黄山市人民政府
21	北京奥林匹克公园	北京国际田联世界田径锦标赛	国家体育总局、北京市人民政府
22	北京奥林匹克公园	中国网球公开赛	国家体育总局、北京市人民政府
23	北京奥林匹克公园	奥迪顶级足球峰会	北京时博国际体育赛事有限公司
24	北京奥林匹克公园	北京国际马术大师赛	中国马术协会和国家体育场(鸟巢)
25	北京奥林匹克公园	世界田径挑战赛北京站	北京市体育局、中国田径协会
26	北京奥林匹克公园	沸雪北京世界单板滑雪赛	北京市体育局
27	北京奥林匹克公园	国际雪联自由式滑雪空中技巧世界杯	国际雪联
28	北京奥林匹克公园	国际泳联世界跳水系列赛北京站	国际泳联
29	武汉体育中心发展有限公司	2015年亚洲羽毛球锦标赛	亚洲羽毛球联合会、中国羽协
30	武汉体育中心发展有限公司	2015年亚洲田径锦标赛	亚洲田径联合会
31	武汉体育中心发展有限公司	2015年东亚足联东亚杯决赛	东亚足球联盟
32	武汉体育中心发展有限公司	2015年U23国际足球锦标赛	中国足球协会
33	武汉体育中心发展有限公司	2015年亚洲女篮锦标赛	国际篮联亚洲区

资料来源:国家体育产业基地提供,下同。

表3　国家体育产业示范基地的部分国内重大赛事和本土品牌赛事情况一览

编号	基地名称	赛事名称	举办单位
1	深圳国家体育产业示范基地	第九届"中国杯"帆船赛	国家体育总局水上运动管理中心、深圳市文体旅游局
2	深圳国家体育产业示范基地	中国网球大奖赛	中国网球协会、深圳市人民政府
3	深圳国家体育产业示范基地	全国青运会男子足球预赛	深圳市足球管理中心
4	深圳国家体育产业示范基地	中国三对三篮球联赛	中国篮球协会、耐克体育（中国）有限公司
5	深圳国家体育产业示范基地	CBA联赛深圳	中国篮球协会
6	温江国家体育产业示范基地	中国马术节	中国马术协会
7	温江国家体育产业示范基地	全国第九届残运会	中国残疾人联合会
9	温江国家体育产业示范基地	金强CBA四强赛	金强篮球俱乐部
10	晋江国家体育产业示范基地	"好彩头杯"全国沙滩排球大满贯赛	中国排球协会
11	晋江国家体育产业示范基地	2015年中国足协杯比赛	中国足球协会
12	晋江国家体育产业示范基地	361°杯第三届中国·晋江自行车公开赛	国家体育总局自行车击剑运动管理中心
13	晋江国家体育产业示范基地	2015年"晋江杯"全国青少年男子足球冠军赛暨第一届国际青少年足球节	中国足球协会，晋江市人民政府
14	晋江国家体育产业示范基地	2015年全国健美健身冠军总决赛	中国健美协会
15	晋江国家体育产业示范基地	2015~2016赛季中国男子篮球职业联赛	中国篮球协会
16	富阳国家体育产业示范基地	2015杭州富阳全国业余铁人三项积分赛	杭州市体育局
17	乐陵国家体育产业示范基地	"御景龙山杯"篮球比赛	乐陵市体育局
18	苏南（县域）国家体育产业示范基地	一青会足球16岁以下年龄组预赛	国家体育总局足球运动管理中心
19	苏南（县域）国家体育产业示范基地	2015年全国男子排球冠军赛（江阴赛区）	中国排球协会
20	苏南（县域）国家体育产业示范基地	"四方杯"2015全国游泳俱乐部锦标赛	国家体育总局游泳运动管理中心
21	苏南（县域）国家体育产业示范基地	2015年全国象棋男子甲级联赛	中国象棋协会

续表

编号	基地名称	赛事名称	举办单位
22	平果国家体育产业示范基地	2015首届"玉兔杯"全国篮球巡回赛(广西平果站)	玉兔网络科技有限公司、广西球类运动发展中心、平果县人民政府
23	平果国家体育产业示范基地	中国平果第一届"飞虎杯"体育舞蹈大赛暨亚洲体育舞公开赛	平果县委宣传部、县体育局、县文广局
24	平果国家体育产业示范基地	2015中篮俱乐部篮球锦标赛	北京中篮体育开发中心、广西球类运动发展中心
25	平果国家体育产业示范基地	2015中国·平果拳坛金腰带争霸赛	平果县人民政府、广西乐灏瀚文化体育投资股份有限公司、世界拳道(综合技)联盟总会有限公司
26	宁海国家体育产业示范基地	2015徐霞客山地马拉松宁海越野挑战赛	宁海县体育局
27	宁海国家体育产业示范基地	2015自由式轮滑公开赛	宁海县体育局
28	宁海国家体育产业示范基地	2015环中国自行车业余赛(宁海站)	宁海县体育局
29	宁海国家体育产业示范基地	2015全国休闲垂钓大赛暨金龙一战成王全国巡回赛(宁海站)	宁海县体育局
30	宁海国家体育产业示范基地	浙江省攀岩锦标赛	宁海县体育局
31	登封国家体育产业示范基地	2015年"嵩皇体育杯"汽车拉力锦标赛登封站	汽摩中心、登封市政府
32	登封国家体育产业示范基地	2015年"体彩杯"全国武术少林拳大赛	国武中心、登封市政府
33	荆门国家体育产业示范基地	全国U18男子足球联赛	市体育场馆管理中心
34	荆门国家体育产业示范基地	全国U15男子足球联赛总决赛	市体育场馆管理中心
35	环青海湖(县域)国家体育产业示范基地	全国农民运动会	中国农民运动协会
36	淳安国家体育产业示范基地	2015中国自行车联赛	中国自行车协会
37	淳安国家体育产业示范基地	2015年全国赛艇冠军赛	国家体育总局水上运动管理中心
38	淳安国家体育产业示范基地	全国10公里马拉松游泳锦标赛	总局游泳运动管理中心

续表

编号	基地名称	赛事名称	举办单位
39	淳安国家体育产业示范基地	中国·千岛湖公开水域游泳公开赛	总局游泳运动管理中心
40	淳安国家体育产业示范基地	全国U17篮球锦标赛总决赛	国家体育总局篮球运动管理中心
41	淳安国家体育产业示范基地	全国气排球比赛	中国排球协会
42	淳安国家体育产业示范基地	中国·千岛湖马拉松大赛	中国田径协会
43	皖南（县域）国家体育产业示范基地	中国泾县第二届山地自行车邀请赛	安徽省体育局
44	皖南（县域）国家体育产业示范基地	第十八届全国公开水域游泳锦标赛	国家游泳运动管理中心、中国游泳协会、安徽省体育局
45	皖南（县域）国家体育产业示范基地	"光明杯"第六届全国大学生阳光体育乒乓球赛	中国大学生体育协会
46	皖南（县域）国家体育产业示范基地	2015年全国山地车冠军赛（黟县站）	国家体育总局自行车击剑运动管理中心、安徽省体育局、黄山市人民政府
47	皖南（县域）国家体育产业示范基地	2015年斯柯达HEROS格兰枫度@黄山·黟县公路自行车赛	安徽省体育局、黄山市人民政府
48	北京奥林匹克公园	全国田径冠军赛	中国田径协会、北京市体育局
49	天津市奥林匹克体育中心场馆群	中国足球协会超级联赛泰达主场	中国足协
50	天津市奥林匹克体育中心场馆群	第十八届女排锦标赛	国家体育总局
51	武汉体育中心发展有限公司	2015年全国跳水冠军赛	国家体育总局游泳中心
52	安徽奥园体育产业集团	全国击剑比赛	国家体育总局

（二）发展特征

1. 以职业比赛为主的固定市场体系日益成熟

随着体育产业的进一步发展，体育赛事的市场化程度不断提高，尤以职业比赛为主的固定市场体系日趋成熟和完善。北京奥林匹克公园的"中网公开赛"、环北京职业公路自行车赛、足球超级杯、FE电动方程式锦标赛、国际马拉松赛、国际泳联短池游泳赛、花样游泳赛等，已经成为其功能区每年固定的体育赛事活动。深圳国家体育产业示范基地在高尔夫国际赛、大帆船赛事等方面已积累了丰富的经验，职业市场化运作已成为其固定模式。深圳国家体育产业示范基地已连续举办了九届中国杯帆船赛，吸引了36个国家和地区，共111支船队角逐，该赛事创办九年来已经成为亚洲第一、世界第三的航海赛事。武汉体育中心和安徽奥园等国家体育产业示范单位、宁海等国家体育产业示范基地在高品质职业竞赛方面相应建立了较为完善的、固定的市场运作体系，并配备有稳固的专业运营团队。随着体育竞赛表演业的发展，国家体育产业基地固定的职业市场体系正日益成熟。

2. 体育赛事表演的带动作用逐渐增强

体育赛事表演业是地区经济发展的推动剂，尤其是一些综合性的体育赛事活动，对举办地经济和社会发展辐射推动作用明显。深圳国家体育产业示范基地由于高尔夫国际赛的知名度攀升，高尔夫运动得到了很好推广，深圳市已成为全球闻名的高尔夫休闲胜地，对深圳市发展体育及相关产业产生了积极的推动作用，对地区旅游、餐饮服务等行业的推动作用巨大。皖南（县域）国家体育产业示范基地开展了一系列全国性大型体育赛事表演活动，经中央电视台、省电视台及市县电视台、网络等多家媒体报道，有效拉动了体育赛事产业与相关产业的发展。淳安、晋江等国家体育产业示范基地借助体育竞赛表演行业的迅猛发展之势，对体育旅游、体育康复等业态的促进作用明显，对地区其他服务业（如餐饮业、旅游业等）和生产制造业的推动作用较大。

3. 体育赛事表演的影响力不断加强

随着各基地对体育赛事表演活动的重视，各基地纷纷打造了一系列具有自身特色的系列化体育赛事活动。如北京奥林匹克公园截至2015年底，先后举办各种大型赛事演出及高端会议展览6500余场，其中国际性活动达到800余场，占比达到13%，逐步形成了具有影响力的特色赛事。深圳国家体育产业示范基地的体育竞赛表演市场发展迅速，国际影响力日益增强，举办的网球公开赛、中国杯帆船赛等已成为城市的一张重要名片。天津奥林匹克中心场馆群已形成融体育竞赛、文艺演出、健身、购物、会议、展览、住宿、商务等多项功能为一体的体育产业服务区；多年来始终坚持以体为本、多业并举的发展理念，基础设施配备齐全，为体育赛事表演等业态发展打造出了一个完整的产业发展链。亚布力体育训练基地滑雪项目、富阳的滑翔伞和皮划艇项目、武汉体育中心的足球和羽毛球项目，以及宁海的登山越野项目等方面，都涌现出了一批深具自身特色的、全国知名且已形成连续系列的赛事表演项目。

（三）发展前景

1. 品牌引领发展趋势将更加突出

在体育赛事表演业中，通过引入国内外知名的品牌体育赛事，积极举办自创体育品牌赛事活动，着力塑造总体宣传品牌，提高基地知名度，已成为各基地赛事表演业发展的一个基本认同。其中，天津奥林匹克中心近年来致力于促进场馆群赛后开发利用、策划举办自主品牌活动、支持举办公益性活动和引进大型活动资源等方面做出了一些有益尝试。深圳国家体育产业示范基地通过与国际体育组织签约并确定在深圳市连续举办3届以上的国际性单项体育赛事，举办国际高水准单项体育赛事的分站赛、资格赛、积分赛等，举办国际性或全国性单项体育赛事，举办自主品牌且水平高、影响力大、市场前景好的单项体育赛事等方式，来创立引进一批具有国际影响力的高端体育赛事品牌，提升赛事表演业发展水平。皖南（县域）国家体育产业示范基地坚持"品牌引领"战略，结合皖南体育项目传统优势，重点打造具有皖南特色的自行车、汽车、登山、武术、铁人三项、户外徒步等项目为主的品牌赛事。总体而言，通过品牌引领，积极拓展赛事表演规模与级别，扩大基地影响力和知名度，提升基地核心竞争力，将成为未来国家体育产业基地体育赛事表演业发展的主要方向。

2. 多业态融合发展趋势将更为明显

体育赛事表演业作为体育服务业的核心组成部分，其可与文化创意、休闲旅游、居家养老等产业融合，进而形成共同促进、共同发展的良好格局。融合实施方面可通过国家相关政策落地，由地区发展规划、体育、旅游、文化等部门参加的体育产业发展领导协调机构，建立协作配合的联动工作机制，统筹安排体育赛事表演的重大项目。对此，杭州富阳国家体育产业基地举办了富春江单车季后赛、龙门古镇定向运动、新沙岛户外露营等活动与开茶节、桃花节、龙门古镇风情节等农事节庆活动结合，引导体育赛事活动逐步转化为旅游产品，将体育赛事表演业与文化旅游等结合起来实现多产业融合发展。宁海国家体育产业示范基地结合山地马拉松赛事，成功地将体育产业、赛事与自身的旅游资源相融合。乐陵国家产业示范基地注重体育、旅游、文化、科技等多业联动融合发展，实现体育赛事表演、装备、体育旅游、体育文化、体育科技的有机结合。温江、宁海等国家体育产业示范基地也都十分注重围绕体育赛事表演业实现多业态融合发展。未来发展中，多业态融合发展将成为国家体育产业基地体育赛事表演业发展的重要选择。

3. 多元市场主体发展趋势将更加凸显

随着政府职能转变、放宽市场准入、推进职业体育改革、培育社会组织、做强做精体育企业、增强体育场馆复合经营能力、运用政府和社会资本合作（PPP）模式、加强政府购买服务等一系列政策措施出台，不同所有制企业与个人投资职业俱乐部和中介机构如雨后春笋，体育管理人才、职业经理和经纪人不断涌入体育赛事表演行业中，为国家体育产业基地体育赛事表演的多元市场主体发展奠定了坚实的基础，同时也为体育赛事表演业发展的专业化水平提升带来了源源不断的动力。其中，深圳国家体育产业示范基地通过制定体育产业政策，引进和举办大型国际化商业体育赛事，加强职业体育俱乐部建设；以体育竞赛表演市场和体育职业俱乐部建设为重点，完善"政府引导、社会承办、市场化运作"的办赛模式，促进体育竞赛表演市场的快速发展；目前深圳体育竞赛表演市场呈现举办主体多元化、运作机制市场化、赛事组织专业化的良好局面。乐陵国家体育产业示范基地积极培育体育赛事表演产业，瞄准较大型国内外体育赛事，利用枣林生态优势，加快举办枣林自行车、马拉松等赛事的步伐,有针对性地引进一批有利于提高城市影响力的国内外体育大赛,加快形成职业体育竞赛表演、社会体育、民俗传统体育共生的体育竞赛表演市场格局。北京奥林匹克公园通过并购国(境)外同行企业,整合国(境)外研发团队、品牌推广团队和赛事运营团队,打造具有国际竞争力的知名赛事或知名演艺活动,同时支持国企或北京市属体育赛事公司兼并重组园区内产业链上下游创业创新企业,实现资源整合,齐力加强体育赛事表演的多元化市场发展体系。宁海、淳安等国家体育产业示范基地也都十分注重加强资源集聚整合,积极培育体育赛事表演的多元市场主体发展。

三 体育健身休闲业发展态势与展望

体育健身休闲产业是社会公众参与体育最直接的领域,是体育产业的核心和基础,是体育产业全面发展的重要动力。随着2016年国办77号文件的推进实施,健身休闲服务体系将不断完善,日常健身日益普及,注重发展冰雪、山地户外、水上、航空和汽车摩托车等户外运动,着力发展特色运动,促进产业互动融合,推动"互联网+健身休闲",大力培育健身休闲市场主体,优化健身休闲产业结构和布局,加强健身休闲设施建设,提升健身休闲器材装备研发制造能力,改善健身休闲消费环境和加强组织实施能力。

(一)发展概况

体育健身休闲产业作为体育产业的重要组成部分,随着国家体育总局、国家发改委等八部委相继发布的《冰雪运动发展规划(2016~2025年)》《水上运动产业发展规划》《航空运动产业发展规划》《山地户外运动产业发展规划》等落实国务院精神的细化文件出台,该业态日益受到各国家体育产业示范基地的普遍关注。统计数据显示:2015年国家体育产业示范基地体育健身休闲业从业人员58016人,增加值46.5亿元,对示范基地体育服务业的贡献达到15.2%。尽管产业总体规模还有待提升，但呈现出休闲项目日益壮大、群众参与热情日趋高涨、健身休闲消费市场逐步成熟的良好发展态势。

（二）发展特征

1. 体育健身休闲业发展势头迅猛

体育健身休闲业作为体育产业核心业态，近几年发展势头十分迅猛。深圳国家体育产业示范基地的体育健身休闲业增加值达到36.2亿元，吸纳就业人员达到25621人，稳居国家体育产业基地体育健身休闲产业规模的首位。淳安体育产业示范基地的环湖绿道从2013年接待骑行者20万到2015年达到80多万，已经成为拉动全县经济发展的富民之道、强县之道；同时随着健身步道、登山步道、水上休闲和漂流等项目的陆续开展，吸引了大量体育运动爱好者，极大地推动了体育健身休闲业的发展深度与广度。天津奥林匹克中心积极推动健身休闲业的快速发展，进驻的全球最大的连锁健身俱乐部"宝力豪健身"营业面积7000平方米，会员超过3000人，每天吸引约600人到店健身；同时该中心围绕健身休闲打造的汇集餐饮、汽车俱乐部、茶艺、美容、高尔夫练习场、康体休闲等业态的商业圈，全方位地满足了市民健身休闲娱乐活动的需求。总而言之，近年来各国家体育产业基地都十分重视体育健身休闲业的发展，不断依据自身特色优势积极拓展，形成了蓬勃发展态势。

2. 健身休闲服务产品多元化

随着健身休闲项目越来越受到人们的青睐，各类健身休闲服务产品供给日趋多元化。乐陵国家体育示范产业基地2015年先后组织开展了乒乓球、羽毛球、钓鱼、篮球、足球、8月8日奥林广场舞大赛、重阳节健身气功、太极拳（剑）等健身休闲活动，健身休闲内容日趋丰富。宁海国家体育产业示范基地2015年先后举办了中国运动休闲大会，设置主题健身交流活动、中国十佳运动休闲城市颁奖盛典、宁海山地越野挑战赛、攀岩锦标赛、自由式轮滑公开赛、夜跑前童古镇、环中国业余自行车赛宁海站、全国休闲垂钓大赛、全国家庭健身挑战赛、摄影比赛等十余个项目，加大健身休闲产品供给。多年来，深圳国家体育产业示范基地每年开展外来青工文体节、全民健身运动会等全民健身活动1600余项，形成了新年步步高登山、全民健身日、市民长跑日和全民健身月等群众性体育健身活动品牌。总体而言，当前各国家体育产业示范基地均紧抓机遇，不断拓展健身休闲业的发展，多种创新创意的健身休闲服务产品也应运而生，为健身休闲业的多样化发展奠定了坚实基础。

3. 健身休闲服务受众面不断扩大

健身休闲服务深具大众、普适性特点，近年来随着体育产业的不断发展，其受众面呈现出持续扩大的态势。以乐陵国家体育产业示范基地健身休闲业为例，目前该基地共有各类单项协会30多个，各体育协会、俱乐部组织各项各类比赛活动100余次，拉动群众健身35000余人次；该基地还通过健身器材进社区活动，共配套发放健身路径1087件，篮球架353副，乒乓球台424个，修建篮球运动场221处，乒乓球活动室36处，笼式足球场3处，扩大了全民健身设施受众覆盖面。皖南（县域）、淳安等国家体育产业示范基地持续开展健身气功、全民健身大联盟活动、登山赛、攀岩、水上休闲等健身休闲活动，活动受众面持续拓展。总体而言，多数基地十分注重深度开展群众喜闻乐见的体育健身休闲项目，以优质的服务来促进该产业的发展，同时也使得更多的人群得享其乐。

（三）发展前景

1. 健身休闲服务更趋个性化

体育健身休闲的个性化发展是该产业未来的一个重要趋势。各产业基地将进一步重视健身休闲服务发展的个性化需求。皖南（县域）国家体育产业示范基地将根据游客个性化健身休闲服务需求，积极开发徒步、骑行、登山、攀岩、漂流、水上、野营等系列产品，科学规划户外运动营地建设和线路设计，丰富户外运动内容和形式。淳安国家体育产业示范基地则将依托千岛湖的山地资源、环境优势和生态优势，打造毅行、露营、登山等户外运动品牌赛事；持续举办的千岛湖国际毅行大会、中国国际露营大会、铁人三项赛、山地越野赛等大型活动，将吸引全国各地众多的户外运动爱好者。深圳、乐陵等国家体育产业示范基地也将进一步重视培养健身休闲业的个性化发展。

2. 持续推进经营组织连锁化

对于健身休闲业来说，经营组织连锁化发展的规模经济效益业已不断得到证实，众多基地也都十分注重培养发展其经营组织的连锁化方式。乐陵国家体育产业示范基地在加快发展体育健身服务业方面，将进一步开展特许和连锁经营，发展各类健身休闲俱乐部；鼓励和引导社会资金对体育健身服务业的投资，实现与公共体育服务的联动发展；扶持建立健身服务网和体育商务网站，扶持发展和推广体育健身服务的品牌经营和连锁经营。天津奥林匹克中心、淳安等基地近年来也十分重视发展健身休闲业的连锁化经营组织模式，随着运作机制不断完善，投入力度持续加强，其连锁经营的模式也将处于不断优化之中。

3. 高端健身休闲产品快速发展

随着健身休闲业的不断发展，激发了部分民众对房车、游艇等高端休闲运动产品的进一步需求。从近年来举办的数届高端休闲产品博览会来看，其交易额基本呈现出逐年翻番的态势，而游艇游、房车游、飞机游更是受到热捧。从淳安体育产业示范基地来看，目前该基地最大的旅游综合体华联进贤湾国际旅游度假区总投资已达上亿元，主要打造有水上运动、星空帐篷、特色酒店、温泉等项目，构架起体育+旅游良性互动的主体框架，将在更大程度上满足休闲时代下人们日益多元化、高层次的休闲需求。

4. 围绕健身休闲多业融合发展

多产业融合发展已逐渐成为众多产业基地的一个基本共识，围绕健身休闲形成的多业融合运营机制，带来的综合效益优势正不断得到实践的检验。当前宁海、深圳等产业基地积极开展一系列有益的尝试，健身休闲多业融合态势进一步显现。随着国家体育产业基地持续推动体育健身休闲、康体养生、竞赛表演与旅游等业态的深度结合，健身休闲产业必将迎来更大的发展空间。

四 体育场馆业发展态势与展望

体育场馆作为体育赛事与其他活动的基础载体，在体育产业中拥有举足轻重的地位，是保障体育赛事、健身休闲等顺利开展的重要一环。随着体育场馆运营模式由政府型、公益型逐渐向经营型、产业型转变，建设与运营方式逐渐趋向多样化，尤其是体育场馆管办分离的逐步推进、PPP模式的广泛引入等，使得体育场馆建设和利用效率不断提高，场馆运营手段也日渐丰富，这些因素都较好地推动了当前国家体育产业基地体育场馆业的快速发展。

（一）发展概况

体育场馆作为国家体育产业示范基地产业发展的依托性资源，近年来，各产业基地的体育场馆业发展较快。

示范基地体育场馆业充满活力。从场地规模看，2015年国家体育产业示范基地体育场地投资达到321665万元，体育场地面积达到5240.6万平方米，大部分示范基地人均体育场地面积超过1.5平方米。深圳体育中心、温江体育馆、晋江体育中心、北京体育馆、淳安体育馆、荆门高新区体育文化中心等一批高质量场馆驻立于各示范基地（见表4）。从产业规模看，2015年国家体育产业示范基地体育场馆业从业人员25309人，占到示范基地体育产业从业人员的2.9%；实现增加值19.4亿元，占到示范基地体育产业增加值的2.4%。从产业构成看，国家体育产业示范基地体育场馆服务业从业人员10901人，实现增加值15.3亿元，占到体育场馆服务业的78.9%；体育场地建筑业从业人员14408人，实现增加值4.1亿元，占到体育场馆业的21.1%。

表4 国家体育产业示范基地部分主要体育场馆情况一览

编号	基地名称	体育场馆
1	深圳国家体育产业示范基地	深圳体育中心
		深圳网羽中心
		深圳大运中心
		宝安体育中心
		龙岗体育中心
		华润深圳湾体育中心
2	温江国家体育产业示范基地	温江区体育馆
3	晋江国家体育产业示范基地	晋江市体育中心
4	龙潭湖国家体育产业示范基地	北京体育馆
		国际网球中心
5	富阳国家体育产业示范基地	富阳体育中心
6	乐陵国家体育产业示范基地	洪祥羽毛球馆
		洪祥篮球馆
7	苏南(县域)国家体育产业示范基地	江阴市体育中心
		昆山市体育中心
		溧阳市体育中心
8	平果国家体育产业示范基地	平果县体育馆
9	荆门高新区国家体育产业示范基地	生态运动公园体育场
		体育文化中心
10	环青海湖(县域)国家体育产业示范基地	互助县全民健身中心
		共和县射箭运动馆
11	淳安国家体育产业示范基地	淳安体育馆
12	皖南(县域)国家体育产业示范基地	黟县文体科普中心
		绩溪县综合健身馆

示范单位场馆服务业蓬勃发展。北京奥园、天津奥园、安徽奥园、武汉体育中心、广州天河体育中心、黑龙江亚布力基地等示范单位形成大型多功能的场馆群。数据显示（见图2），2015年，6家体育场馆服务类单位营业收入为153695万元，占12家国家体育产业示范单位营业收入总额的17.7%；纳税贡献总额7216.2万元。6家场馆类示范单位中，北京奥林匹克公园一枝独秀，2015年营业收入达到134000万元，同比增长7.6%。从整体来看，场馆类示范单位经济社会贡献双路并进，保持良好发展态势。

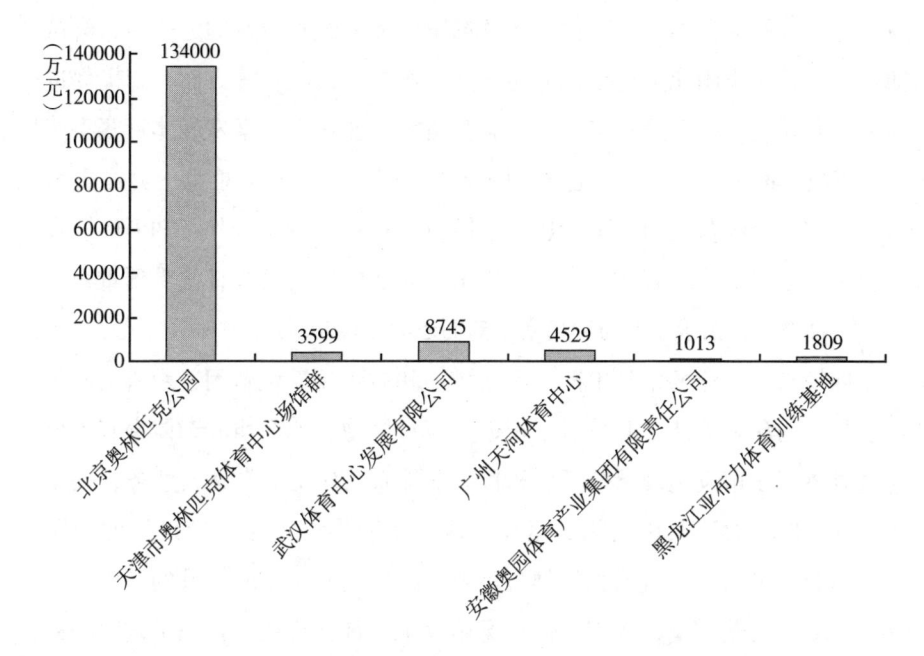

图 2　2015 年体育场馆类国家体育产业示范单位经营规模情况

（二）发展特征

1. 体育场馆品牌带动效应和区域聚集效应不断增强

随着体育赛事表演影响效应的不断展现，以及场馆地域特征等影响，体育场馆品牌特征不断呈现，区域集聚能力不断增强。如北京奥林匹克公园近年来致力于充分发挥鸟巢、水立方等全球性赛事场馆品牌的带动效应和区域聚集效应，打造全球高端休闲赛事中心、高端演艺娱乐中心、体育品牌运营与推广中心。天津奥林匹克体育中心、广州天河体育中心和安徽奥园等，近年来也都在不断完善其场馆管理理念和经营手法，以提升基地场馆的品牌带动效应和区域聚集效应。

2. 体育场馆的商业化运营模式日受重视

近年来，很多国家体育产业基地体育场馆正逐步依据市场规律进行商业化运营，经营项目的开发已取得了实质性进展。如深圳国家体育产业示范基地着力引入社会资本，全面提升体育场馆服务业经营企业的竞争力，尝试推动经营方式向集团化、连锁化方向发展；场馆建设配套等方面，积极促进投资主体多元化、办赛形式市场化、竞赛组织专业化；探索发展体育赛事产权交易市场。皖南（县域）、温江等国家体育产业示范基地也都十分注重增强体育场馆复合经营能力，不断加大运用政府和社会资本合作（PPP）模式的力度、加强政府购买服务等，体育场馆的商业化运营模式日益受到重视。

3. 体育场馆需求上升与利用率不高的矛盾正逐步缓解

近年来，体育场馆设施需求不断增加和体育场馆设施闲置矛盾引起很多产业基地的深切关注，并采取了积极的应对措施。如广州爱奇体育有限公司通过对体育场馆设施现状分析，积极开发体育场馆的后期运营业务；基于企业良好的服务意识及市场化的运作手段，不断提高体育场馆设施的使用效率，不断满足人们日益增长的健身需求；在使用效率不断提升的基础上大大提高了政府的美誉度，实现了体育场馆设施的社会价值，得到了政府和社会的一致好评。广州爱奇体育有限公司成立至今已经在广东、四川、湖北等多省份开展体育场馆运营业务，在全国范围内已经成立14家运营分公司，其中广州爱奇体育奥林匹克体育中心旗舰店的日运动人流量最高的时候达到了1000多人次，较好的缓解了体育场馆所面临的需求上升与利用率不高的矛盾。深圳国家体育产业示范基地、天津奥园等也都在积极谋划，不断进行创新尝试。总体而言，目前体育场馆需求上升与利用率不高的矛盾正在得到逐步缓解。

（三）发展前景

随着国家体育产业基地体育场馆业的不断发展，其未来发展趋势主要表现在投资主体、运营模式和功能的多元化，以及围绕体育场馆的创新平台不断强化的发展趋势。

1. 体育场馆投资主体多元化

随着国家对政府购买公共体育场馆服务支持力度的加强，民间资本的投资热情得到激发，以政府投资为主的投资方式将不断改变，越来越多的民营机构将积极参与到各基地体育场馆的投资、建设与运营中，投资主体呈现日益多样化的趋势。

2. 体育场馆运营模式多元化

随着政府和社会资本合作等多元运营模式的不断引入，各产业基地体育场馆将逐步改变过去以事业单位为主的运营管理模式，逐步呈现出事业单位企业化运营、非营利机构运营、企业运营、委托经营等多种运营模式并存的局面，运营管理模式逐步趋向多元。

3. 体育场馆功能展现多元化

各产业基地体育场馆作为大空间建筑，不仅可以举办体育活动，还可以举办文化演出、展览、教育等其他大型活动。如温江国家体育产业示范基地将建设集商业中心和大众健身等功能的现代化综合性场馆，并将该场馆打造为四川省男篮训练基地，项目建成后，将成为举（承）办国内、外高端篮球赛事的聚集地。随着各产业基地体育场馆的不断发展和完善，功能展现多元化趋势将进一步加强。

4. 体育场馆创新平台不断强化

创新平台发展正逐步成为国家体育产业基地体育场馆业转型发展的重要载体。发挥体育场馆的大空间、资源整合能力较强等特征，充分利用基地内现有场馆资源，吸引体育产业及上下游产业公司投资置业，打造体育服务综合体，建立更加丰富的体育产业组织形态和丰富的聚集模式。通过拓展新型业态，打造体育产业交互融通的创新孵化平台，发挥规划、政策、标准引导作用，支持金融、康体、信息等企业进驻基地开发体育产业领域产品和服务，培育多元市场主体，实现围绕体育场馆业发展的创新平台建设。总之，围绕体育场馆的创新平台发展，已成为当前提升体育产业吸引力，促进体育与相关业态多元融合的一个重要发展趋势。

五 体育用品业发展态势与展望

经过多年的发展，国家体育产业基地体育用品业成绩较为突出，为我国体育产业的发展做出一定的贡献。伴随着国务院印发《中国制造2025》等文件的推进和实施，体育用品业必将迎来新的发展机遇，创新驱动将进一步推动我国体育制造向体育创造转变、体育产品向体育品牌转变。

（一）发展概况

体育用品业作为体育产业的一个重要组成部分，也是体育健身娱乐业、体育竞赛表演业、体育培训业和体育中介业等体育服务行业的重要基础支撑，占据重要发展地位。

示范基地体育用品业表现突出。从规模看，2015年国家体育产业示范基地体育用品业从业人员达660967人，占示范基地体育产业从业人员比重的76.5%；实现增加值722.0亿元，占到示范基地体育产业增加值的比重为84.9%；一批骨干体育企业迅速崛起（见表5），并引领各个示范基地体育行业的发展。从构成看，体育用品及相关产品制造业从业人员达581434人，占到体育用品业从业人员的88.0%；实现增加值540.2亿元，占到体育用品业增加值的74.8%。体育用品及相关产品销售、贸易代理与出租从业人员79533人，占体育用品业从业人员比重为25.2%；实现增加值181.8亿元，占体育用品业增加值的比重为25.2%。从种类看，随着体育用品业的快速发展，产业基地的体育用品种类进一步细化，如宁海国家体育产业基地的体育制造业产品涉及运动杖、帐篷、露营及野外餐具、户外照明、户外自行车系统、冰壶球、秋千制造、马术用品、打猎用具等。产品种类日益繁多的同时，也吸引了越来越多的企业加入体育用品的生产和销售之中。

表5　国家体育产业示范基地部分骨干体育用品企业情况一览

编号	基地名称	体育企业
1	深圳国家体育产业示范基地	深圳市领跑体育用品有限公司
		深圳市广瑞贸易发展有限公司
		深圳市爵邦体育用品有限公司

续表

编号	基地名称	体育企业
2	晋江国家体育产业示范基地	安踏体育用品有限公司
		三六一度国际有限公司
		贵人鸟股份有限公司
3	富阳国家体育产业示范基地	浙江华鹰控股集团有限公司
		杭州富阳祥瑞水上运动器材有限公司
		浙江富羽体育用品有限公司
4	乐陵国家体育产业示范基地	乐陵市友谊体育器材有限责任公司
		山东泰山体育工程有限公司
		乐陵市鲁辰制衣有限公司
5	苏南（县域）国家体育产业示范基地	江阴市四方游泳设备有限公司
		江阴市文明体育塑胶有限公司
		溧阳百事达体育用品制造有限公司
6	平果国家体育产业示范基地	平果县永盛工贸有限公司
7	宁海国家体育产业示范基地	宁海兴达旅游用品有限公司
		宁波市金波金属制品有限公司
		宁波齐心科技股份有限公司
8	荆门高新区国家体育产业示范基地	湖北福利德鞋业有限责任公司
		湖北动能体育用品有限公司
		荆门浚源服装有限公司
9	淳安国家体育产业示范基地	杭州千岛湖培生船艇有限公司
		浙江贝欧复合材料制造有限公司

示范单位体育用品企业发展良好。数据显示（见图3），2015年，6家体育用品企业营业收入713239万元，占到12家国家体育产业示范单位营业收入总额的82.3%，纳税贡献总额34175.3万元。各企业均已形成独具个性的发展特色，其中大丰、华鹰、双鱼3家企业在2011~2015年期间净利润年均增长率均超过30%，表现不俗。整体来看，6家体育用品企业趋向上升态势，保持较好的发展走势。

（二）发展特征

1. 高端体育用品制造业发展渐受重视

近年来，部分国家体育产业示范基地日渐重视高端体育用品制造业的发展。深圳国家体育产业示范基地，2015年体育企业获得的经国家知识产权局授予的、涉及体育产业的发明专利和实用新型专利总数188个，拥有经行政认定或司法认定的驰名商标43个。乐陵国家体育产业示范基地通过奥林之星和奥帆体育等招商引资项目，着力促进了碳纤维、复合材料等在高端体育用品行业中的应用。该基地将通过不断提升高端体育用品研发、生产、销售、服务水平，以建立体育用品装备制造业为龙头，体育服务业为支撑的具有较强产业辐射能力和带动作用的体育产业体系。另外，三六一度（中国）国家体育产业示范单位联合亚奥理事会在广州成立了亚洲鞋业设计研发中心，其中包括高端运动产品实验室和人体工学实验室，构建了与全球同步的鞋业研发体系；三六一度集团为发展高档体育用品的特定市场，进一步与北欧著名运动品牌 One Way Sport Oy 成立合营公司万唯国际实业有限公司，三六一度投资有限公司持有该合营公司70%的股权。

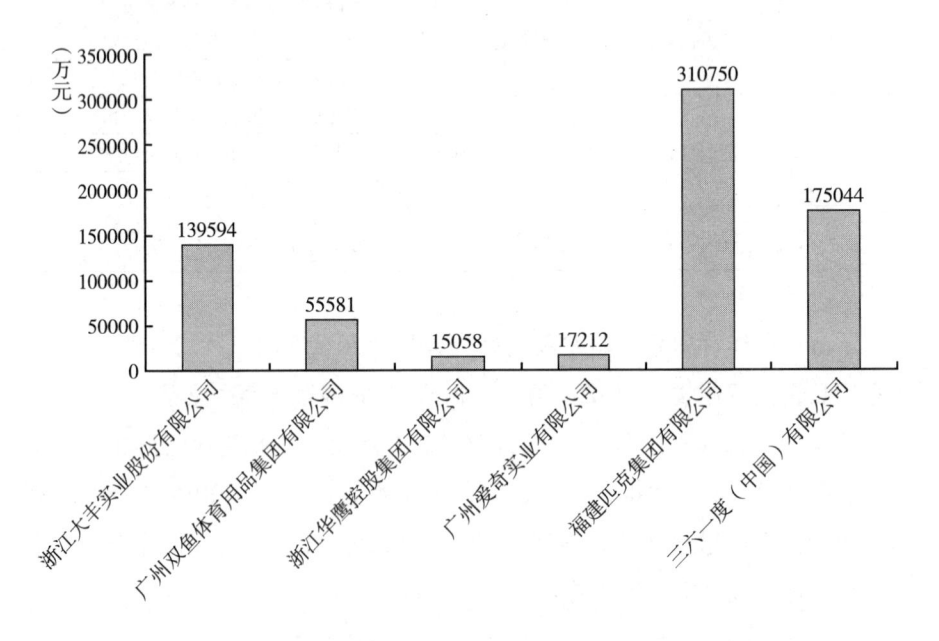

图3 2015年体育用品类国家体育产业示范单位经营规模情况

2. 户外体育用品发展迅速

随着户外运动越来越受到人们的重视，户外用品也随之出现快速发展势头。户外运动用品种类的日渐增多且丰富多样，有包类、户外服装、鞋袜类、野外照明、野外伙食、水具、登山攀岩、防护药品、野外水具等等。根据不同的运动方式进行工具选择。其中较为突出的是宁海国家体育产业示范基地，该基地的体育制造以登山杖、猎具、帐篷等登山户外系列的制造为主。2015年宁海成功举办了中国户外用品博览会。另外，2014年2月，万唯国际实业有限公司在中国成立全资子公司中兰体育用品有限公司，将进一步为户外运动爱好者提供更专业、更具挑战性的产品。

3. 科技创新成果突出

乐陵国家体育产业示范基地科技创新方面较为突出，该基地拥有目前国家体育行业唯一的优秀体育用品工程技术研究中心，截至2015年底，已开展工程技术研究项目25项。其中，国家科技支撑计划1项，国家博士后基金项目1项，国家火炬计划2项；近三年，中心共申请专利135项，其中发明专利39项；已授权专利75项，其中发明专利14项。国家体育产业示范单位广州双鱼体育用品集团有限公司通过新材料、新工艺、新技术带动企业产品、业务结构调整，突出创新驱动，完成了1～8A系列球板的改良升级以及系列球台新品的开发等。

4. 各基地发展特色鲜明

乐陵国家体育产业示范基地的主体产业体育用品业，主要集中在发泡材料项目、复合材料项目（主要生产碳纤维自行车）、复合弓项目（风洞弓把和复合弓片均为企业自主研发和国内首创）、XPE多功能运动垫项目（产品广泛应用于家庭锻炼、中小学校、体育赛事、军队、俱乐部等）和人造草坪这六大类项目。宁海国家体育产业示范的体育制造业主要以登山杖、猎具等登山户外系列为主。富阳国家体育产业示范基地的体育制造业则有赛艇、龙舟、球拍、自行车配件、室内外健身器材等产业集群区；球拍、赛艇两大产业优势突出，其中，年产羽毛球拍超过1亿副，占国内外中低档市场销售量的70%以上。

（三）发展前景

1.体育用品科技含量将进一步提升

近年来，国家体育产业基地都十分注重用品制造业的科技创新，未来发展中，将进一步采用新工艺、新材料、新技术，提升传统体育用品的质量水平，提高产品科技含量。乐陵国家体育产业示范基地将进一步壮大其体育装备制造业，鼓励体育用品制造企业加大技术改造和科技创新投入，提高研发能力。361°将不断追求产品创新及研发投入作为其未来发展规划的一个重点，自2015年6月与乐视体育在智能运动装备方面达成战略合作以来，其新产品在用户跑步运动体验提升，以及移动互联网的智慧运动生态系统的构建方面，为更多使用者提供更加个性化、人性化、智慧化和专业化的体验，以及全新的智慧生活方式。福建匹克集团近年来致力于推出设计创新及具功能性的高质量产品，先后在北京、广州、泉州及美国洛杉矶设立四家研发工作室，总共聘请了218名研究及设计人才，通过不同工作室设计团队的相互交流，打造出更具创意及风格的产品以满足世界各地不同顾客群的需求；未来匹克将持续投资于新产品的研发，以满足专业运动员及运动爱好者的需求。

2.体育用品集聚程度将进一步提升

随着各产业基地在体育特色制造方面的深度发展，体育用品制造的集聚度日益提升。乐陵国家体育产业示范基地的新材料研发制造、富阳国家体育产业示范基地的赛艇、龙舟、球拍和自行车配件、广州爱奇实业的人造草等方面，都已形成了相应的产业集聚区，体育用品制造集聚程度正不断提升。深圳国家体育产业示范基地正在努力将深圳建设成为高端体育品牌的集聚中心；乐陵国家体育产业示范基地将着力打造"国家体育用品采购和物流集散基地"，依托产业基础优势和显著的区位、交通优势，以市区为核心、以郑店镇为次核心，打造集产品展示、零售批发、团购销售、配送物流为一体的大型体育用品采购和物流集散基地。

3. 体育用品品牌化程度将进一步提高

随着体育用品科技含量和集聚程度的不断提升，体育用品将进一步向品牌化、规模化发展。乐陵国家体育产业基地支持体育用品制造企业实行品牌战略，争创名牌产品和著名商标，开发具有自主品牌和自主知识产权的新产品，打造名品、精品和拳头产品。2016年，361°成为里约热内卢奥林匹克及残疾人奥林匹克运动会的第二大供货商，负责组委会、官员和志愿者的所有官方服装。浙江华鹰控股集团的"无敌"牌赛艇是中国赛艇制造领域唯一的中国名牌，是2004雅典、2008北京、2012伦敦、2016巴西四届奥运会比赛用艇的官方唯一指定品牌，自成功转研游艇生产以来，新产品开发屡获国际大奖；等等。总体而言，各基地均着力使其特色品牌形象不断深化，规模发展正日渐突出。

4. 体育用品生态圈建设将日受重视

随着国家体育产业基地的快速发展，致力于基地可持续发展的体育用品生态圈筹建正日受重视。匹克集团未来3~5年发展的重要方向是打造其体育生态圈，该示范单位将持续对营销资源分配、产品研发、海外布局、供应链体系以及零售网点的布局进行针对性的优化和调整，积极筹建体育生态圈，并且持续拓展海外市场。北京奥林匹克公园也将与乐视体育、阿里体育等强强联手，全方位推动体育产业创新生态圈建设。乐陵、深圳和富阳等国家体育产业示范基地也正在积极筹建集产品技术创新、制造、营销和服务等为一体的体育用品生态圈。

总体而言，随着经济的快速发展，国家体育产业基地体育产业已经突破了封闭化发展的局限，其体现的多面性、混合性和包容性特点正将其推向更加开放化、多样化的境地，体育产业多行业深度融合，各业态皆步入了发展的快车道。国家体育产业基地的发展方向和产品类型更具特色，体育用品业的产品科技含量正日益提升，产业集聚程度不断加大；体育竞赛表演业的引领和带动作用开始显现，影响力和知名度不断提升；体育健身休闲经营组织连锁化趋势突出，产品供给更趋个性化，极大地满足了人们多元化、高层次的健身休闲需求；体育场馆业发展的品牌带动和集聚效应显现，场馆的商业

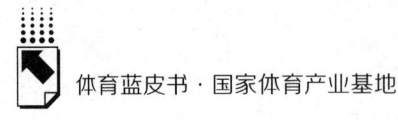

化运营模式更趋灵活化、多样化，产业载体地位趋于稳固。当然，国家体育产业基地各业态取得良好成效的同时，也面临着诸多的挑战，如何制定科学合理的中长期规划并稳定落实，如何实现政府有限投入下各业态的长足发展，如何进一步提升体育服务业的发展水平进而实现产业结构的优化，以及如何进一步促进各业态间的深度融合等等，都将是国家体育产业基地所要面临的重要挑战和亟待解决的问题。随着体育商业化体制的建立和社会化步伐的推进，各业态的潜能必将逐步得到激发，面对新常态、政策红利和深化改革带来的新一轮动力，国家体育产业基地各业态必将迈入新的发展阶段。

B.4 国家体育产业基地管理发展现状与展望

徐开娟 王凯*

摘　要： 国家体育产业基地坚持融体育产业建设、经济发展、城市设计、区域开发为一体的发展思路，取得长足的发展。各基地地位逐步得以凸显，离不开其不断创新的管理观念。本章总结了国家体育产业基地管理制度调整与基地建设推进的变化，系统分析了国家体育产业基地的四级管理体系及其各级管理特点，并在产业基地管理问题把握的基础上，提出未来管理发展展望。

关键词： 国家体育产业基地　管理制度　建设推进

国家体育产业基地经过多年的探索与发展，逐步创建了一套鼓励和推动体育产业快速发展的管理体系和运行机制，在全面带动体育产业跨越式发展等方面发挥了积极作用，为我国体育产业和体育事业的全面、协调、快速发展提供了经验和示范模板。当然，由于国家体育产业基地演进历程相对较短，目前仍处于发展的初级阶段，未来实践中尚需要以更为广阔的管理视角和更具战略性的思维规划体育产业基地的发展路径，坚持顶层设计与摸着石头过河并重，精心设计基地可持续性的成长管理模式，为我国体育产业提质增效发挥更大的推动作用。

---

* 徐开娟，博士，上海体育学院体育产业发展研究院专职研究员，研究方向为体育产业；王凯，南京体育学院讲师，博士，研究方向为体育产业管理与运营。

一 国家体育产业基地管理制度变迁

现代经济学理论将制度因素纳入经济增长的框架,认为制度变迁是经济增长的主要因素,制度创新是经济增长的源泉。[①] 国家体育产业基地管理制度经历了从无到有、从有到完善、从完善到创新的发展过程,不断丰富和完善的制度因素推动基地体育产业快速成长。

(一)管理制度的新调整

为了进一步加强对国家体育产业基地的规范与管理,根据《国务院办公厅关于加快发展体育产业的指导意见》的基本要求,2011年12月,国家体育总局正式下发了《国家体育产业基地管理办法(试行)》(以下简称《办法》),该文件是相关部门首次针对国家体育产业基地颁布的专门性管理文件,在国家体育产业基地建设过程中发挥了重要作用。该文件从总则、申报条件、申报程序、评审程序、基地建设、管理与考核等6个部分对国家体育产业基地的相关问题进行说明[②]。随后,部分省市结合本地特点摸索出适合地方产业基地发展的管理政策与文件。比如,江苏省2011年出台《江苏省体育产业基地管理办法》,将苏南国家体育产业基地建设纳入国家发改委《苏南现代化示范区建设发展规划》和江苏省《苏南现代化示范建设工作实施计划》。

随着体育产业加快发展,新业态、新模式、新技术等不断涌现,2014年10月,国务院颁布的46号文件中明确提出"要打造一批符合市场规律、具有市场竞争力的体育产业基地"。为了贯彻和落实国务院46号文件精神,针对国家体育产业基地建设和管理过程中出现的新问题,相关管理部门对基

[①] 吴宗杰、刘国华、张红霞:《我国民营经济发展的制度环境研究》,《经济问题探索》2003年第6期,第27~28页。
[②] 国家体育总局:关于印发《国家体育产业基地管理办法(试行)》的通知,2011年12月6日。

地管理办法进行调整。2016年4月，国家体育总局印发《关于进一步加强国家体育产业基地建设工作的通知》（以下简称《通知》），进一步明确基地概念和类型、分级管理体制、申报、评审及认定程序、建设与管理、考核监督等①。由《办法》到《通知》的调整，表明国家体育产业基地管理制度已经随着体育产业发展的整体态势、入驻企业的整体质量等发生变化，其相应的管理内容、设置原则、管理层级等都发生了变化（见表1）。

表1 国家体育产业基地《办法》与《通知》调整变化情况一览

项目		《办法》	《通知》
指导文件		《国务院办公厅关于加快发展体育产业的指导意见》	《国务院关于加快发展体育产业促进体育消费的若干意见》
管理内容	类型	两类：国家体育产业示范基地；国家体育产业示范单位	三类：除了《办法》中规定的两类之外，新增国家体育产业示范项目。
	管理程序	申报条件、申报程序、评审程序、管理与考核	减少环节，进一步优化申报、评审及认定程序；明确了申报周期、申报程序、评审原则、评审程序以及认定批准。
	考评制度	每五年重新组织评审。根据考评意见，予以表彰、限期整改、取消基地资格等。	进一步明确退出机制，强化考核监督，实行动态管理、优胜劣汰；对考核方式、总结评估、抽查巡查、全面考核等做了细致的规定；对基地警示的行为和撤销资格的行为进行详细规定。
设置原则		有利于创新体育产业发展模式、全面带动体育产业跨越式发展的原则，注重在全国范围内合理布局，兼顾区域分布，协调类型布局，依据资源禀赋，合理定位。	更加注重市场规律，有利于引导社会资本投入体育产业，打造一批符合市场规律、具有市场竞争力的产业基地等。
管理层级		总局负责认定、审批、宏观指导，在政策、信息服务和市场开拓等方面给予扶持；各省、自治区、直辖市体育行政部门负责申报预审工作，并协助总局进行管理和考核。	进一步厘清管理权限，建立健全分级管理体制：除了总局上述职责外，总局体育器材装备中心承担基地的评审、考核、指导和管理的具体工作；各省、自治区、直辖市体育行政主管部门负责基地的申报组织、初审、推荐和协调管理工作；示范基地所在地人民政府应建立管理机构，负责日常管理和服务工作；基地自身管理。

① 国家体育总局：《关于进一步加强国家体育产业基地建设工作的通知》，2016年4月18日。

续表

项目	《办法》	《通知》
基地自身管理	建设体育产品开发平台、提供公共服务；建设体育产业风险投资机制；重视基地自身竞争力发展，建立大型骨干体育产业集团；注意培育体育产业人才。	强调加强基地自身建设，尤其是体育产业统计、标准化、体育产业人才培训等基础工作。

来源：根据《办法》和《通知》内容整理。

1. 基地类型进一步丰富

相较于《办法》，总局发布的《通知》将国家体育产业基地类型由示范基地、示范单位2类增至3类，新增以"持续运营的优秀体育产业活动或项目为单位"的国家体育产业示范项目，这是基于提升经营水平和提高经济社会贡献而开展的具体事项。各省市根据实际情况，进一步规范对示范项目的申报、命名和监督管理，如北京市体育局2016年颁布的《北京市体育产业示范项目管理办法》中明确规定：凡在北京市注册的健身休闲业、竞赛表演业、体育场馆服务业、体育营销会展业、体育文化创意产业、体育培训业、体育中介服务业和体育用品制造及销售业等领域的各类所有制的体育经营单位，都可以根据该办法申报北京市体育产业示范项目，并按照扶优扶强、出精品、树品牌，鼓励体制机制创新、平台内容创新，适度的兼顾区域、业态合理分布的原则进行评定①。

2. 考评制度进一步完善

强调进一步建立退出机制，强化动态考核监督体系。从《通知》中可以看出，相关管理部门进一步建立了覆盖领域规范、制度扶持、程序科学、政策引导、考核进出的综合全面的管理体系。一是关于考核方式。总局通过总结评估、抽检巡查、全面考核等方式，对国家体育产业基地的建设运营情况进行全面考评，定期通报考评结果，实行动态管理。二是关于总结评估。国家体育产业基地应于每年1月底前将上一年度发展情况报告（含主要发

---

① 北京市人民政府：《北京市体育产业示范项目管理办法》，2016年4月27日。

展数据)、本年度工作计划报送总局装备中心及省级体育行政主管部门。将年度总结和发展数据的评估结果作为基地年度建设和管理工作的常规考核依据。三是关于抽检巡查。总局装备中心每年组织对国家体育产业基地建设、管理情况进行随机抽检和巡查。抽查不合格时，予以书面警示、限期整改、取消资格等不同程度的惩戒。

3. 设置原则进一步拓展

更加注重运用市场思维，促进基地创新与融合发展。国家体育产业基地建设初期重视资源禀赋、体育产品和服务的生产能力等，随着逐步推进，目前大多数基地能够迅速地应对市场变化并做出反应，以创新为驱动重塑产业链升级。尤其是国家体育产业示范单位更加注重创新，以产业建市场，以市场兴产业，推进产业基地与市场集群共生发展。比如，浙江大丰实业股份有限公司了解到国内场馆建设中场馆系统多样化的需求，而原有的看台和座椅已不能满足客户的需求，公司以杭州舞台机械设计院和北京灯音智能化设计院强大的技术为基础，选调系统开发、方案设计、项目采购、项目施工管理等多部门人员，组成"体育场馆EPC系统集成技术创新应用项目团队"，实施产业拓展战略。目前，该企业已发展成为以"设计＋制作＋安装＋售后"为经营模式，以"舞台机械、灯光、音视频、电器智能、座椅看台、装饰幕墙、智能天窗"为集成的文体设施整体集成方案解决商。

（二）建设推进的新变化

国家体育产业基地建设与"大项目带动（示范项目）、大企业培育（示范单位）、集聚区建设（示范基地）"的体育产业发展思路不谋而合。国家体育产业示范基地主要集中在区域，针对县域和县域集群，支持县域集群成员单位的孵化；国家体育产业示范单位主要指机构，主要针对法人企业和事业单位；国家体育产业示范项目主要集中在单位，是基于提升经营水平和提高经济社会贡献而开展的具体项目。国家体育产业基地建设管理推进过程中，更为重视筛查的条件细化，也更为重视申报的创新把握。

1. 筛查的条件细化

国家体育产业基地建设的筛查管理针对三类不同类型设置不同的基础条件，体现出更为细化、更加具体、更为多元的创新思路，可操作性进一步加强。

一是明确国家体育产业示范基地申报条件。"有基础"，具有经济社会发展基础和体育产业发展基础；"有意愿"，基地有意愿列入政府重点工作领域，而且主要领导重视产业基地的发展；"有目标"，基地产业的发展要明显高于全省平均水平；"有特色"，要有良好的资源禀赋和鲜明的体育特色；"有举措"，基地所在地政府要对产业基地的建设有明确的推进措施、完善的支撑政策，比如在财政、金融、区域、产业四大类政策中更突出体育产业政策。

二是明确国家体育产业示范单位申报条件。"有成效"，在发展体育产业方面成绩显著，优势突出，对带动本行业或行业上下游发展方面具有较强的示范带动作用；"有市场"，所提供的体育服务或生产的体育产品能够面向市场、面向群众，具有较强的生产能力和较大的市场份额，在体育产业某领域具有重要影响力和较强竞争力；"有地位"，社会效益和经济效益显著，具有相当的品牌影响力和社会知名度，社会公益形象良好；"有前途"，具有较强的自主创新能力和市场开拓能力，管理团队坚强有力，内部管理制度健全，发展趋势良好；"有思路"，发展思路清晰，规划切实可行，发展目标明确，措施具体得当。

三是明确国家体育产业示范项目申报条件。"有创新"，必须在体育的某个领域具有鲜明的示范带头作用，比如体制机制创新、平台内容创新等；"有特色"，前提是必须基于体育项目或体育要素展开；"有影响"，必须具有极高的品牌价值；"有效益"，是基于提升经营水平和提高经济社会贡献而开展的具体事项，社会公益形象良好。

2. 申报的创新把握

国家体育产业基地申报管理和建设进程体现出更为均衡、更为多样、更为立体的创新发展思路，整体布局和创新发展并重。

一是整合和拆分思路把握。国家体育产业基地建设管理中积极引入县域集群理念，融合了跨区域协作路径，推进了整合和拆分的创新思路。2013年7月，江苏的昆山、江阴、溧阳三市以县域集群形式获批成立苏南（县域）国家体育产业示范基地，2014年5月，经江苏省政府同意，省体育局牵头成立了苏南（县域）国家体育产业基地建设工作协调小组，统筹基地建设工作，三市共同研制了苏南基地总体规划、明确了定位、目标和具体任务，承担基地规划编制与管理、政策研究、统筹推进和考核评估等职能，负责统筹推进各项重点工作、重大项目、重点事项以及苏南三市的协调对接。2015年11月，国家体育总局又批准成立了环青海湖（县域）、皖南（县域）2个国家体育产业示范基地，县域集群的范围进一步扩大。国家体育产业基地县域集群创新思路的推出，形成了以产业基地所在地省级体育部门牵头，协调、引领各县市基地管理部门，通过联席会议等形式完成对产业基地工作的统一管理和协调发展，实现了跨区域整合协调机制，取得了较显著的成效。

二是全局和跨域机制把握。国家体育产业基地建设管理中积极尝试协同创新发展思路，推进不同行业、不同领域、不同类型产业基地的健康发展：一是跨行业协同。从基地产业发展质量来看，市场主体不断完善和微观运行方式日趋规范，大批体育企业加入产业基地的申请，不断推动产业转型升级，成为引领全国体育产业创新发展的重要示范。在产业基地发展的过程中不仅吸引体育相关企业，还吸引文化、旅游、教育、培训、科研等相关机构的加入，力求打造跨行业协同的产业集聚平台。二是跨领域协同。国家体育产业基地在建设的过程中强调政府、产业、学界、科研等维度的协同，在基地机构和合作主体选择中注重多方力量参与。在基地项目的评估环节便引入了包含政界、业界、学界在内的专家评估团队，在评估监督环节也同样做到了跨领域。

三是数量和结构均衡把握。体育产业的规模和空间集聚是我国体育产业发展的重要特征和优势基础。国家体育产业基地建设管理推进中，积极推动数量扩大和空间布局优化进程。从规模看，截止到2015年底，国家体育总局命名的26个国家体育产业基地，涵盖了全国14个省、自治区和直辖市，其中东部地区有8个示范基地和9家示范单位，中西部和东北地区共有6个示范基地和3家示范单位。各基地呈报数据显示，2015年14个国家体育产业示范基地体育产业增加值总量接近900亿元，约占当年全国体育产业增加值总量的16.3%；各示范基地体育产业增加值占当地GDP比重均明显高于所在地经济发展平均水平；示范单位经营情况总体向好，发挥出显著的产业引领和示范推动作用。从类型看，14个示范基地大致涵盖综合类，以制造业为主类，健身休闲、体育旅游和竞赛表演类，以体育培训为主类，以体育组织和体育管理为主类，共5类示范基地，产业类型比较丰富；12家示范单位的产业门类分布比较清晰，体育用品制造销售企业和体育场馆运营管理单位各占一半，目前还没有从事体育竞赛表演、体育培训、体育中介、体育传媒等服务型企业，在产业门类上尚需进一步丰富。随着体育产业的快速发展，国家体育产业基地的规模将不断扩大，产业结构也将进一步优化。

二 国家体育产业基地管理发展体系

依据体育总局发布的《通知》指导思想和基本要求，国家体育产业基地的管理制度逐步趋向成熟，形成了较为健全的四级管理体系，各级管理权限更为明晰：一是明确总局的指导和服务职责，具体负责制定和修订全国层面的基地管理办法，开展审批认定工作，实施宏观指导，在政策、信息服务和市场开拓等方面给予扶持；并在促进基地之间的合作与交流，加强在国际交流活动以及重大项目合作中给予支持。二是省级体育主管部门负责基地申报的预审，协助对已获命名的基地进行管理和考核，制定和实施本级支持体育产业发展的政策。三是基地所在地方政府负责组建领导小组，多方面统筹基地建设发展。四是基地自身建立管理机构，负责日常沟通、管理和服务工作。

（一）顶层设计管理

顶层设计是国家体育产业基地准确定位和可持续发展的关键，体育总局作为国家体育产业基地顶层设计的一级机构，从政策规划、引导服务和市场开拓等多个层面推动产业基地的发展。

1. 抓规划、立政策：制定和修订管理办法

体育总局负责对国家体育产业基地进行宏观规划，发布的《通知》无论是从基地类型扩展、优化管理程序、明确退出机制、明晰管理层次与权限，以及规范基地自身管理等方面，都进行了详细规定，体现了总局着眼于优化和促进国家体育产业基地的建设和发展，从抓规划和政策入手，及时调整管理制度和工作方法，不断优化政府的引导和服务职能，并以具体框架和政策引导推动国家体育产业基地的健康发展。

2. 抓谋划、定方向：明确基地建设定位与目标

体育总局明确指出，持续发挥国家体育产业基地的综合性国家级平台作用，需充分挖掘产业基地的多重功能：一是关联性高的企业集聚并形成产业体系，在较大范围占据市场优势，形成规模效应；二是凭借产业体系的吸引力，形成经济热点区域，通过创造核心产业转变城市形象；三是凭借其综合性、渗透性、关联性强的特征，与多个产业产生耦合关系，充分发挥其跨界融合对进一步推动产业结构、产业链条、产业形态的创新作用；四是以体育产业集群方式扭转资源枯竭和产业粗放发展的格局，激活城市体育要素，提高城市竞争力。

《体育产业发展"十三五"规划》明确提出："完善国家体育产业基地管理方式，提升国家体育产业基地的管理和服务水平，建成一批具有集聚效应和规模效应的体育产业基地，到 2020 年建设 50 个国家体育产业示范基地、100 个国家体育产业示范单位、100 个国家体育产业示范项目。"[①] 从基地产业发展质量来看，市场主体不断完善，微观运行方式日趋规范，大批体育企业加入产业基地的申请，不断推动产业转型升级，成为引领全国体育产业创新发展的重要示范。国家将体育产业基地建设作为未来五年重要的工作任务，表明基地化发展方式在形成区域集聚效应、规模效应、外部效应和区

---

① 国家体育总局：《体育产业发展"十三五"规划》，2016 年 7 月 13 日。

域竞争力方面发挥重大作用，在推动体育产业提质增效等方面的功能作用已经得到充分认可。

3. 抓引导、定程序：严格评定与评估制度

从评定原则看，国家体育产业基地注重在全国范围内的合理布局，兼顾区域分布和产业结构升级，依据资源禀赋，因地制宜，突出特色，切实打造一批符合市场规律、具有市场竞争力的产业集群；从认定程序上看，目前国家体育产业基地有明确的申报周期、申报程序、评审原则、评审程序，已经建立了相对完善的申报、评审、立项、扶持、培育的基本管理流程；从考核评估体系看，通过总结评估、抽检巡查、全面考核等方式进行考核，并对基地的建设运营情况进行全面考评，定期通报考评结果，实行动态管理。对年度总结和发展数据的评估结果将作为国家体育产业基地年度建设和管理工作的常规考核依据。

4. 抓共享、促交流：不断完善合作与共享机制

体育总局支持基地发展的本质就是通过政府在体育公共产品的投入、体育管理制度的创新、体育市场环境的完善等方面的努力，促进体育产业集群发展。在实际操作中：一是围绕重点环节，不断完善政策体系。积极鼓励基地所在省、市、区进行功能区建设，按照"分区建设、集中管理"的原则，滚动评审并认定国家体育产业基地、示范单位与示范项目。重点培育体育孵化基地、体育工程基地。通过政府的引导、扶持和建设，逐步打造一批国内外知名体育品牌和企业，以点带面，加快推动全国体育产业的发展。二是注重基础服务，不断完善基地发展生态。建立健全为基地发展服务的体制机制，鼓励省、市、区加快构建体育产业基地建设促进机构，有效整合体育教学和科研、体育制造企业、体育中介机构、体育赛事等诸多资源，推荐体育科研成果以及体育资源转换为生产力，促进国内外体育产业界的合作与交流，促进基地走向国际化。进一步建立和完善创新平台服务，通过孵化器、体育用品研发平台、检测认证平台、体育工程和器材设计研究中心、体育用品展示及交易平台、体育商务交流以及信息服务中心等公共服务平台的建设，提高服务水平。

综上，国家体育产业基地的本质是一种能够降低交易成本的制度安排，这种制度安排的有效性又以制度完善、资源共享、措施创新、信息健全等为条件。政府在公共产品与服务投入等方面提供了相对完善的支撑服务体系。总局不断完善与规范国家体育产业基地的管理体系；适时调整与明晰基地发展的总体定位与战略地位，并根据基地发展的阶段特征提供基础服务与保障，尤其是积极利用其自身职务职能优势，促进基地交流与合作，为国家体育产业基地发展提供了相对完善的服务体系；以政策手段营造环境、以服务支持提供保障、以职务职能进行管理，这些条件相互作用、互相支持，共同构成了国家体育产业基地成功发展的顶层设计。

（二）省级政府管理

省级政府和体育主管部门作为负责产业基地申报预审、协助管理和考核的主要把关机构，为制定和实施本级支持体育产业发展的政策发挥重要作用。

1. 抓引领、重支撑：部署和落实基地发展目标

省（地、市）政府及体育主管部门，积极贯彻落实国家体育产业基地发展政策，制定省级促进国家体育产业基地建设的政策。产业基地所在省市均颁布了落实国务院46号文件的实施意见，并将体育产业基地建设纳入了省级社会经济发展规划之中。

2015年6月，浙江省颁布的《关于加快体育产业促进体育消费的实施意见》提出："支持创建国家体育产业示范基地和国家级运动休闲示范区"；① 《浙江省体育发展"十三五"规划》进一步提出，"要加强体育产业示范基地建设，进一步提升富阳、淳安、宁海3个国家体育产业示范基地建设，积极打造15个左右省级以及一大批市、县级运动休闲基地。"② 2015年

---

① 浙江省人民政府：《浙江省人民政府关于加快发展体育产业促进体育消费的实施意见》，2015年6月25日。
② 浙江省发展和改革委员会、浙江省体育局：《浙江省体育发展"十三五"规划》，2016年7月18日。

7月，广东省政府公布的《关于加快发展体育产业 促进体育消费的实施意见》提出："到2025年，全省力争培育2个以上国家级体育产业基地、20个以上省级体育产业基地、100个以上省级体育旅游示范基地，形成强有力的示范、辐射和带动作用"。① 2015年7月，河南省颁布的《关于加快发展体育产业促进体育消费的实施意见》提出："争创2个以上国家级、培育50个省级体育产业（示范）基地"的主要任务，支持成立体育产业集团，到2025年培育50家体育龙头企业或示范性单位。② 2015年8月湖北省发布的《关于加快发展体育产业促进体育消费的实施意见》明确规定："积极争创5个国家级体育产业基地（含示范基地），20个省级体育产业基地（含示范基地）和20个行业体育项目示范基地，对各示范基地给予政策和资金支持。"③

2. 抓管理、重推进：协助和落实推动机制

省体育局协助管理，并在产业基地基础设施建设、产业布局、集聚提升、服务平台打造、企业（项目）引进及综合配套服务方面加强指导和服务。

江苏省体育局与国家体育总局签署国家公共体育服务体系示范区建设协议，纳入省体育局重点工作，加大基地建设推进力度。依托省体育产业发展引导资金，加大对基地建设工作的扶持，昆山、江阴、溧阳三市申报项目享受与省辖市同等待遇，采取直报方式报送省级，并对申报项目数进行单独限定。2014年度省体育产业发展引导资金共计扶持3市引导资金项目14个，约占总数的10%；2015年共计扶持13个，约占总数的11%。省体育局会同相关部门通过出台多项体育产业支持政策、设立产业引导资金、推动重大项目引进、加强基地总体宣传、加强考核检查等方式，切实推进苏南（县域）国家体育产业基地基本建设工作。

---

① 广东省人民政府：《关于加快发展体育产业促进体育消费的实施意见》，2015年7月28日。
② 河南省人民政府：《关于加快发展体育产业促进体育消费的实施意见》，2015年7月28日。
③ 湖北省人民政府：《关于加快发展体育产业促进体育消费的实施意见》，2015年8月7日。

3. 重定位、谋设计：制定和优化开发布局

在省级相关部门的支持下，最大程度上激发各基地所在城市资源、产业优势、地缘优势潜力，各国家体育产业基地已经基本明确发展方向和产业特色，已经明确功能定位、空间设计及重点建设项目（详见表2）。

表2 国家体育产业基地建设与管理定位一览

基地	总体要求	布局设计	主要任务
深圳	综合	6个核心区、6个功能区	发展高端体育用品研发和高端体育服务产业；以数字体育为核心，以高科技体育产品研发、生产、服务为主导，以特色园区为支撑的开放型、综合性产业聚集区
温江	综合	4个功能区板块	西部地区环境最好的集体育用品制造、体育会议、展销和体育休闲、体验运动于一体的体育产业基地
晋江	体育用品制造与销售	1带、1地、1中心	率先提出打造中国第一个"体育城市"；打造全球体育装备制造业基地和国家级运动训练基地；打造全国体育赛事中心城市
龙潭湖	体育组织管理	2基地、2中心	打造体育产业集聚中心区域，具有国际影响力的体育人才、体育赛事策划、体育信息交流的枢纽
富阳	综合	1江4片	用品：巩固游艇、球拍、健身器材产品的市场主导地位；体育服务业。加强对游艇、高尔夫、汽车等运动休闲产品研究
乐陵	体育用品制造与销售	1核、2带、多基地	集体育用品研发制造、销售集散为主的综合性体育产业基地
苏南	综合	3县级市	从三个县级市入手，江阴市的生产企业由装备制造业向现代制造服务业延伸；昆山市电子信息产业与电子竞技项目融合发展；溧阳市依托优美自然山水资源发展体育旅游业
平果	综合	1园、2城、7品牌	建设以"大学城、体育城"，将"体育品牌"与"工业品牌""城市品牌""特色农业品牌""旅游品牌""教育品牌""民族体育品牌"等品牌并重，使体育成为经济社会发展的重要战略
宁海	运动休闲/旅游/用品制造	3项目	做大做强运动休闲大会系列赛事，推动国家登山步道、自行车休闲绿道、体育旅游精品线路等三个线性项目；举办运动休闲大会

续表

基地	总体要求	布局设计	主要任务
登封	体育培训	1核心	武术教育产业、功夫演艺业、开发武术产品市场，发展健康养生产业和武术创意产业
荆门	体育用品制造与销售		围绕体育健康产业，新引进装备制造企业，做好基地基础设施，延伸体育产业链条等
环青海湖	竞赛表演/健身休闲	青海旅游"一圈三线三廊道三板块"布局	体育与旅游融合，以基地为核心节点的"串联"和"线路"，建设青少年户外营地、军事主体游乐园、汽车营地、自行车营地等，做大做强环湖赛，做强赛事产业，达到"体育行为普遍化、体育生活常态化、体育市场全球化、体育旅游便利化、体育消费个性化、体育选择精准化"
淳安	运动休闲/体育旅游	3个板块	打造山水户外休闲旅游度假、山水户外商务会议、山水户外情景地产板块，构建"一核、一圈、一带"和六大山水组团，促进景城互动和产业联动。
皖南	健身休闲/体育旅游/竞赛表演	2区、5县	重点抓好体育健康休闲产业园建设、支持品牌赛事活动举办、加强宣传与交流

来源：根据各国家体育产业示范基地提供材料总结整理。

综上，省一级政府及体育主管部门通过制定本级国家体育产业基地发展政策，积极贯彻落实体育总局下达的相关基地建设政策，对协助和落实国家体育产业基地的规划实施、加快重点项目建设步伐、促进相关政策措施的完善落实等做出了巨大贡献，为产业基地坚持高起点谋划、高要求推进、高水平实施提供了重要保障。

（三）辖区政府管理

国家体育产业基地所在地政府和体育主管部门作为直接参与管理的辖区部门，从政策制定和政府管理等层面为产业基地的发展提供了基础保障。

1. 重配套、续动力：制定和细化基地发展政策

产业基地辖区政府及体育主管部门，积极贯彻落实国家和省级体育产业基地文件，结合本地区总体发展布局，加快研制出台本级促进体育产业基地建设的具体政策。

深圳市人民政府办公厅颁布的《关于促进体育产业发展的若干措施》中指出"支持体育产业集聚发展。鼓励各区和企业培育、建设体育产业园区、基地"。①《成都市体育产业发展规划（2010~2020）》《溧阳市关于加快文化（体育）产业发展的政策意见》《温江区关于加快现代服务业发展的实施办法》等，均明确提出要加快体育产业基地建设步伐。部分城市提出明确的基地发展目标，比如《成都市体育产业发展规划》明确指出，到2020年成都市要新建1~2个国家级体育产业示范基地，推动1~2家体育企业上市；《晋江市体育产业发展专项资金使用办法》等体育产业优惠政策，则提出设立专项资金1000万元，以项目资助、贴息贷款和以奖代补等方式重点支持体育产业基地建设。

2. 强组织、重机制：强化组织领导和工作氛围

国家体育产业基地辖区政府积极强化组织建设，一般由所在地主要分管领导牵头，健全基地管理机制与工作机制，负责基地日常管理。

宁海县委、县政府高度重视体育产业发展，将创建国家体育产业基地作为县委、县政府的重要工作纳入县经济社会发展规划，写入政府工作报告，并专门成立由县长任组长、分管县长为副组长、县级有关部门主要负责人为成员的县国家体育产业基地创建工作领导小组，统筹协调推进体育产业发展和基地建设。乐陵市成立了国家体育产业基地和联系点建设委员会，由市委书记任主任、市长任常务副主任，6个职能部门和金融机构、龙头企业、科研院所等的负责人任委员会成员，委员会下设基地管理办公室，负责产业规划、产业招商、项目推进以及企业规模扩张、品牌推广和各类赛事活动的组织等。为进一步加强各项工作落地、落实，乐陵市相继建成行政服务中心、公共资源交易中心、创业服务中心、科技孵化中心等公共服务机构，为国家体育产业示范基地的建设搭建良好平台。2015年上半年，广西平果县体育局经向县人民政府和县机构编制委员会申报后设立平果国家体育产业基地管

---

① 深圳市人民政府办公厅：《关于促进体育产业发展的若干措施》，2016年7月29日。

理办公室，并于2016年度面向全国公开引进4名体育经济、体育产业管理等方面专业人才，进一步解决国家体育产业基地管理人员编制、经费等问题，实现有人管事、有地办事、事能办好的目标。富阳市对体育产业基地实行"一事一议"专题政策，有效推进国家体育产业基地建设，并促成中国智慧体育产业联盟与该区签署智慧体育产业基地合作协议。

3. 重基础、强载体：夯实基础和发展支撑

产业基地所在政府积极将功能配套建设作为区域发展的重要基础工作进行推进，表现在加快区域交通规划和建设，强化区域生态环境优势，推进基础设施建设等。

一是合理配置金融、土地等资源。乐陵市加快载体建设步伐，规划启动了高科技体育产业园，规划企业数量30~50家，主要采取"政府提供基础配套、龙头企业牵引、战略投资商合作"的联合运作模式，着力引进企业和项目入园，推动体育产业园区化，该园区是建设国家体育产业基地的项目核心区；乐陵市政府投资1.5亿元建设装备研发建设中心，中心建筑面积1万平方米，涵盖一个博士后科研工作站，一个创新战略联盟和国家认定企业技术中心；乐陵拥有包括体育用品工程技术研究中心在内的6个国家级研发机构；乐陵基地的泰山高科技体育产业园投资50.44亿元，已有台湾环航复合材料有限公司投资6000万美元的碳纤维运动自行车，吸引美国达拉姆公司投资5000万美元的XPE多功能体操垫及西班牙埃克斯公司投资6000万美元的人造冰等23个项目落户。宁海在三门湾经济开发区划出1平方公里作为国家的体育用品研发制造基地，整个研发基地按"一平台、一园区"进行规划，"一平台"即建设体育用品公共研发服务平台，"一园区"即建设体育用品产业园区；通过国家级体育用品研发制造基地建设，加快宁海体育用品制造业由分散经营向产业集群转变，形成研发、生产、展销的完整体系，逐步形成完整的产业链。

二是积极落实体育产业发展所需的专项扶持资金和土地税收、信贷、能源消耗收费方面的优惠政策。江苏省的昆山、江阴、溧阳3市政府均已出台体育产业方面的实施意见，制定基地建设发展规划。2014年，昆山市发放

本级体育产业引导资金总额600万元，资助14个项目；江阴市指导四方游泳设备公司成功申请科技类500万元低息贷款；溧阳市出台促进和扶持体育旅游发展、加快文化（体育）产业发展的政策意见，将文化体育产业发展指标纳入镇区目标责任考核体系。在体育设施建设方面，昆山市对乡镇新建体育设施按1000元/平方米资助，改建体育设施按500元/平方米补助。

三是强化信息保障，搭建内部交流与外部推广平台。实现产业管理部门、体育企业的资源、信息交流与共享，提高域内产业集聚效应及管理效能。2015年6月，晋江市政府联合全国权威统计机构、高等院校，正式启动"中国·晋江鞋业发展指数"编制工作，这是国内首个针对鞋业和鞋产品的综合指数，利于鞋业和相关企业调整生产；2015年6月11日，晋江市常委会第120次（扩大）会议，研究通过《"全国运动鞋服务业知名品牌创建示范区"筹建实施方案》，全力推进"示范区"创建工作。宁海则建立"8+N"产业协同发展机制，全程负责产业规划、政策对接、产业招商、项目推进工作，加强内部交流和外部推广；启动了高科技体育产业园，通过"政府提供基础配套、龙头企业牵引、战略投资商合作"的联合运作平台，着力引进企业和项目入园。

综上，部分国家体育产业基地所在地政府及体育相关部门根据本地区发展布局研制出台了扶持体育产业基地建设的相关政策；绝大部分基地由所在地主要分管领导牵头，健全基地管理机制与工作机制，负责基地日常管理；政府强化服务功能，重点推进基地内生产和生活基础设施、信息平台搭建与共享等优质生产要素的供给，提高域内产业集聚效应及管理效能。

（四）基地自身管理

国家体育产业基地作为直接的当事主体，加强自身建设与管理是保障健康发展、形成良性循环的重要一环。综合各产业基地的管理实践，主要体现在以下几个方面。

1. 重对接，抓实施：设立专职管理机构

常设管理机构的设立是基地正常运行、健康快速发展的基本保障。现有

基地绝大部分设立专职机构，安排了专职人员负责基地运营和日常管理工作，并加强与总局、省体育局的联系。

2008年7月，晋江国家体育产业基地管理处经批准正式成立，负责制定发展规划；组建晋江体育城市开发建设有限公司作为基地建设市场化运作的一级开发主体，并按具体项目成立股份公司的子公司，落实项目管理运营。苏南（县域）国家体育产业示范基地的昆山市、江阴市、溧阳市成立了基地建设工作领导小组，负责基地建设工作的组织实施；基地建设工作协调小组及办公室建立例会制度，协调相关建设推进工作；协调小组每年初印发年度工作计划，每季度召开基地建设工作推进会议，交流各地贯彻落实基地建设工作和即将实施的体育产业重大项目，并对省市协同推进基地建设工作进行重点研究，强化在规划、组织、项目、市场、政策等方面的协同。

2. 重市场，强嫁接：变化与创新管理理念

目前大多数国家体育产业基地具备超前的经营理念，以创新管理为驱动重塑产业链，升级经营模式。

一是多元嫁接，促进跨界发展。北京奥林匹克公园举办2015年北京国际田联世界田径锦标赛等赛事，打造高端赛事活动聚集区；组织参加2015年中国国际体育用品博览会、2015年中国体育用品业高峰论坛、南京斯迈夫论坛、2015中国体育文化·体育旅游博览会等会展与论坛，加强区域的交流互动。温江国家体育产业示范基地，发展涵盖马术等体育主题公园、旅游演艺、联合国世界生态论坛、休闲商业、体育创意等领域，提高了体育及相关产业融合。此外，产业基地建设积极尝试通过企业间的联系，加强基地及其企业各自的竞争力，取得协作经济效益，进一步以差异化、互补化、协作化发展，避免产业同构、同质竞争、重复建设、资源浪费、要素自由合理流动不足等难题，提高区域发展的可持续力。

二是引进高端资源，高起点规划策划。温江国家体育产业示范基地专门聘请了英国阿特金斯、美国IMG、澳大利亚GHD、香港泛亚国际公司、香港利安等国际一流策划公司进行系统的产业谋划和规划，突出发展马产业、水上运动和篮球等体育运动产业集群；与美国 IMG 集团共同合作完成了"温江体育休闲体验产业整体规划和策划"，突出城乡统筹示范城市、低碳城市、数字城市建设。北京奥林匹克公园国家体育产业示范单位引入知识管理，促进便捷、畅通的互联网和移动信息服务平台建设，通过"智慧景区"建设工作、网络系统平台、市政信息化平台以及园区大型活动管理微信平台来加强科技智能化建设，提高服务保障能力；鼓励和扶持行业组织、产业公共服务机构发起建设体育赛事实际评估、体育产品流行趋势、体育商务与会展运营等信息服务平台，助力园区内公司对接全球体育产业前沿资讯，抢占全球体育经济的先机。

三是推动传统体育产业转型升级并向高端化发展。晋江国家体育产业示范基地的贵人鸟公司通过投资虎扑网，联合景林投资成立体育产业基金，探索"互联网+体育服务业+文化传媒+金融"的新模式；361°与百度跨界合作，成立"大数据创新实验室"，并携手乐视体育构建智能运动生态系统，整体发展"互联网+体育"。

3. 重科研、组联盟：加强与推进基地研究工作

各国家体育产业基地积极通过联盟、自身组建、外部支持等多种形式推进专业研究机构建设，加强产业基地的持续研究工作。

深圳国家体育产业示范基地依托深圳先进技术研究院、深圳清华大学研究院建设了深圳体育产业公共研发中心，依托深圳市计量质量检测研究院建设了深圳体育产业公共检测中心，目前5家体育产业公共技术服务平台的机构组建工作均已完成并积极开展相关工作。温江国家体育产业示范基地结合总体体育产业布局、目的、举措和发展路径，加强与成都体育学院体育产业系合作，优化推进路径，吸引了国际国内著名体育人士、体育运营公司、兄弟省市体育部门及体育协会的关注和帮助。晋江国家体育产业示范基地与泉州师范学院体育学院建立战略合作关系，共同开展体育产业相关研究工作，着重推进晋江体育产业规划相关工作；积极参与福建省体育产业研究中心创建工作，合作筹建体育产业数据库，推进体育+互联网、+营销、+文化创意、+金融等专项研究工作。

4. 重沟通、促融合：建立与完善对接服务平台

国家体育产业示范基地把知识的获取、共享、创新和应用建立在开放的市场平台上。

2014年，国内首家体育产业资源交易平台在北京龙潭湖国家体育产业示范基地内运营，累计30余个项目在平台上市交易，4个项目实现成功交易；创立了3个创新孵化平台，吸引世界体育总会亚太区总部、国际举联（北京）总部及中体体讯、鹰眼等一大批与互联网、金融、健康、文化创意产业融合发展的新型公司入驻基地；2014年12月，中关村科技园东城园体育产业资源交易专项平台在北京东方雍和国际版权交易中心正式上线。深圳国家体育产业示范基地推进体育用品检测认证平台、公共技术开发平台和公共研发服务平台建设，通过完善的服务和管理吸引国内外体育企业入驻，塑造体育产业链条，有效降低基地内企业在信息收集、协调合作、预防违约等方面的交易成本。宁海国家体育产业示范基地强化信息平台建设，建立体育产业联盟，拓展宁海户外运动网站功能，加强旅游业、餐饮住宿业、交通运输业、零售业等相关产业部门的合作，实现产业管理部门、产业集群集团资源和信息的交流与共享，加快成功经验的扩散和交流，全面提高合作效率和效力，协调推进体育产业的发展。

综上，国家体育产业基地已发展成为体育产业发展的重要载体，催生出一批有较强实力、竞争力和自主创新能力的大型体育企业和企业集团，引领体育产业发展。各国家体育产业基地坚持全面规划、重点推进、融合发展的总体思路，推进以市场为导向、资本为纽带、科技为支撑、创新为突破的发展路径，促进体育产业与其他产业融合发展，加快培育多功能集合构建的体育产业集聚区。

三 国家体育产业基地管理发展展望

国家体育产业基地设立的初衷是通过典型经验的有益探索，对体育产业发展产生示范作用。实践推进中，国家体育产业基地管理制度取得较好的效果,但也遇到一系列的瓶颈障碍,如从直接干预效果看,部分产业基地的地方政府急于收获政策的积极效果,寻求快速的发展成效,制定政策存在一定的短期倾向;从间接激励内容看,旨在创造良好创新环境的政策内容体系在不同产业之间以及地区之间表现极为不均衡;从政策连续性看,地方政府很少能够根据体育产业发展的周期性,做出及时的调整,及时把控未来方向;从产业链培育看,主导产业选择趋同现象较为明显,产业基地不少企业仍处在"大而全"或"小而全"的碎片化状态,政府引导产业链的衔接性和协同性不足等。

事实上"示范"在于为体育产业发展做出榜样或典范,而"试验"则具有"带动和示范"与"先行先试"的作用。因此,实践中应允许国家体育产业基地管理与发展有"试错"的权利。从"试验"、"示范"到"试错"的制度创新始终是国家体育产业基地创新体系的核心。展望未来发展,国家体育产业基地管理制度将在"摸着石头过河"的过程中,不断得到完善,并呈现新的发展活力,为体育产业基地的可持续发展发挥更大作用。

(一)管理制度体系更加完善

随着顶层设计规划、省级政府审查、辖区政府管理、基地负责发展的四级管理体系不断磨合,政府的管理职能将更加明确,管理制度更加重视基地的审批、体育产业体制机制的多元创新、体育市场的精心培育、产业秩序的协同监管、体育产业基础的不断夯实等方面工作。国家体育产业基地的行业管理、企业管理和社会管理职能不断增强,各层体育产业组织和联合体的交流、协助和监督作用将得到进一步发挥,市场配置体育产业资源的效能更为充分,国家体育产业基地管理制度体系将更趋完善。

(二)政策杠杆引导更为多元

政府对国家体育产业基地的管理主要体现在政策制定的科学性、合理性和适时性。当下国家体育产业基地政策内容丰富,各级政府亦制定明确了基地发展目标、空间布局、发展重点和推进措施等。这些政策大多符合基地发展的逻辑和市场规则,对基地的发展与繁荣起到推动作用。虽然这些政策内容对产业基地的发展基本起到了初始的催化孕育作用,也在一定程度上达到了政策初始制定和推进实施的实际目的,但随着国家体育产业基地的发展壮大,未来管理实践中必须充分考量可持续的多元政策体系,资本投入方式类、体制改革类、体育市场类、产业技术类、协调发展类、专业人才类等多样化政策类型将进一步得到细化和完善,政策杠杆管理引导效果也必将从持续性、动态性、长期性多个方面发挥更大作用。

(三)公共服务平台作用更趋强化

国家体育产业基地管理首要功能是为体育产业发展提供平台和环境,随着国家体育产业基地迎来发展高峰期,体育产业发展所需要的基础资源平台、公共服务平台、资金服务平台、技术服务平台、体育产业合作平台、体育产业集群平台等将不断涌现,多层次、多样化、一体化的公共服务平台必将发挥更重要的服务作用。未来发展中,国家体育产业基地管理服务功能逐步得到细化,公共服务平台建设将进一步丰富和完善:一是建立公共信息平台。建立体育企业信息库,定期反馈体育企业的数量、主要经济指标及运行质态,为全面掌握体育企业的变动情况提供基础性资料。二是建立信息交流连接平台。整合我国体育产业发展政策、产业动态、政府公共服务等内容,为体育产业基地自身改革、市场定位提供科学全面的依据和参考。三是建立动态监管平台。通过建立特定的国家体育产业基地信息管理平台、年度的基地进展工作汇报、定期连续的成员联席会议等多种形式,加强对基地建设的动态了解,促进产业基地间的信息流通和相互合作。四是加强半官方的中介服务体系建设,重点采取措施推动集群企业成立行业商会或者联席会,进行信息交流等活动。

(四)组织协调管理功能更为凸显

国家体育产业基地管理重点是为培育体育产业链的建设与发展做出贡献。产业链决定着国家体育产业基地整体布局的合理化,不仅体现在基地所在区域内产业互补性，亦体现在基地所在区域与区外经济或业务上的关联度。因此，随着体育产业的快速发展，国家体育产业基地管理的组织协调功能将进一步发挥，从而为体育产业链的优化和发展贡献力量。一是以跨区域合作管理引导不同基地及所在区域间均衡发展。国家体育产业基地虽已初具规模，但抗风险能力弱、行业集中度低等问题仍然突出。未来发展中，将进一步促进区域协调发展，并在管理认识和承认区域差异的基础上，广泛开展以公平竞争为主导的体育产业产品相互合作开发。二是以分工化协作管理引导同产业基地的内外部合理发展。同产业基地创新发展路径应该注意产业基地内外部的分工协作，形成健康的竞合机制，规避企业衍生的路径依赖风险，形成体育产业基地发展的竞合机制，产生更高层次的集群效应，提升产业基地持续发展动力。三是以层级化联动管理引导产业基地的有效发展。着重培育体育元素的特色产品，在纵向结构上形成前段研发、终端拓展、后端衍生、资源反复开发的产业链结构；在横向联动上，形成与先进制造业和现代服务业的有效联动，实现产业链效益最大化。同基地及所在区域内培育不同层次、不同规模和大小的层级产业，可以进行分级发展，构建区域体育产业的层次增长极网络，促进国家体育产业基地体育行业的内部耦合和外部优势互补。

示范基地篇
Demonstration Bases

B.5
深圳国家体育产业示范基地发展报告

摘　要： 经过近十年的发展，深圳国家体育产业示范基地体育人才队伍初具规模，依托人才优势，通过完善体育设施、发展体育竞赛表演市场、优化体育产业结构，促使体育产业规模日益壮大，经济贡献稳步增长。推动深圳国家体育产业示范基地发展的关键动力包括：体育产业政策的实施、体育竞赛表演业的发展、职业体育俱乐部的建设以及体育产业统计制度的制定。

关键词： 深圳　体育产业　政策引领

在全国体育产业蓬勃发展的历史机遇面前，深圳国家体育产业示范基地紧跟产业发展步伐，贯彻"政策引领、重点突破、夯实基础"的工作方针，建立健全体育产业政策体系，优化体育产业发展环境，体育产业发展取得了较好成绩，向建设高端体育品牌集聚中心和国际化体育产业创新中心迈出可喜步伐。

一 总体发展情况

经过十年的发展,深圳国家体育产业示范基地总体发展态势良好,体育产业已初具规模,体育产业增加值和总产出显著提高,体育及相关产业的企业数量和效益不断增长,专业配套人才队伍日益壮大,创新能力持续提高。

(一)体育产业规模日益壮大,经济贡献稳步增长

深圳国家体育产业示范基地体育产业步入快速发展车道,经测算(见表1):2015年深圳市体育产业从业单位达到5914家,吸纳从业人员达到18.2万人;创造总产出498.7亿元,同比增长41.4%,2013~2015年年均增长28.9%;实现增加值193.0亿元,同比增长38.4%,2013~2015年年均增长28.1%。体育产业对深圳市经济贡献率稳定增长,2015年体育产业经济贡献率(体育产业增加值占GDP比重)为1.1%,较上年的0.9%提高了22.2%。

表1 2013~2015年深圳国家体育产业示范基地体育产业情况一览

	2013年	2014年		2015年	
	数值	数值	同比增长	数值	同比增长
总产出(亿元)	303.1	352.6	16.3	498.7	41.4
增加值(亿元)	118.5	139.5	17.7	193.0	38.4
GDP贡献率(%)	0.8	0.9	12.5	1.1	22.2

(二)体育服务业稳步增长,推动体育产业结构优化

近年来,深圳国家体育产业示范基地体育服务业发展较快,数据显示,2015年深圳市体育服务业实现增加值105.6亿元,同比增长78.4%;体育服务业增加值占体育产业比重达到54.7%。其中,体育健身休闲业表现突

出,创造总产出达到68.7亿元,占到体育服务业的37.0%;实现增加值36.2亿元,占到体育服务业增加值的34.3%。总体来看,深圳国家体育产业示范基地体育服务业呈现快速上升态势,加快优化示范基地的体育产业结构。

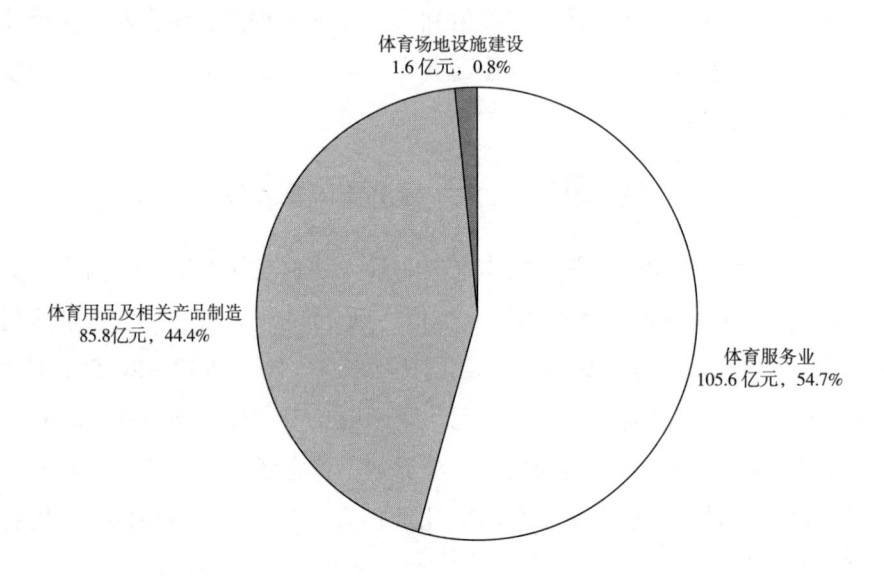

图1 2015年深圳国家体育产业示范基地体育产业增加值

（三）体育设施日趋完善,全民健身渐成潮流

深圳市积极建设和打造全民健身基础设施,推动全民健身发展。全市共有体育场地（不包含登山步道、城市健身步道、全民健身路径、户外活动营地）13049个。体育场地面积2376.1万平方米,用地面积2981.7万平方米,建筑面积9692.1万平方米,土地资源利用率达77%。每平方公里有7个体育场地,平均每万人拥有12个体育场地,人均体育场地面积2.2平方米[1]。多年来,深圳每年开展外来青工文体节、全民健身运动会等全民健身活动1600余项,形成了新年步步高登山、全民健身日、市民长跑日和全民

---

[1] 资料来源于深圳市第六次全国体育场地普查数据。

健身月等群众性体育活动品牌。为群众参与体育锻炼提供法律保障和政策支持，于2015年1月1日实施《深圳经济特区促进全民健身条例》。在政府和企业的共同努力下，市民健身、休闲环境得到极大改善，截至2015年12月31日，经常参与体育锻炼①人数达到344.2万人，占常住人口比例为30.2%。

（四）竞赛表演市场发展迅速，国际影响力日益增强

深圳已成为各种体育大赛的重要举办城市。2015年，举办了WTA网球公开赛、ATP网球公开赛、中国网球大奖赛、中国男子足球队中国之队国际足球赛、2018年世界杯亚洲区预选赛、深圳国际男篮四国邀请赛、2015国际男篮对抗赛、中国杯帆船赛、深圳国际马拉松赛、深圳高尔夫国际赛、中国女排精英赛等一系列重大体育赛事。东莞新世纪篮球队、"八一"女排、乒乓球陈静俱乐部、中国青少年毽球训练推广中心、中国摩托艇训练基地等顶级体育俱乐部、训练基地先后落户深圳。深圳拥有中甲、中乙职业足球俱乐部，并成为广东省足球改革试点城市。

（五）专业人才储备初具规模，研发创新能力持续提高

体育产业的发展需要更多专业人才，深圳市积极培训、引进体育专业人才。据初步测算，2015年深圳市体育从业人员18.2万人，体育产业从业人员获得本科以上学历或获得中级以上职称的人员总数达到1.6万人。其中，体育及相关产品制造业从业人员最多，占全市体育产业从业人员总数的52.1%，其次为体育服务业，占27.7%，从事体育及相关产品销售活动人员占19.4%。

深圳以发展高端体育用品制造业和高端体育服务业为立足点，要求企业具备较强的创新能力。据统计，2015年，深圳市体育产业企业投入研发高端体育用品的科研经费支出达17517万元；体育企业经国家知识产权局授予

---

① 每周参加3次及以上，每次锻炼时间30分钟及以上，每次锻炼强度达到中等及以上。

的且涉及体育产业的发明专利和实用新型专利总数达到188个，在工商行政管理部门登记注册商标197个，拥有经行政认定或司法认定的驰名商标43个。

二 工作推进情况

深圳国家体育产业示范基地围绕"政策引领、重点突破、夯实基础"的工作方针，通过制定体育产业政策，引进和举办大型国际化商业体育赛事，加强职业体育俱乐部建设，开展全市体育产业统计调查及信息化工作，积极推动深圳国家体育产业示范基地发展。

（一）以体育产业政策为引领

起草了《深圳市促进体育产业发展的若干措施》①和《深圳市体育产业发展联席会议制度》、《深圳市体育产业发展专项资金管理办法》、《深圳市重大体育赛事资助操作规程》、《深圳市高水平职业体育俱乐部资助奖励操作规程》、《深圳市体育产业园区（基地）奖励办法》、《深圳市体育企业贷款贴息资助操作规程》、《深圳市体育产业领军企业认定奖励办法》，形成了促进体育产业发展的"1+7"政策框架体系，以期在全国体育发展体制机制改革的机遇面前，通过政策引领，实现深圳体育产业的跨越式发展。2015年起每年投入2亿元设立体育发展专项资金；设立深圳市体育发展基金会，由市财政一次性出资1亿元作为原始基金，吸引、带动社会机构、企业和个人共同参与设立深圳市体育发展基金会；发挥市政府投资引导基金和市创业投资引导基金的引导作用，加大对体育产业的扶持力度；鼓励社会力量依法设立各类体育产业投资基金。2016年7月1日正式颁布实施《深圳市促进体育产业发展的若干措施》。

---

① 该政策于2016年2月26日召开的市政府六届二十六次常务会议审议并通过。

（二）重点发展体育竞赛表演市场

不断完善"政府引导、社会承办、市场化运作"的办赛模式，促进体育竞赛表演市场的快速发展。创立和引进一批具有国际影响力的高端体育赛事品牌，加快发展三大球、三小球以及帆船、马拉松等普及性广、关注度高、市场空间大的运动项目。目前，深圳市体育竞赛表演市场呈现举办主体多元化、运作机制市场化、赛事组织专业化的良好局面。为了打造高端体育赛事品牌，深圳市加大了财政资金支持力度，对在深圳市连续举办3届以上的国际高水准单项体育赛事、国际单项体育赛事、全国性体育赛事以及其他高水平高影响力的自主品牌体育赛事，按赛事的项目类别、等级、规模、影响力、实际投入等，将分别给予每次不超过1500万元、800万元、500万元、300万元的办赛资助。

（三）以职业俱乐部建设为突破

在发展体育竞赛表演业的同时，深圳市立足深圳实际，重点发展足球、篮球、排球、网球、帆船等市场化程度高、影响大，并有一定发展基础的项目。支持企业采取市场化运作方式，引进和培育高水平职业体育俱乐部，政府在训练基地场租补助、媒体宣传等方面给予相应扶持，促进部分职业体育俱乐部短期内达到全国一流水平。在深圳注册并以"深圳"为队名的职业体育俱乐部，参加全国不同级别的职业联赛，深圳体育专项资金分别给予每赛季不超过2500万元、1500万元、800万元的资助；在深圳注册并以"深圳"为队名的职业俱乐部，取得国际职业联赛和全国最高级职业联赛的冠、亚、季军，体育产业专项资金将分别给予不超过3000万元、2000万元、1000万元的奖励。

（四）以体育产业统计为抓手

从2011年开始，深圳市把体育产业统计调查作为日常工作，目的在于跟踪掌握深圳市体育产业发展核心指标数据。将深圳市体育产业统计工作机制常态化，可及时掌握深圳市体育产业发展基本特征，为推动国家体育产业示范基地建设提供基础性保障和决策支持。

三 发展规划与展望

深圳国家体育产业示范基地的产业规模和体育服务业的发展取得可喜成绩，产业结构得到优化、体育设施得到完善、竞赛表演市场迅速发展、体育人才队伍渐成规模；但同时也存在着品牌效应低、产业融合有待深入、产业结构不尽合理等问题，未来发展中，深圳国家体育产业示范基地将从多个方面入手，推进体育产业的快速发展。

（一）激发消费需求

为满足广大市民日益增长的健康需求，引导市民树立体育健身和体育消费观念，拉动体育消费，提升体育消费水平，深圳完善公共体育服务，积极推广大众体育健身项目，以调动广大市民（包括青少年群体）的体育健身热情，营造良好的健身氛围。盘活各类体育设施资源，为市民健身创造条件。增强体育产品和服务的供给能力来提升体育产品与服务的质量，加快培育体育消费市场，进而以优质的服务带动体育消费。积极扩大中低收入群体的体育消费，引导不同收入群体的体育消费行为，形成市场活力足、消费类型多样化的体育消费市场格局。实施医保卡余额用于体育健身消费的政策，带动体育健身消费，推进健康管理关口前移。

（二）优化产业结构

加大力度发展竞赛表演业、体育场馆服务业、健身休闲业和中介培训业等体育服务业，着力打造一批优秀体育俱乐部、示范场馆和品牌赛事，以提高体育服务业在体育产业中的地位。通过引入社会资本来提升体育服务业经营企业的竞争力，推动企业的经营方式向集团化、连锁化方向发展。根据体育消费人群的多元化体育需求，开发各层次的体育健身娱乐项目，形成层次丰富、各具特色的体育服务业发展格局。为进一步提升深圳市体育用品业在国内的地位，重点支持体育用品制造业科技创新，加强体育用品制造业的产品质量认证，探索制订行业标准。

（三）发展竞赛表演业

完善重大体育场馆配套设施，积极引进国际高端体育赛事。建立以企业为主体的重大赛事和体育活动市场化运作机制，促进体育竞赛表演业投资主体多元化、办赛形式市场化、竞赛组织专业化，加强竞赛表演市场管理与服务，探索发展体育赛事产权交易市场，支持社会力量引进和举办国际知名赛事，以培育和打造具有国际影响力的大型体育品牌赛事为目标。继续办好WTA和ATP深圳公开赛、中国杯帆船赛、深圳国际马拉松、深圳高尔夫国际赛等系列高水平国际赛事，高水平承办2019男篮世界杯比赛，不断提升办赛水平和影响力。

（四）促进集聚发展

体育产业发展战略以重大产业项目来带动，根据城市区域发展规划，鼓励各区因地制宜、突出特色、打造品牌、延伸链条，形成特色鲜明、各具优势的体育产业经济带。以深圳体育中心、大运体育中心、深圳湾体育中心等大型体育场馆为依托，建成综合性赛事组织、训练、会展功能区，以观澜湖高尔夫球会、正中高尔夫球会等为依托的高尔夫赛事组织和休闲功能区，以南澳海上运动训练基地、大梅沙国际水上运动中心等为依托的水上运动赛事组织和休闲功能区。以重点研发机构和龙头制造企业为依托的高端体育用品研发、生产功能区。打造一批主业突出、集聚效应明显、具有广泛影响力的体育产业聚集区，带动体育产业全面发展。

（五）推动融合发展

积极发挥体育产业的拉动作用和综合效应，拓展体育产业领域，形成体育产业与相关产业融合发展、传统体育产业与新兴体育产业互动发展。推动体育与文化创意、教育培训、设计服务和养老服务等产业融合,促进体育旅游、体育传媒、体育会展、体育广告和体育影视等体育新业态的形成和发展。体育旅游业的发展充分利用体育赛事活动、大型体育场馆、体育运动休闲项目等体育产业资源,打造集体育训练、竞赛表演、健身休闲、教育培训、体育旅游观光为一体的体育旅游精品线路和景区。利用深圳市先进的信息技术优势,推动体育产业资源与市场对接,大力发展"互联网+体育"产业。打造城市体育服务综合体,以完善的体育设施来推动体育与休闲、商业综合开发。鼓励社会资本开办康体、体质测定和运动康复等机构,促进康体结合。

(六)建立支撑体系

加快建设体育产业技术平台,积极推进科技成果转化和技术转移,为体育产业科技进步和服务创新提供有力支撑。支持高等院校和职业培训机构设置相关专业课程,培养体育产业专业人才。加强国内外交流与合作,通过多种渠道培养和引进各类高端实用专业人才和复合型体育经营管理人才。建立体育产业人才数据库,建立健全人才激励机制,为优秀体育产业人才脱颖而出创造条件。将体育产业高层次人才纳入深圳市高层次人才支持体系,享受相关优惠政策。建设一支高素质的体育经纪人队伍,充分发挥体育经纪人在赛事推广和运营、体育人才流动等方面的作用。加强珠三角、深港澳体育交流合作,建立体育企业、体育传媒和体育中介等区域战略联盟,提高整体竞争力。鼓励和引导社会力量依法设立体育产业投资基金,支持各类投资基金和创业投资机构投资体育产业。

(七)落实扶持政策

加大政策宣传力度,推动符合深圳市文化创意、高新技术、现代服务业和先进制造业等产业扶持政策的体育企业,享受相关政策优惠。落户深圳的体育企业符合总部企业条件的,享受深圳市总部经济各项优惠政策。企业引进举办高端体育赛事可享受政府专项资助,取得优秀竞赛成绩的职业体育俱乐部,政府给予专项奖励。按不高于一般工业标准执行体育场馆等健身场所的水、电、气、热价格。将体育设施建设用地纳入全市土地利用总体规划和年度使用计划，以保障体育产业用地需求。新建或通过城市更新建设的体育产业项目，参照市政府鼓励发展产业用地标准计收地价。支持企业通过项目融资、资产重组、股权置换等方式筹措发展资金，支持符合条件的体育企业通过上市和发行债券、票据等方式融资。

B.6
温江国家体育产业示范基地发展报告

摘　要： 温江国家体育产业示范基地在国家政策的引导下保持着平稳较快的发展态势，产业规模不断扩大、经济贡献稳步上升、拉动效应逐步显现。体育产业发展呈现出赛事水平趋于高端化、公共服务体系不断完善、全民健身活动形式多样、运动休闲健身业互动融合、体育彩票业稳中向好的特点。通过夯实配套基础设施、发展国际性现代马产业、建设西部第一水上运动产业、打造国内高品质赛事产业，进一步拉动消费，促进经济发展。

关键词： 温江　产业集群　转型升级　拉动效应

温江国家体育产业示范基地紧紧围绕"改革创新、转型升级"总体战略，积极落实国务院46号文件和《四川省人民政府关于加快发展体育产业促进体育消费的实施意见》以及《成都市人民政府关于加快发展体育产业促进体育消费的实施意见》精神，深化体育事业改革，推进体育产业创新升级，完善体育公共服务体系，培育高端赛事品牌，提升竞技体育水平，体育产业融合发展不断深化，新业态、新模式、新技术应用不断涌现，形成了平稳快速发展的良好态势。

一　总体发展情况

（一）体育产业发展概况

1. 产业规模不断扩大

"十二五"期间，温江国家体育产业示范基地保持平稳较快发展态势，产业规模不断扩大,产业收入迈上新台阶。2015年,温江国家体育产业示范基地体育产业总规模达到35.0亿元,实现增加值6.2亿元,同比增长47.6%;吸纳社会就业人口达21500人,同比增长95.5%。从业态构成看(见图1),体育服务业实现增加值达到6.1亿元,占到体育产业增加值的98.4%。其中,体育竞赛表演活动增加值达到1.9亿元,占体育产业增加值的比重达到30.6%;体育用品及相关产品的销售、贸易代理与出租增加值达到1.3亿元,占体育产业增加值的比重为21.0%;体育健身休闲活动、体育培训和教育实现增加值均为1.0亿元,二者之和占体育产业增加值比重达到32.3%。

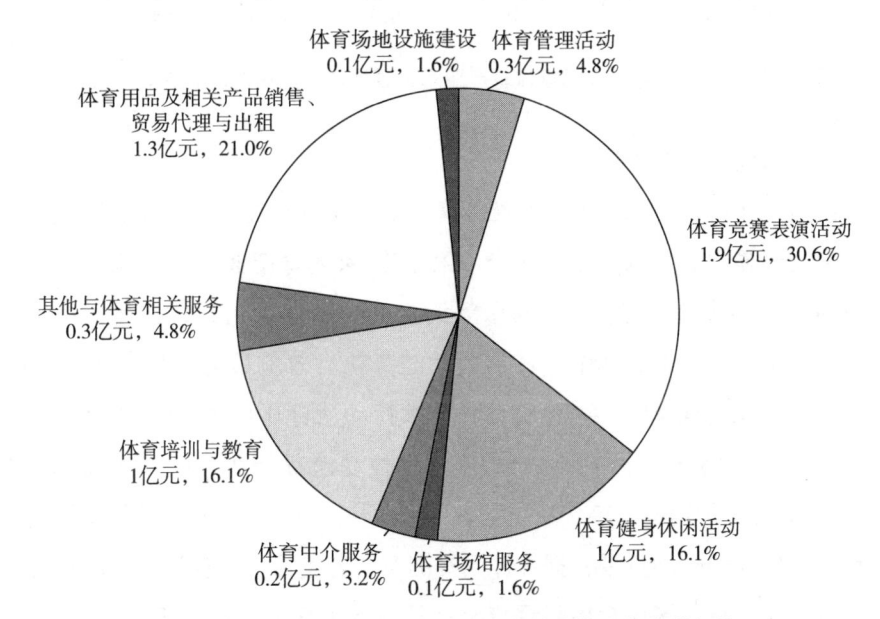

图1 2015年温江国家体育产业示范基地体育产业增加值

2. 经济贡献稳步上升

2015年,温江国家体育产业示范基地积极适应并引领发展新常态。"十二五"期间(见图2),从2012年开始体育产业增加值占GDP的比重持续上升,2015年体育产业实现增加值6.2亿元,占地区生产总值比重1.5%。温江国家体育产业示范基地体育产业增长水平远远高于全区整体经济增速,对区域经济发展的贡献率进一步提升。

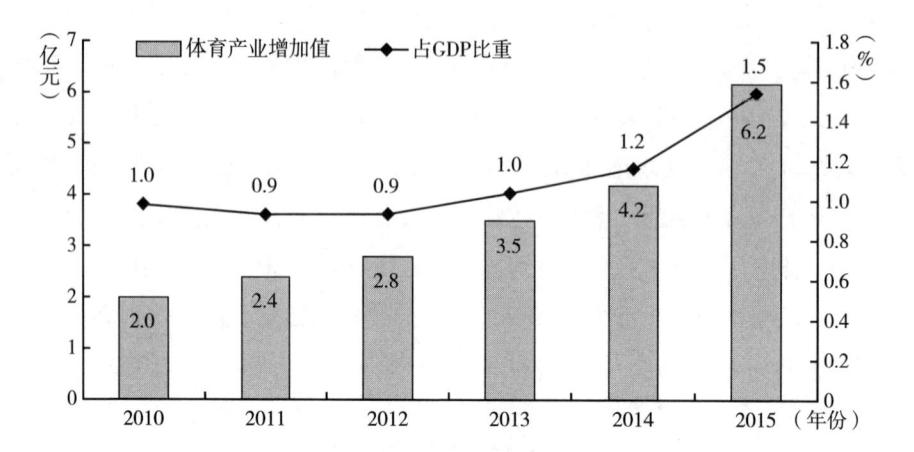

图 2 2010~2015 年温江国家体育产业示范基地体育产业增加值占 GDP 比重

3. 拉动效应逐步显现

经过多年的扶持和发展，温江体育产业地位逐步提升，对相关行业的拉动效应逐步显现。数据显示，2015 年温江国家体育产业示范基地各类体育产业活动对餐饮、住宿、休闲娱乐等消费的拉动效益达到 3 亿元，相比于 2014 年增长了 6.8%。其中，日常运动健身拉动效应最为明显，达到 1.64 亿元，占总拉动规模的 54.7%；体育赛事拉动消费 0.69 亿元，占总拉动规模的 23%；休闲健身旅游和体育节庆活动拉动消费分别为 0.47 亿元和 0.2 亿元，占总拉动规模的 22.3%（见表 1）。同时，体育产业对商贸零售业发展也具有较大的拉动贡献，据统计调查测算，各类体育产业活动带动体育器材、运动服装鞋帽等体育用品零售消费达到 5.1 亿元，相比于 2014 年增长 8.9%，占全区 2015 年商品零售总额 1.73%。这些充分体现了体育产业对刺激温江地区消费增长和拉动经济发展的综合作用。

表 1 2015 年度温江国家体育产业示范基地拉动餐饮休闲娱乐住宿等情况一览

项目	合计	日常运动健身	休闲健身旅游	体育赛事	节庆活动
拉动规模（亿元）	3.00	1.64	0.47	0.69	0.20
所占比重(%)	100	54.7	15.7	23.0	6.6

（二）体育产业发展特点

1. 赛事经济瞄准高端发展

温江国家体育产业示范基地加快推进融入"国际体育赛事名城"战略，积极引进高端赛事，大力发展体育赛事产业，举办成都·迪拜国际杯－温江·迈丹赛马经典赛、中国马术节、第九届残疾人运动会、成都温江半程马拉松、成都马术联赛等国内外知名赛事，产生较广影响，吸引参赛者和观众超过10万人次，实现体育赛事收入达到300万元，拉动相关消费6900万元，引起各类媒体关注愈亿人次。高端体育赛事的办赛水平以及知名度、美誉度得到进一步提升，为举办更多高水平国际体育赛事积累了宝贵经验。

2. 公共服务体系不断完善

加快建设一系列体育公共设施项目，完善各类体育公共服务载体，优化体育设施产品供给结构；推进国民体质监测工程建设，加快科学健身指导公共服务体系构建，系统制定《成都市温江区国民体质监测网络和服务体系建设实施方案》，实施国民体质常态化、全覆盖监测。截至2015年末，免费为市民提供体质监测（检测）服务3.5万人次，举办全民健身科学知识宣传讲座20次，编印赠送科学健身知识书籍3万册；全年新增全民健身路径30条，总量达330条，新增惠民行动农民健身工程10项，总量达114项；公益性体育场馆免费对外开放接纳健身群众10万人次。

3. 全民健身活动创新开展

不断完善全民健身服务体系，深入推进实施《成都市全民健身公共服务体系建设实施方案（2014～2015年）》。以多层次、多样化、多视角创新形式推进全民健身运动在广大市民中的普及和推广。创新开展"健康温江·定制赛事"活动。全年组织各级各类全民健身活动达到120项次，参与全民健身活动总人数达到40万人。实施"成都足球十大行动计划"，制定实施《成都市示范性足球场地建设验收和市级财政奖励补助办法》。开展足球普及性教育，温江业余联盟足球联赛的影响力进一步提升。

4. 体育与旅游深度融合

加快推进体育产业与旅游业深度融合发展，产生积极效果。根据区旅游局数据，2015年，温江旅游经营收入10.53亿元，其中运动休闲健身产业收入1.92亿元，占景区收入的比重达到18.29%；同时对餐饮、休闲娱乐、住宿等拉动效应产生消费达3亿元，为温江旅游业发展做出较大贡献。体育与旅游深度融合已成为温江国家体育产业示范基地的重要推动力，对促进温江示范基地体育产业和旅游业良性互动、融合发展产生了积极效应。

5. 体育彩票业稳中向好

2015年，温江区加强体彩监管引导，通过开展"运动成都·邻里同乐"等活动，积极配合省市体彩中心做好新增网点布点培训工作，体彩销售点超过80个，全区体彩销售超过6000万元，有力地支持了温江体育事业和体育产业改革创新发展。

二 工作推进情况

充分发挥国家体育产业示范基地的综合优势，坚持把体育产业作为区域经济社会发展的重要组成部分，突出发展马产业、水上运动和篮球等体育运动产业集群，着力于建设成为天府新区重要的体育功能配套区。

（一）夯实配套设施基础支撑

加快片区对接天府新区、双流机场直达快速通道以及区域内部路网建设，力争形成结构清晰、功能明确、级配合理、短时聚散10万人的交通保障能力；以成蒲高铁绿色长廊和金马河沿岸生态休闲带以及鲁家滩生态湿地公园为核心，加快推进金马河沿岸林荫大道、滨河公园、骑士大道、蓉台大道、锦绣大道等林荫化改造工程，适时启动成蒲高铁景观长廊建设；实施完成金马旧骑士风情小镇改造提升工程，初步形成集美食文化、休闲娱乐、商务服务为一体的骑士风情小镇；按照服务20万常住人口的需要，规划建设一批学校、医院、银行等公共服务配套。全力推动高端商务、酒店、体育娱乐等一体化配套项目招商引资。

（二）发展国际性现代马产业

加大马术体育公园运营管理，延伸产业链条，开展马术执业培训、休闲骑乘和马术文化活动，成功引进骐骏俱乐部、金马湖马会等马术俱乐部。积极推进法国小种马俱乐部、马术学院、马术三项赛等项目。按照"国际化、专业化、社会化、市场化、职业化"思路，成功举办第二届成都·迪拜国际杯－温江·迈丹赛马经典赛，再次凸显了世界级马术赛事在推动成都及温江以马产业为龙头的运动休闲产业可持续发展和城市品质提升中的独特作用，也为成都融入国家"一带一路"战略推开了一扇窗户。

（三）建设西部第一水上运动产业

以4万亩金马湖水面、江河湿地、水景为依托，与四川华威体育投资公司合作，投资1.8亿元，打造成都近郊第一个水上运动中心，引进皮划艇、摩托艇、手动小帆船以及龙舟比赛、水上表演、索道滑水、花样滑水、沙滩排球等专业性与参与性兼具的运动项目。加快西部水上中心建设，完成213亩体育中心项目规划，预计2016年年底开工建设。

（四）打造国内高品质赛事产业

先后成功举（承）办了美国耶鲁大学篮球中国行、第一届全国智力运动会、全国武术套路锦标赛、全国国际象棋甲级联赛、全国男子篮球NBL联赛、全国第九届残运会暨第六届特奥会坐式排球比赛、金温江半程马拉松比赛等国内外具有影响力的品牌赛事；规划建设集竞技运动和群众健身为一体的成都国际体育城，兼具演艺和比赛功能，配套商业中心和大众健身场地的现代化综合性场馆，并将该场馆打造为四川省男篮训练基地以及国内外高端篮球赛事的聚集地。

三 发展规划与展望

温江国家体育产业示范基地将紧密围绕"国际体育赛事名城"发展战略，科学规划产业布局，不断完善服务体系，做大做强"赛事经济"，积极探索"互联网+"新模式，力求在规模、结构、质量和效益等方面实现预期目标。

（一）重点加强规划建设布局

结合"时尚运动休闲聚集区"的定位和体育用品研发制造、体育会议展销、品牌赛事"三中心"建设，对区域体育产业布局、目标、举措、路径等进行"优化式"规划。

（二）完善基本公共服务体系

加快骨干体育设施建设，引领体育协会实体化、专业化发展，全面营造蓬勃的全民健身发展之势，引领体育消费升级和结构改革。

（三）加快主导产业健康发展

结合供给侧结构性改革，制定出台体育产业扶持政策，建立资金引导体系，激发市场活力。重点加强马术体育公园、水上运动中心、篮球赛事中心等综合体建设，不断延长加粗产业链条。

（四）突出赛事经济快速发展

突出"以赛育市"，推动活动赛事化、赛事品牌化发展，加快体育与旅游、商务、会展、传媒等业态的融合，提升赛事附加值。

（五）推进"互联网+体育"发展

加快云计算、大数据、物联网、智能穿戴等新一代信息技术在体育产业的应用，提升体育各产业链信息化、智能化水平，鼓励体育企业和协会利用互联网整合资源、开展宣传、跨界合作、提升运营效率。

（六）挖掘产业新的增长点

大力促进新领域、新业态发展，大力发展路跑、网球、水上运动、赛车、航空、马术、铁人三项、射箭、极限运动、房车露营、电子竞技、智力运动等具有前沿、时尚和消费引领特征的运动项目。

B.7 晋江国家体育产业示范基地发展报告

摘　要： 晋江国家体育产业示范基地作为成熟的体育用品集聚区，一直以来以重点企业为龙头、以集群效益为诉求、以群众体育为依托、以赛事经济为补充，促进体育产业的全面升级与发展。在充分发挥体育用品制造业优势的基础上，加强品牌创新、丰富场馆资源、优化产业结构、促进产业融合，从而打造体育产业新的增长点，推进体育城市建设。

关键词： 晋江　体育用品制造业　产业集聚

晋江作为福建省沿海地区的县级城市，位列全国百强县第 5 位，是我国较为成熟的体育产业集聚区，体育产业基础较雄厚和富有特色。近年来，晋江国家体育产业示范基地大力推动体育产业转型升级，积极推进体育城市建设进程，体育产业高水平发展态势初步显现。

一　晋江体育产业发展现状

（一）基本概况

晋江市拥有各类体育场地 2600 多个，每万人拥有体育场地 12.69 个，全市体育社团共计 76 个，每年举办篮球、足球、排球等各类群众性体育赛事 2000 多场次。曾获得全国体育先进市、群众体育先进集体、游泳之乡、武术之乡等荣誉称号。

目前，晋江拥有42个国家级体育用品品牌、21家体育用品上市公司。其中，中国奥委会赞助商2家、里约奥运会官方赞助商1家、全国性外向型体育健身娱乐企业1家。2015年，晋江国家体育产业示范基地体育产业总产出为1332.80亿元，实现体育产业增加值425.14亿元，对当地GDP贡献率达到26.24%，体育产业从业人员超过35万人，约占晋江全社会从业人员的四分之一，产业规模居全国县域第一。

（二）发展特点

1. 以重点企业为龙头，带动区域体育产业强劲发展

晋江国家体育产业示范基地现拥有21家体育用品上市公司，总产值达264.4亿元。2015年，晋江市体育企业法人单位8078家，其中，规上企业共536家，总营收为930.76亿元，总产值为982.87亿元，占体育制造业总产值的90.82%；限上商业企业共210家，合计营收为218.26亿元，占体育服务业总产值的87.37%。规上运动鞋帽制造企业的产值为663.58亿元，产业贡献率为67.52%。规上运动服装制造企业的产值为304.47亿元，占比为30.98%，占晋江规上纺织服装业产值的35.37%；限上商业以鞋服批发企业为主，总营收为189.83亿元，占全部限上商业企业产值的86.98%。体育及体育相关的规下和限下企业7245家，产值126.36亿元，占体育产业总产值的9.4%。

2. 以集群效益为诉求，促进体育制造业聚集发展

目前，晋江市拥有26个具有显著产业集聚特征的产业区，聚集了6000多家企业，初步形成以民营经济为主体的体育产业集群。其中，陈埭镇汇聚了3000家左右的制鞋及产业上下游企业，以一个较完备的产业集群，带动并支撑着本地区的经济发展，为晋江发展体育产业提供了重要的制造与生产技术基础和体育市场拓展空间。

3. 以群众体育为依托，打造特色体育健身和旅游品牌

建设八仙山全民健身中心，项目占地面积72.42亩，总建筑面积39228.01平方米，总投资23137万元；积极打造世纪大道"10分钟体育生活圈";依托山脉打造休闲步道,依托水系打造亲水慢道,并配建3.5米宽自行车道,建成全程28公里的"一山一水"慢行系统。拥有5家省级工业旅游示范点、21家市级工业示范点以及3家省级观光工厂和2家市级观光工厂。安踏公司的省级观光工厂在2015年接待游客2万多人次,带动销售收入近1000万元。体育与工业、旅游业融合基础扎实,优势凸显,已成为晋江旅游一大亮点。

4. 以赛事、会展经济为补充,不断拓展体育产业发展空间

自1999年起,晋江已连续举办了16届国际鞋业博览会,并被誉为"中国十大魅力展会"之一和中国乃至世界制鞋行业的晴雨表和风向标。近年来,晋江成功举办的国内外高水平体育赛事包括晋江国际自行车公开赛、中国男子篮球职业联赛(CBA)、全国健美健身冠军总决赛、全国沙滩排球赛等。体育竞赛表演市场初步形成,带动相关收入5000多万元。

二 晋江体育产业工作推进情况

(一)推进示范区筹建,助力产业结构优化升级

2014年11月,经国家质监总局批准,晋江开始筹建"全国运动鞋服产业知名品牌创建示范区",2015年6月11日,晋江市委常委会第120次(扩大)会议研究通过《"全国运动鞋服产业知名品牌创建示范区"筹建实施方案》,全力推进"示范区"创建工作,预计2016年10月建成。示范区将推动产业集群全面、协调、持续发展,强力打造世界知名品牌,以推动晋江运动鞋服行业的产业结构优化和升级,为晋江建设现代创业创新型经济强市做出新的贡献。

(二)编制鞋业发展指数,着力打造行业风向标

2015年6月,晋江市政府联合高校、科研机构和全国权威统计部门,启动"中国.晋江鞋业发展指数"编制工作,指数的主体内容包括价格指

数、景气指数和外贸指数等。指数依托晋江制鞋产业基础，以企业和中国鞋都、国际鞋纺城等专业市场为数据采集源，以成品鞋和鞋材辅料两大部分为数据采集样本。指数的披露能够充分反映鞋产业发展态势和外贸行情，为晋江鞋材、成品鞋市场的发展提供客观科学的参考。

（三）编制体育产业规划，保障产业基地科学发展

开展晋江体育产业基础情况调查摸底工作，对体育产业发展结构进行整体布置和规划，并提出"十三五"体育产业发展行动计划；开展体育事业与体育产业交互式研究，并就晋江体育事业及产业发展提出创新措施；探索人口与设施的合理配置，充分利用公共体育场地设施复合空间（绿地、公园、景观、空地、广场等），实行"插体工程"，科学布局城市体育公园和基层文体设施，完善公共文体服务体系。

（四）完善基础设施建设，激活体育消费市场

根据《晋江市文化体育资源整合提升工作方案》，推进"一主两辅"及资源整合提升的实施工程，以晋江中心城区为重点，构建"一轴一圈，多面多点，均衡分布"的文体服务网络。打造世纪大道"10分钟体育生活圈"，投资建设30个基层体育场地，包括5个足球场、10个沙滩排球场、15个儿童沙滩健身苑；投资5100万元，规划建设"八仙山"全民健身中心；加快推进"一山一水"慢行系统扫尾工作等。

（五）保障重点项目建设，夯实产业基地发展支点

加快凯歌体育管理学院建设进度，推进已挂牌出让商住用地的建设，以及其他商住用地及学校地块的用地报批，并调整原运动生态园地块功能，推进足球训练基地项目落地；推进晋江国际鞋纺城建设，一期（400亩）主体工程已全部封顶。2015年12月7日举行一期专业市场商铺认筹活动，认筹首日，现场超过600家商户到访，完成认筹总数的40%，2016年6月正式开业。

（六）出台行业优惠政策，提高基地企业集聚效能

结合晋江实际情况，出台了《关于加快体育产业发展促进体育消费的若干意见》《晋江市体育产业专项资金青少年体育俱乐部、镇街公共体育馆、体育竞赛表演业资助扶持办法》《晋江市体育产业发展专项资金使用办法》等优惠政策，设立专项资金1000万元，确保各项优惠政策及时、有效兑现，全年完成7个省级体育产业专项资金项目申报。

（七）建设信息集散平台，提升体育产业资源接驳能力

加强与国家体育总局、省局的沟通，积极申报国家体育产业基地体育产业联系点申请筹备工作并成功获批；加强与福建省体育局的沟通，引导和支持舒华等企业申报"福建省体育产业示范单位"，派员参加福建省体育局组织的体育产业高级研修班；加强与横向部门的沟通协作，与泉州师范学院体育学院建立战略合作关系，积极参与福建省体育产业研究中心创建工作。

三 发展规划与展望

体育鞋服制造业是晋江产业发展的主体形态，在长期的产业实践过程中，逐步形成了具有一定优势的产业发展基础和特色。然而，在快速发展的进程中，客观上也遭遇到传统产业持续发展的瓶颈，而如何破解诸如产业结构不合理、产品供给单一、同质化竞争加剧等现实问题，尚需在观念更新、发展思路拓展、体制机制变革等方面进行深化。

（一）发挥体育用品制造业优势，带动区域体育产业多元发展

支持体育用品企业参股经认定的知名互联网体育产业专门运营公司，开展线上线下营销合作，并按参股投资额5%给予奖励，最高限额为100万元；鼓励建设基于信息技术的体育用品电子商务平台，以电子商务平台服务于体育用品企业，为企业的在线采销、供应链优化、经营管理和人员培训等

提供技术支持；鼓励开展代运营、咨询培训、数据挖掘、会展推介、金融服务和信用查询等内容的外包服务；引导体育用品企业应用信息技术建立网购体验店，形成线上线下相结合的经营方式，提高消费者购物的便利程度，改善购物体验。

（二）加强品牌创新能力建设，构建国际级体育品牌交流平台

支持企业间的合作和合并升级，提升其研发和创新能力。引进先进设备和技术，完善并升级产业链，提高企业产能和产品质量；积极培育品牌，提升品牌意识，扩展和优化其销售渠道，对有重大技术创新和科技进步的企业进行现金或税收减免等奖励；构建国际级体育品牌交流平台，积极出台有利于品牌发展的相关政策建议，加大对国际化品牌的培育力度，加快品牌国际化步伐，使晋江从国内品牌之都发展成为世界品牌之都。

（三）依托丰富场馆资源，以开发体育竞赛表演市场为重点

晋江体育赛事的办赛形式坚持"政府引导、企业承办、社会参与"，依托场馆和赞助资源优势，大力发展赛事经济，促进市场活力全面迸发。积极引进高水平、高观赏性的体育竞技比赛，积极培育自主 IP 品牌赛事和特色赛事，着力开发繁荣竞赛表演市场，努力提高其观赏性和经济水平；积极做好宣传和市场化运作工作，让资本和资源成为推动体育竞赛表演市场发展的主要引擎，打造真正意义上的运动之城、体育之城。

（四）优化体育服务产业结构，全面建设国家运动训练基地

以体育产业和国内体育品牌资源为优势，以共建国家级运动训练基地为契机，发展体育经纪公司、体育培训公司、体育保险公司和体育产品科研项目，优化体育服务产业结构，实现资源共享、优势互补、借力发展的良好态势。

（五）促进产业深度融合，打造体育产业新增长点

制订体育产业发展规划，明确产业线路和时间，把握产业发展方向，推

动体育和旅游、金融、文化、互联网等产业融合发展，推动传统体育产业转型升级并向高端化发展。安踏通过实施多品牌战略，积极打造千亿级企业；361°携手乐视体育构建基于移动互联网的智能运动生态系统，还与百度跨界合作联合成立"大数据创新实验室"；浩沙国际与全国多家医院合作开发健康测评与管理应用软件，推广"医疗＋体育"智能化健身模式，挖掘新的体育服务市场；贵人鸟联合景林投资成立体育产业基金，并通过投资虎扑网探索"互联网＋体育制造业＋体育服务业＋金融＋文化传媒"的新模式。

（六）借力区位优势，打造"两岸"体育文化交流新平台

借力区位优势，积极巩固海峡两岸体育文化交流平台，促进两岸体育产业和相关产业合作发展；积极打造两岸的官方赛事和民间赛事，利用晋江大众体育赛事资源，发展两岸企业和村镇之间的各项体育联赛（篮球、足球、排球等）、单项赛事（马拉松、武术等）及各类体育产业博览会、论坛等，不断优化形成大众喜闻乐见的品牌赛事资源，为体育产业发展和增进两岸民间交流提供发展平台。

B.8 龙潭湖国家体育产业示范基地发展报告

摘　要： 龙潭湖国家体育产业示范基地依托区域产业资源优势，在产业政策的推动下，基础设施和公共服务设施不断完善，重点项目持续推进，形成了体育产业氛围浓厚、体育产业带动和辐射作用明显的体育服务业集聚区；体育产业与金融、科技、文化融合发展效果显著，产生良好的集聚效应。未来将从产业融合、资源整合、要素市场建设和人才培养等方面推进基地发展。

关键词： 龙潭湖　产业融合　产业集聚

2008年底，国家体育总局授予北京龙潭湖为"国家体育产业示范基地"，2011年基地建设被列入北京"十二五"国民经济与社会发展规划，2012年10月国务院正式批复将规划范围内58公顷用地作为北京市体育产业创意中心，列入中关村国家自主创新示范区扩园区域，是全国唯一一家享受中关村政策的国家体育产业示范基地。近年来，产业基地依托区域内雄厚的体育产业资源，公共体育服务设施不断完善，政策支持力度持续加大，逐步实现体育产业与文化创意、健康、金融等产业的融合发展。

一　总体发展情况

（一）基本概况

龙潭湖国家体育产业示范基地位于北京市东城区东南部，包括龙潭湖公园和体育馆路地区，东、南以北京护城河为界，西至天坛东路，北至体育馆路、光明路，规划面积296公顷，实际可利用面积约173公顷。园区处于城市交通条件便利的首都功能核心区，区位优势明显、交通便利。

1. 基础设施不断完善

基地拥有84.48公顷可利用土地，截至2015年已完成土地供应1.9公顷，建设面积6.5万平方米，已立项1.4公顷，建设面积4.5万平方米，正在规划和正在履行收储手续的80余公顷。四块玉地区土地一级开发处于收尾阶段，收储工作顺利开展。前期规划的5条主要市政道路均已建成并投入使用，总投资65867万元。充足的土地资源和完善的基础设施，为基地吸引企业入驻及产业项目建设提供条件。

2. 公共服务设施不断加强

新改扩建7万平方米的体育公共服务设施，包括龙潭湖体育馆、北京青少年活动中心和龙潭公园中心岛露天文化广场，为体育产业与体育事业协调发展提供保障。目前，基地内拥有北京体育馆、国际网球中心、国家棋院、国家体育总局训练局、四块玉训练基地等数座大中型体育场馆，场地面积达26万平方米，加上新建的7万平方米公共体育服务设施和园区内近40万平方米的水域，为体育产业发展和群众健身提供了丰富的体育场地资源。

3. 重点项目持续推进

北京国际体育交流中心项目规划用地总面积为7.8公顷，总建筑面积13万平方米，预计总投资8亿元，目前一期已完成主体建设，已启动二期建设的相关手续。星光大道项目用地整理收储工作取得进展，规划用地面积为4.35公顷，总建筑面积13万平方米，预计总投资28亿元。东城区文化体育中心项目规划用地面积1.5公顷，建筑面积4万平方米，预计总投资4亿元，由区体育局按照公共体育服务设施建设。

（二）发展特点

1. 体育产业资源丰富

龙潭湖园区内聚集了国家体育总局、中国奥委会、中华全国体育总会、体育报业集团等体育外联及科研机构,体育资源雄厚。已经形成体育行政总部中心、体育研发中心、体育人才中心、体育训练中心、体育传媒中心,具有强大的聚集辐射效应,具有体育管理资源向体育产业优势转化的有利条件。拥有数座体育场馆,体育设施完善,整合开发潜力较大;聚集了上千家体育产业的机构和企业,形成了一定的企业规模。

2. 体育产业氛围浓厚

龙潭湖地区不仅是国家重要体育政策的决策地、国家重大体育信息的发布地、国际国内重大体育赛事策划地和重大体育庆典活动的举办地,也是国际奥林匹克文化的弘扬地和展示地、国际体育文化的交流地、国家主要体育运动项目的训练地和知名运动员的训练居住地。鲜明的体育特色有利于体育产业集群和品牌效应形成。

3. 带动辐射效应明显

2015年,龙潭湖国家体育产业示范基地吸纳体育产业从业人员3491人,实现增加值11.5亿元,体育产业增加值占当地GDP的比重达到56.6%,经济贡献地位突出。2014年,国内首家体育产业资源交易平台在基地内运营,累计30余个项目在平台上市交易,4个项目实现成功交易。设立了3个创新孵化平台,吸引世界体育总会亚太区总部、国际举联(北京)总部及中体视讯、鹰眼等一大批与互联网、金融、健康、文化创意产业融合发展的新型公司入驻基地。出台促进产业发展的专项政策5项,研究建立了体育产业运行动态管理服务系统,实行动态监测、分析和预警,建立了体育产业运行协调保障制度,为体育产业发展提供制度保障。

二 工作推进情况

龙潭湖国家体育产业示范基地于2012年并入中关村自主创新示范区后,吸引了众多科技企业、金融机构和文化体育融合发展类企业入驻。随着国务院46号文件正式发布,带来新的发展机遇,基地充分利用现有资源条件,推动体育产业与文化创意、科技、金融、健康、旅游等产业融合发展，体育产业融合发展在全国起到示范和辐射作用。

（一）体育与金融融合发展

从产业定位看，金融业与体育产业都符合首都功能定位。目前，这两个行业的体量差别较大，金融业的GDP占比在14.5%左右，体育产业仅为1%左右。体育与金融都属于低能耗、零污染的绿色产业，人均GDP贡献在北京的服务业排名中位居前列。东城区作为首都核心功能区，金融资源丰富，特别是国务院46号文件发布后，资本掀起了进入体育产业的热潮。基地顺应产业发展热潮，扶持基地体育企业在主板、创业板、新三板、新四板上市融资，目前已上市企业4家，储备上市企业3家；发展私募基金市场，搭建平台为金融和体育产业项目融合创造机会，目前基地及周边区域成立体育类私募基金4家；创新金融支持手段，积极推动文化中小企业贷、融资租赁、文化担保、小额贷、私募债券等多种形式的金融创新产品和园区企业对接。2014年12月，中关村科技园东城园体育产业资源交易专项平台在北京东方雍和国际版权交易中心正式上线。

（二）体育与科技融合发展

体育产业与科技融合就是为了满足体育需求，以体育资源为依托，科技创新为主导，利用高新技术促进体育产业融合发展。基地依托中关村自主创新示范区的科技资源优势，积极发展体育科技创意产业。一是积极推动一批体育高科技企业进行北京市高新技术企业认证和中关村高新技术企业认证。目前，基地共有国家高新技术企业4家，中关村高新技术企业11家。二是加大宣传力度，提高基地企业对于中关村政策的知晓度和参与度。三是推动一批具有自主知识产权和开发能力的企业在体育新媒体、足球、冰雪、大健康等领域发展，利用科技力量推动体育普及。2014年和2015年园区内企业申请发明专利和实用新型专利达到24项。

（三）体育与文化融合发展

文化中心是北京市的核心定位，北京市坚持文化和科技的双轮驱动发展，体育被列入北京市文化创意产业扶持范围。体育是文化的重要组成部分，积极推动体育与文化的融合发展。基地重点支持体育动漫、体育旅游、体育教育培训、体育广告会展、体育网络传媒、体育健康养老等体育文化融合发展的企业。园区重点企业北京中体视讯文化传媒有限公司是一家集体育新媒体整合营销服务、多平台内容价值运营、专业赛事组织及媒体化服务于一身的综合性企业，两年间公司净利润增长8倍。

（四）协会实体化改制后带来的产业聚集

国家体育总局将推进各单项体育协会实体化改制，基地积极与实体化改制后的各单项体育协会沟通，积极吸引各单项体育协会入驻基地，将各单项体育协会的优质产业资源纳入基地，并吸引相关企业入驻基地。针对区内体育企业，组织银行、基金、券商等各类机构与体育企业进行项目对接。对区内企业进行北京市、中关村、东城区产业扶持和新三板上市等政策培训，积极引导区内企业申请各类政策支持。集约利用园区空间资源，打造园区创业孵化平台，新吸引100余家企业入驻。发动社会力量，利用区内空闲空间，吸引体育彩票、赛事策划、电子竞技和手游等企业入驻。

（五）国际体育组织聚集区建设

按照北京打造国际交流中心的职能要求和建设国际化、现代化新东城的战略部署，基地利用原北京游乐园新办公楼及周边区域，设立了国际体育组织基地，与世界体育总会、国际举重联合会等国际体育组织达成协议，在园区设立世界体育总会亚太总部、世界体育总会（北京）总部。目前萨马兰奇体育发展基金会已入驻基地，世界体育总会亚太总部、世界体育总会（北京）总部正在进行装修，世界台球联合会亚太总部、世界武术联合会（北京）总部入驻基地的工作也在积极筹备中。

三 发展规划与展望

龙潭湖国家体育产业示范基地作为北方第一家国家体育产业示范基地，依托国家体育总局雄厚的体育资源，依托中关村独特的政策优势，正在吸引越来越多的体育企业在基地聚集、发展。基地将以北京举办冬奥会和国家发展体育产业为契机，充分发挥中关村的政策和品牌优势，解决基地存在体制改革滞后、产业处于培育期等相关问题，并利用龙潭湖地区集聚的体育资源优势，乘势而上，促进体育产业进一步发展。

（一）促进融合发展，成就创新基地发展

按照北京市06控规，以单块供地方式，做好三块城中村14.6公顷土地的用地功能优化，引导国际体育交流中心在文化体育产业高端环节布局。利用现有资源，进一步丰富和完善孵化基地建设。整合健身休闲、竞赛表演、场馆服务、体育经纪、中介培育等各门类资源，对接国家体育总局内设机构改革中释放出的优质资源，完善规划布局，细化各类用地功能，力争"十三五"期间基地内13个规划地块实现土地供应或基本具备供应条件，建设总面积24万平方米。充分利用基地内现有用地，吸引体育产业及上下游产业公司投资置业，打造体育服务综合体，建立更加丰富的体育产业组织形态并拓展新型业态，打造体育产业交互融通的创新孵化平台，支持金融、康体、信息等企业进驻基地，促进体育与相关业态的融合发展。

（二）推进体育资源整合，实现基地升级

积极推动体育与文化、科技、健康、金融和互联网等领域的融合发展。发展体育赛事运营与结算、体育传媒、体育中介、体育科技创意、体育文化、体育金融、互联网+体育等产业。发展体育赛事运营与结算，充分利用国家体育总局协会实体化改革的有利时机，推动国家级赛事运营和结算机构的进一步聚集和发展；发展体育传媒，依托体育报业总社等资源，以移动互

联网的迅猛发展为契机，发展体育新媒体等产业；发展体育中介，依托丰富的赛事资源和体育明星资源，推动体育明星经纪、体育赛事经纪、体育广告、体育咨询等领域的发展；发展体育科技创意与互联网＋体育，鼓励和支持区内体育企业和体育研发机构开展技术创新和产品研发，推进体育科技企业中关村高新技术企业认证工作；发展体育文化融合业态，将体育作为大文化的重要组成部分，使体育产业享受文化创意产业的有关政策；发展体育金融，充分利用资本热情投资体育的有利态势，发展体育私募和创业基金、体育保险等产业；促进体育产业政策集合，协同政府及资本建立体育产业扶持资金，创新投融资体系，大力吸引社会投资，促进多方参与主体共同发展，实现产业集群、政策集合、土地集约、资金集中的发展。

（三）加快要素市场建设，抢占产业制高点

加快体育市场要素建设，立足具有交易条件的主体要素，依托东城要素市场聚集优势和平台体系，构建完善的体育产业要素市场体系。探索推进体育产业产权交易，加强与国家体育总局的沟通，做好其筹建的有关服务工作。加快区域性国际体育聚集区建设，发挥国际体育组织在国际交往中的特殊作用，推动与世界体育总会、世界举联、萨马兰奇基金会等组织的进一步合作。依托设立的国际体育组织聚集区，与国际体育组织、国际体育企业进行深入互动，以开放性的国际视野引入更多国际体育产业要素，分享国际体育产业发展经验。

（四）加快体育产业人才培养，助推基地发展

加快体育产业人才培养，促进体育产业人才的国际交流与合作，加快体育产业理论研究，建立基地体育产业智库。完善政府、用人单位和社会互为补充的多层次人才奖励体系，对创意设计、自主研发、经营管理等人才进行奖励和资助。

B.9
富阳国家体育产业示范基地发展报告

摘　要： 富阳国家体育产业示范基地以运动休闲产业和体育用品制造业为发展特色，增大体育产业规模，形成浓厚的体育产业氛围。通过加快体制机制创新，推进"运动休闲之城"规划与建设，夯实产业基础，不断提升富阳体育产业的品牌形象。未来富阳将依托山水资源和产业优势，制定健身服务业、体育竞赛业、运动休闲业、体育用品制造业和人才培养行动计划，推进体育产业持续发展。

关键词： 富阳　运动休闲　体育用品制造

富阳依托山水资源，构建文化引领、运动主题、创新驱动的集山水城市、生命之城、品质之城、阳光之城、健康之城等内涵于一体的运动休闲品质新区。跳出富阳发展富阳，推动富阳由"郊县"向"城区"转型，坚持"兼田园之美、具城市之利"理念，加快推进"美丽富阳"建设，促进城乡均衡协调发展，打造智慧山水城、都市新蓝海，描绘富春山居新画卷。富阳积极推动运动休闲产业的融合发展，深化运动休闲体制改革，对接杭州"世界级全域旅游休闲目的地"的总体定位，建设富阳国际运动休闲目的地，促进运动休闲产业发展成富阳区经济发展的新引擎。

一　总体发展情况

2014年国务院46号文件的颁布实施，将开展体育产业工作上升为国家战略，极大地推动了富阳国家体育产业示范基地体育市场化改革与全民体育消费环境全面优化。

（一）体育产业发展特色鲜明

近年来，富阳区政府、企业、市民建设"运动休闲之城"的热情高涨，锦绣富春运动休闲综合体、桐洲岛皮划艇、龙门古镇定向运动等一批融合类项目推动运动休闲产业提速发展。逐步打造赛艇、皮划艇、龙舟、羽毛球拍、运动自行车配件、室内健身器材等特色制造业；成为"中国球拍之乡""中国赛艇研发制造基地""中国龙舟器材生产研发基地""中国滑翔伞训练基地""中国十大特色休闲基地"；2009年被国家体育总局批准为国家体育产业示范基地，并授予首个"国家运动休闲产业示范区"称号。

（二）体育产业规模不断扩大

经过多年的培育和发展，富阳国家体育产业示范基地迎来稳步发展的良好时机，数据显示（见表1），2014年富阳体育产业总产值25.49亿元，实现增加值6.46亿元，占全区生产总值的比重为1.10%。到2015年底，富阳体育产业总产值已经达到26.78亿元，同比增长5.06%；实现增加值达到6.9亿元，同比增长6.81%；体育产业单位数量达到1093家，从业人员达到9701人，体育产业增加值占当地GDP比重达1.07%。从业态构成看（见图1），2015年体育用品及相关产品制造的增加值最高，为5.5亿元，占体育产业增加值比重的79.7%，体育服务业增加值为1.38亿元，占体育产业增加值的比重为20.0%。体育用品及相关产品制造成为富阳国家体育产业示范基地的主导产业，体育服务业次之，体育产业的经济贡献水平较高，为"十三五"运动休闲提速发展奠定了坚实基础。

表1 2014~2015年富阳国家体育产业示范基地体育产业发展情况一览

年度	总产值（亿元）	同比增长（%）	增加值（亿元）	同比增长（%）	GDP（亿元）	增加值占GDP比重（%）
2014年	25.49	7.10	6.46	6.25	588.75	1.10
2015年	26.78	5.06	6.90	6.81	643.50	1.07

体育场地设施建设
0.02亿元，0.3%

体育服务业
1.38亿元，20.0%

体育用品及相关产品制造
5.50亿元，79.7%

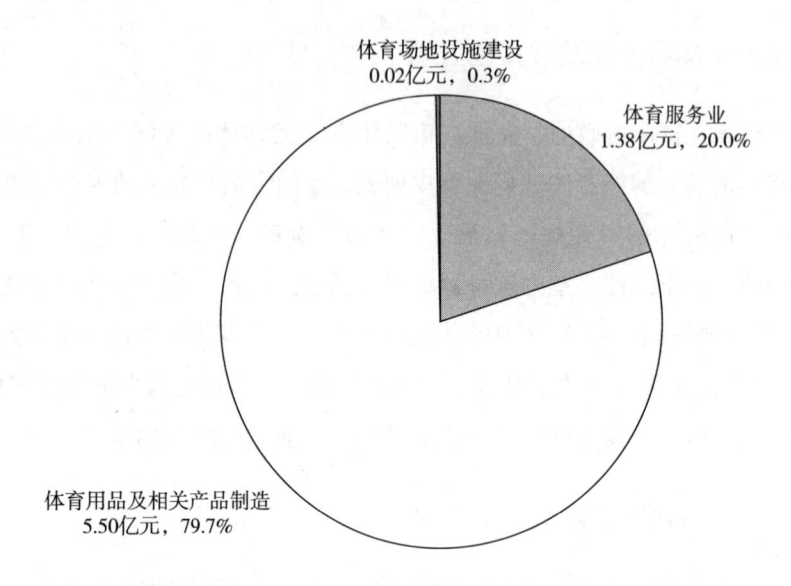

图1　2015年富阳国家体育产业示范基地体育产业增加值结构示意

（三）体育产业氛围较为浓厚

富阳国家体育产业示范基地的各类社会资源、行政资源以运动休闲事业发展为核心，体旅融合、农旅融合、文旅融合、文体融合持续推进；全民健身广泛开展，国民体质普遍增强，广大人民群众的健康水平显著提高；国际和国内的体育赛事发展迅速，百村篮球赛已经形成地方特色，体育设施显著改善；运动休闲发展逐步加快，体育市场渐趋成型；体育器材的生产和销售均呈良好态势，游艇、龙舟和富春江水上运动受到社会的关注；运动休闲在富阳区经济建设和发展中的作用不断提升，运动休闲产业的发展势头渐趋强劲。

二　工作推进情况

（一）机制体制的创新

富阳的运动休闲不仅仅是"体育+旅游"，而是上升到产业融合和富阳可持续发展的高度。2007年，市委、市政府提出了打造"运动休闲之城"的重大发展战略，通过整合社会资源，统筹部门力量，并根据大部委工作机制的原理，创建了富阳市运动休闲委员会，并实行实体化运作。2008年6月，原富阳市旅游局和体育局正式合并成立富阳市政府运动休闲办公室，负责全市的运动休闲工作，从组织体制和运行机制上进行了全方位的改革，为两种新型的服务性产业全面融合奠定基础。此外，通过整合民间力量建立运动休闲总会，实现打造"运动休闲之城"政府和民间两条腿迈进的格局。进一步加强引导，积极推进体育产业与旅游、工业、林业、水利、商贸、演艺等产业的融合，精心筹办运动休闲品牌赛事，发展工业旅游，打造运动休闲综合体。

（二）规划建设全面发展

为实现运动休闲格局的合理化，富阳在2008年制定了《富阳市运动休闲总体规划》（以下简称《规划》），并编制了《富阳市打造运动休闲之城五年行动计划》（以下简称《行动计划》）。"十二五"期间，在《规划》和《行动计划》的引领下，各类社会资源、行政资源围绕着运动休闲事业发展不断集聚，政府、企业、市民建设"运动休闲之城"的热情不断高涨，运动之城雏形显现，运动产品日益丰富。以实施"三江两岸"生态景观保护和建设工程为依托，融合美丽乡村"风情小镇"提升创建的契机，完成新沙岛城市"绿心"综合体、黄公望隐居地等两大重点核心项目建设，并成功创建富春江国家级水利风景区。目前，已完成了《富阳区"十三五"运动休闲发展规划》和《富阳体育产业三年行动计划（2016~2018）》编制，提出运动休闲业"一心一轴四区"发展空间布局，着力打造一个中心和五个基地。同时，重视项目引进和建设工作，总投资近78亿元的锦绣富春运动休闲综合体、华运智慧体育特色小镇、富春江沙洲岛屿运动休闲旅居体验区、亚赛联北支江赛艇训练中心等10个续建、新建项目开工建设；新签约运动休闲项目6个，协议引进投资64亿元。以杭州2022年举办第19届亚运会为契机，积极争取引进亚运项目，努力使浙江省激流回旋运动训练基地、杭州市射击射箭中心、杭州市水上运动中心落户富阳。

(三）产业基础不断夯实

富阳体育制造业特色鲜明，有赛艇、龙舟、球拍、自行车配件、室内外健身器材等体育制造产业集群区。球拍、赛艇两大产业优势突出：上官是"中国球拍之乡"，占国内外中低档市场销售量的70%以上；富阳现有赛艇系列产品生产厂家8家，年产各类赛艇5000多艘，占全国产量的95%，其中出口占50%。浙江华鹰控股集团的"无敌"牌赛艇是中国赛艇制造领域唯一的中国名牌，是2004年雅典、2008年北京、2012年伦敦、2016年巴西四届奥运会比赛用艇的官方唯一指定品牌，于2015年获得了"国家体育产业示范单位"称号。康华船艇是中国国家赛艇队官方合作伙伴，祥瑞水上运动器材厂承担国家龙舟器材行业标准研究制订任务。此外，富阳已获评"中国滑翔伞训练基地""中国龙舟器材研发中心""中国赛艇研发制造基地""中国皮划艇研发中心""中国十大特色休闲基地"等称号。

坚实的体育制造业基础，使富阳引领龙舟、滑翔、赛艇、皮划艇、豪华游轮等现代时尚前沿的运动项目成为发展主流，也为富阳引进高规格项目创造了条件。2015年3月，亚洲赛艇联合会主席王石考察富阳，将富阳作为亚洲联赛推广的第一站，将亚洲赛艇训练中心（北支江）落户富阳。区财政为扶持运动休闲项目，出台了《富阳市人民政府关于进一步加快现代服务业发展的实施意见》，对工业企业转型升级为体育产业企业实行"一事一议"专题政策，五年来，区本级财政累计投入2294.02万元资金，扶持281个运动休闲类现代服务业项目及企业。

（四）品牌形象不断深化

自2007年以来，富阳努力探索打造一条"公益性项目、市场化运作"的可持续发展之路，已经成功举办了九届富春江运动节，使之成为承载和传播富阳城市的核心品牌节庆活动，并获得西博会最佳品牌奖。五年来相继举办亚洲杯滑水赛、全国定向运动锦标赛、全国业余铁人三项积分赛、中国滑翔伞定点世界杯、富春江国际皮划艇挑战赛等38项国际国内重大赛事，及龙门古镇民俗风情节、新沙岛户外运动节、半山桃花节等20项品牌节庆活动。将富春江单车季后赛、龙门古镇定向运动、新沙岛户外露营等活动与开茶节、桃花节、龙门古镇风情节等农事节庆活动结合，引导体育赛事活动逐步转化为旅游产品。做精做强运动休闲特色产品，成功打造永安山滑翔伞、龙门古镇登山和定向活动、新沙岛帐篷露营3个浙江省运动休闲旅游优秀项目，将桐洲岛（皮划艇）—永安山（滑翔伞）—龙门古镇（登山、定向）串联组成的浙江省运动休闲精品线路。

三 发展规划与展望

富阳提出并实施"运动休闲之城"的城市发展战略，是富阳对当前城市化进程和新型运动休闲旅游业转型升级科学理性的实践，也是对现代城市未来发展的全新探索，对于推动和建设具有运动休闲特色的城市和休闲旅游业的发展，具有引领性、创造性的意义。针对富阳国家体育产业示范基地存在体育产业结构亟待改善、体育竞赛表演业活力不足、体育服务业不强等问题，坚持高起点规划、高标准建设、高水平管理，为打造杭州西郊公园、现代版"富春山居图"和网络化大都市西部副中心的目标奠定坚实基础。

（一）体育健身服务业行动计划

把运动休闲元素融入全民健身计划，协调运动休闲与生活方式、运动休闲与健康行为、运动休闲与生态保护、运动休闲与老百姓饮食起居的关系；真正让百姓受益，让民众满意，让社会和谐，让家庭幸福。在未来三年里，将优先推进富阳区第二体育中心、青少年宫、老年健身活动中心、新登全民健身中心等4个体育设施项目建设。规划中的区第二体育中心，将加载建设全区运动休闲集散中心，承担全区运动休闲信息集聚、交通集散、赛事承办等多种功能，成为富阳区运动休闲全域化核心型服务综合体。增加体育馆的

休闲娱乐内容，依托富阳区第二体育中心规划大型综合性运动休闲广场，定期开展文体演艺活动。

（二）体育竞赛业行动计划

以承办具有国际影响力的高水平、高标准的体育赛事为抓手，激活富阳运动休闲体育赛事产业，发展体育竞赛业，不断推动体育产业化、市场化发展。把2022年承办杭州亚运会部分运动竞赛项目、打造滑翔伞顶级品牌赛事、推进富春江水上运动项目赛事的开展作为今后三年的重点工作。

（三）运动休闲业行动计划

高效整合富春江沿线运动休闲资源，大力发展游艇休闲经济。依托富春江独特的山水资源、沙洲岛屿资源以及航运条件，加快水环境整治、公共码头设计、沿江绿道完善、美丽乡村提升等基础工程配套，加大富春江沙洲岛屿运动休闲开发力度，突出水上运动、岛居康养功能，有序发展游船观光、游艇休闲、皮划艇运动、绿道骑行等特色体育产品。立足富阳区低空运动发展基础，以"地空结合，在地创新"为理念，以"大美富阳，低空遨游"为主题，构建观光为基础、运动体验为特色、休闲度假为配套的"低空＋"产品体系。根据富阳区山水形势，在符合条件的地区开发滑翔伞、无人机、直升机、热气球、动力伞等低空运动休闲项目，通过举办大型赛事提升潜在的商业、品牌价值。持续丰富"永安飞翔小镇"体验内容，适时推出永安山－富春江的低空观光游览线，开展低空观山水、览城市主题活动。

（四）体育用品制造业行动计划

发挥基础优势，优先建设华运智慧体育特色小镇、高桥赛艇制造业基地、新登龙舟制造业基地、上官球拍制造业基地、洞桥自行车配件制造业基地、受降健身器材制造业基地等特色体育产业集聚区，制定促进重点体育产业基地发展的专项政策。

围绕体育产业示范基地，设计特色博物馆、体验园、交流中心及研发培训机构，打造一批特色工业文化旅游园区，提升体育产业附加值。促进赛艇、龙舟、自行车、游艇、健身、羽毛球等体育制造业与运动休闲产业融合发展，引进特色项目、建设特色基地、健全定制服务，大力发展运动装备产业。将运动装备纳入相关行业发展规划，鼓励企业开展运动装备自主创新研发，按规定享受国家鼓励科技创新政策。支持有条件的大型企业集团，兼并收购国外先进体育休闲装备制造企业，或开展合资合作。每年选取1家体育制造企业，培育工业旅游示范点（基地），创新企业文化建设和销售方式新形态。

（五）体育人才队伍建设行动计划

体育产业和体育市场的开拓、体育活动和体育竞赛的组织、体育场地和体育设施的管理、体育培训和运动技能的传授、体育产品和体育服务的营销、体育品牌和运动基地的创建离不开人才队伍的建设，因此要优化体育产业人才资源的配置，加大专业人才的引进力度，加强运动休闲项目的开发、引进、培育和成果转化应用，促进户外运动项目开发向产业化、集约化、生态化、效益化、休闲化、大众化转变，不断提升专业人才对户外运动项目开发的支撑能力。

B.10
乐陵国家体育产业示范基地发展报告

摘　要： 乐陵国家体育产业示范基地加强基地建设的统一协调工作，引入体育产业项目，推进装备研发，完善基础设施建设和人才培养，形成了以体育用品制造业为核心、体育服务业协同发展格局，体育产业渐成规模，赛事活动蓬勃发展，招商引资成绩喜人，技术创新持续推进。未来将以壮大体育装备制造业、培育体育服务业、完善体育产业链条、打造六大体育产业基地来布局体育产业发展，构建"一核突出、两带联动、多基地支撑"的空间发展新格局。

关键词： 乐陵　体育用品制造业　科技创新　优化布局

乐陵市体育产业始于20世纪70年代，至今已有40年余发展历史。乐陵国家体育产业示范基地聚集了泰山体育产业集团、友谊射箭公司等一批大规模体育器材制造龙头企业，拥有1个国家级博士后科研工作站、1个产业技术联盟、1个国家认定企业技术中心，国家体育行业唯一的优秀体育用品工程技术研究中心，省级体育产业园和体育产业示范单位落户乐陵。

一　总体发展情况

（一）体育产业渐成规模

近年来，乐陵国家体育产业示范基地体育产业规模不断扩大，呈现良好的发展势头。数据显示，2015年，乐陵体育产业单位数量127家，从业人员达到85640人，创造体育产业总规模达到234.4亿元，实现增加值65亿元。从业态构成看，体育用品及相关产品制造所占比重最高，其增加值达到36.0亿元，占体育产业增加值的比重达到55.4%（见图1），成为主导产业；体育服务业增加值占体育产业增加值的比重为42.8%。乐陵体育产业已经形成体育用品及相关产品制造、体育用品及相关产品销售贸易、体育科技与知识产权服务、体育场地设施建设等产业体系。

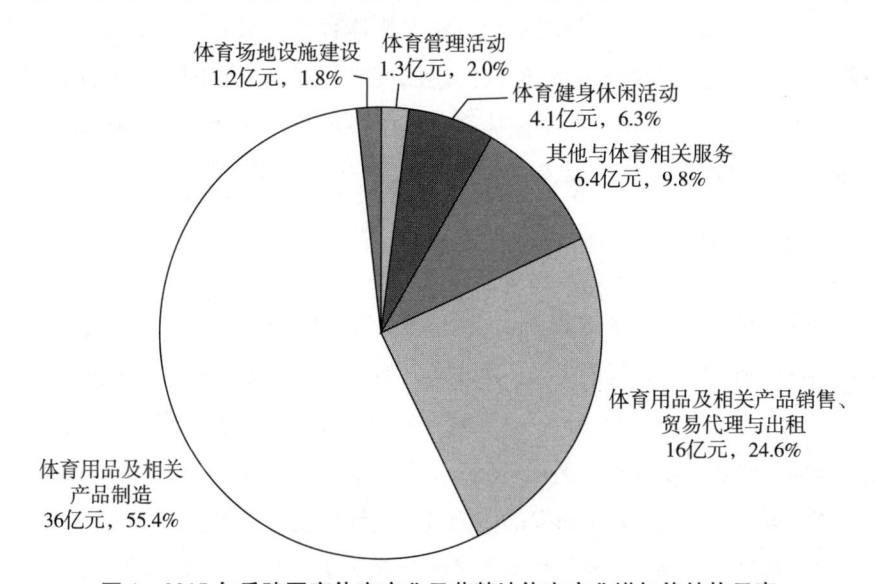

图1 2015年乐陵国家体育产业示范基地体育产业增加值结构示意

（二）赛事活动蓬勃发展

为积极"创建全国健康促进县，构建富裕和谐新乐陵"，乐陵市大力加强群众体育活动，2015年，先后组织开展了乒乓球、羽毛球、钓鱼、篮球、足球、8月8日奥林广场舞大赛、重阳节健身气功、太极拳（剑）等健身活动15次，受惠群众多达3万人次。群众性体育组织发展迅速，先后成立了爱鱼人垂钓健身俱乐部、枣乡长跑协会、信达车友俱乐部、中老年太极拳协会等群众组织，截至目前全市共有各类单项协会30多个，各体育协会、俱

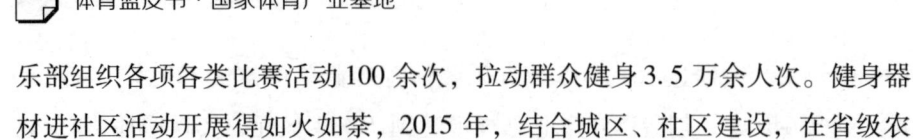

乐部组织各项各类比赛活动100余次，拉动群众健身3.5万余人次。健身器材进社区活动开展得如火如荼，2015年，结合城区、社区建设，在省级农民体育健身工程的支持下，配套健身路径1087件、篮球架353副、乒乓球台424个，显著扩大了全民健身设施覆盖面。

（三）招商引资成绩喜人

2015年，示范基地招商引资方面取得可喜成绩。在体育用品制造产业方面，瑞克服饰项目、奥林之星项目、奥帆体育项目成功招商引资，项目总投资达到6.5亿元，并规划建设或已建成投产；在健身休闲产业方面，鼎盛游泳健身中心项目、乐陵市全民体育健康中心项目、乐陵市健身休闲娱乐中心项目均获得投资，项目总投资达到3.05亿元，并进入投产阶段。

（四）体育企业创新发展

乐陵市体育企业发展取得骄人成绩。一是推进技术改革。2015年，有5家企业推行精细化管理，完成多项技术改造，整理、规范图纸和作业指导书450多项；二是大力推广全民健身产品。草坪公司自主研发的可释放负离子人造草在全国校园足球场地建设和改造中得到大力推广；三是利用"互联网+"推动企业发展。爱动在线公司自主研发的体测机、查询机及健身产品，获得国体认证，在学校、社区、家庭、企业、机关、军营得到了大力推广；四是借助高端赛事平台推广高端产品。服务南京青奥会、仁川亚运会和多站锦标赛；五是大力推行走出去战略。在全球经济下行压力下，进出口公司通过多参加展会、拜访客户、加强售后服务等方式，确保了集团出口保持平稳较快增长。出口额同比增长28%，产品出口扩大到亚、欧、非、美、大洋洲五个大洲的近100个国家和地区。

二 工作推进情况

（一）加强统一协调工作

目前，乐陵市成立了国家体育产业示范基地和联系点建设委员会，由市委书记任主任、市长任常务副主任，6个职能部门和金融机构、龙头企业、科研院所等任委员会成员，委员会下设基地管理办公室，负责产业规划、政策对接、产业招商、项目推进以及企业规模扩张、品牌推广和各类赛事活动的组织等。为进一步加强各项工作落地、落实，乐陵市相继建成行政服务中心、公共资源交易中心、创业服务中心、科技孵化中心等公共服务机构，为国家体育产业示范基地的建设搭建良好平台。

（二）加快载体建设步伐

规划启动了高科技体育产业园，规划企业数量30~50家，主要采取"政府提供基础配套、龙头企业牵引、战略投资商合作"的联合运作模式，着力引进企业和项目入园，推进体育产业园区化发展。该园区是我市建设"国家体育产业示范基地"的项目核心区。目前，园区一期1000亩全部实现了九通一平，已入驻项目6个，其中4个由泰山集团控股、2个由外商控股。引进项目包括总投资达1.2亿元、占地50亩的发泡材料项目；总投资3.08亿元、占地80亩的复合材料项目；总投资2.8亿元、占地100亩的体感运动机项目；总投资5000万元、占地40亩的复合弓项目；总投资2.4亿元、占地150亩的XPE多功能运动垫项目；总投资1.5亿元、占地120亩的人造草坪项目。

（三）推进装备研发建设

投资1.5亿元建设研发中心，中心建筑面积1万平方米，涵盖一个博士后科研工作站，一个创新战略联盟，体育用品工程技术研究中心和国家认定企业技术中心。研发中心的建立为乐陵市体育产业发展提供科技支撑，提高乐陵市体育产品的科技含量，促进乐陵体育产品的科技化发展，提高乐陵体育用品制造业的国内、国际竞争力。研发中心设立以来，乐陵引进各类中高级人才1500余人，承担课题包括国家火炬计划项目、国家科技惠民计划项目、国家博士后科研基金项目及省部级项目，2015年，申请专利167项（其中发明专利25项），软件著作权16项，科技创新成果取得巨大突破。

（四）推动基础设施建设

一是在学校，利用泰山集团的人造草坪、塑胶以及笼式足球，在全市23所中小学建立了标准的人造草坪足球场地、塑胶跑道以及笼式足球。二是在公共场所，在碧溪湖、龙湾湖、盘河湖、元宝湖、东湖等5处公共场所安装了健身路径，由专人负责其卫生，创造良好的休闲健身环境。三是在乡镇街道，全面普查全市健身路径安装情况，为所有的乡镇、街道、行政村站点配置了体育器材，结合乡村文明建设，部分社区建立了文化体育广场，解决了群众健身场地问题。四是在社区，对拥有健身设施不全的小区，不予审批通过，进行限期改建。此外，政府投资与社会投资相结合，政府予以资金和器材支持，利用闲置厂房，修建了全民健身中心，囊括了羽毛球、篮球、乒乓球、体感运动、游泳等项目。

（五）加强专业人才培养

为了进一步提升产业基地体育产业专业人才的素质和质量，乐陵市与山东大学、华东理工大学、清华大学等学校建立了科研和培训合作，通过定期邀请专家入基地讲学、组织骨干人才赴学校脱岗学习等双向形式，进一步提高体育产业人才在技术、管理、销售等方面的理论知识。同时，乐陵市委组织部通过定期举办产业科技人才峰会，邀请行业知名专家实地教学和传授行业最新动态，进一步提高和完善体育产业人才素质。

三 发展规划与展望

乐陵国家体育产业示范基地积极发挥体育装备制造和"枣乡"生态资源优势，以世界眼光谋划未来，以国际标准提升水平，以本土优势彰显特色，坚持体育、旅游、文化、科技等多业联动融合发展，实现体育装备、体育旅游、体育文化、体育科技的有机结合，做牢基础、做大市场、做亮品牌、做强企业、做活机制，把体育产业培育成为乐陵市经济发展的重要增长点，打造成为乐陵最亮的名片。到2020年，力争实现年销售收入突破300亿元，利税达到50亿元，不断提升高端体育用品研发、生产、销售、服务水平，建立起以体育用品装备制造业为龙头，体育服务业为支撑的具有较强产业辐射能力和带动作用的体育产业体系。培育形成1~2个国际知名体育用品品牌、3个国内知名体育用品品牌，高起点高标准培育2~3个国家级和省级体育产业基地。

（一）壮大体育装备制造业

充分发挥国家级科研平台的作用，鼓励体育用品制造企业加大技术改造和科技创新投入，提高研发能力。支持体育用品制造企业实行品牌战略，争创名牌产品和著名商标，开发具有自主品牌和自主知识产权的新产品，打造名品、精品和拳头产品。充分发挥泰山体育产业集团龙头企业作用，依托友谊、鲁辰制衣、铁甲等重点企业，突出发挥乐陵市体育产业创业孵化器的作用，实施智能制造计划，在运动竞赛器材与装备、运动健身器材、高科技运动器材、新材料运动器材等产品领域，持续扩大产业规模、提高生产效益，进一步提升市场竞争力。重点发展XPE高科技多功能系列运动垫、碳纤维运动器材、射击射箭器材、玻纤高分子复合材料等竞技器材。依托运动器材装备制造业基础，着力推动产业资源集聚，吸引更多的体育器材制造企业落地，坚持以产业（产品）链的延伸为主线，积极引导和支持中小企业向专、精、特、新、配方向发展，推进中小企业与大企业、大集团配套协作，提高专业化分工和社会化协作水平，进一步壮大体育产业集群，提升乐陵体育产业核心竞争力。

（二）加快培育体育服务业

加快发展体育健身服务业，开展特许和连锁经营，发展各类健身休闲俱乐部。鼓励和引导社会资金对体育健身服务业的投资，实现与公共体育服务的联动发展。扶持建立健身服务网和体育商务网站，扶持体育服务业进行品牌经营和连锁经营。积极培育体育服务业示范企业，对重点企业加大扶持力度，努力提升乐陵市体育服务业的品牌影响力。积极培育体育竞赛表演产业，瞄准大型国内外体育赛事，利用枣林生态优势，加快举办枣林自行车、马拉松等赛事的步伐，有针对性地引进一批有利于提高城市影响力的国内外体育赛事，加快形成职业体育竞赛表演、社会体育、民俗传统体育共生的体育竞赛表演市场格局。大力发展体育产品贸易业，着力发展体育会展业，举办国际体育用品博览会，培育发展现代物流，扩大乐陵体育产业影响力。

（三）完善体育产业链条

推动体育产业与文化、旅游、康复、会展、电子信息和传媒等相关产业结合，充分利用物联网、互联网、大数据等手段，促进传统制造商向综合服务商转变。着重培育体育元素的特色产品，在纵向结构上形成前端研发、中端拓展、后端衍生、资源反复开发的产业链结构，在横向联动上形成与先进制造业、现代农业和现代服务业的有效融合，实现产业链效益最大化。

（四）重点打造六大基地

打造"亚洲体育装备器材制造业基地"，充分发挥泰山体育产业集团和其他重点企业作用，建设国家级体育器材检测中心；打造"国家体育用品科技创新示范基地"，大力推进科技创新和技术进步，加强新技术、新材料、新工艺的研发，加强自主知识产权体育装备器材的研发和制造；打造"国家体育用品采购和物流集散基地"，依托产业基础优势和显著的区位、交通优势，打造集产品展示、零售批发、团购销售、配送物流为一体的大型体育用品采购和物流集散基地；打造"中国北方体育会展营销基地"，筛选整合环渤海体育会展行业资源，打造辐射鲁西北、冀东南地区的体育产业发展会展博览基地；打造"环渤海养生休闲基地"，依托优良的自然条件和独特枣乡生态，开展生态养生和体育休闲度假等活动，打造以温泉舒缓为基础、康复理疗为特色、环"乐"步道为亮点、健康生活为核心、商业服务为配套的高端养生休闲产业服务集群；打造"中国体育产业孵化基地"，整合乐陵市体育产业现有资源，加强财政、税收、投融资、土地等一系列政策扶持力度，建设乐陵市体育产业创业孵化器，发展成为科研、运营、转化、服务于一体的具有一定示范意义的体育产业孵化基地。

（五）全面优化产业布局

依托乐陵市区位、资源和品牌优势，以国际化为标准，按照点线面结合、相互协调、相互补充、相互支持、整体统一的思路，强化平台载体建设，抓住高端产业和重大项目，着力培育和打造构建"一核突出、两带联动、多基地支撑"的空间发展格局。"一核"即"乐陵市体育产业核心区"，"两带"即"运动营养产业带"和"青少年体育产业带"，"多基地"是指贯穿"一核"、"两带"地域，重点打造多方位、多门类、多项目的八大体育产业基地。

B.11
苏南（县域）国家体育产业示范基地发展报告

摘　要： 苏南（县域）国家体育产业示范基地在省政府统一部署和推动下，健全管理与运营机制，积极培育特色项目和产业载体，强化产业政策体系建设，推进县域协同发展，体育产业规模稳步提升，项目载体持续推进。未来将进一步加强体育产业整体规划建设，加大政策扶持力度，统筹推进昆山、江阴、溧阳三市体育产业稳步发展。

关键词： 县域体育产业　协同发展　统一规划

苏南（县域）国家体育产业示范基地自2013年批准建设以来，在国家体育总局和省委、省政府"高标准、高水平建设国家体育产业示范基地"的要求下，坚持政府引导，强化创新驱动，有力有序推进基地建设。目前，苏南（县域）国家体育产业示范基地产业发展、机制建设、政策创新、深化改革等各项工作取得积极进展。

一　总体发展情况

（一）立足县域协同发展

近年来，随着国家体育产业基地建设趋于成熟，多层次、多元化、系统化体育产业工作格局初步形成。昆山、江阴、溧阳三市地处苏南板块，经济发展和体育产业基础较为优越，体育产业特色鲜明，三市积极响应总局基地建设政策，编制《国家体育产业基地建设与发展规划》，积极组织申报，并于2012年初，经江苏省政府推荐分别向体育总局提出了创建申请。苏南（县域）国家体育产业示范基地批复后，江苏省政府于2013年8月26日在南京召开苏南（县域）国家体育产业基地建设工作研讨会，深入研讨苏南三市建设的总体要求、发展思路和工作举措，为基地建设发展谋篇布局，正式启动基地建设工作。苏南三市以此为契机，积极实现统筹协同，大力推进体育产业发展。

（二）产业规模稳步提升

苏南（县域）国家体育产业示范基地创立以来，不断完善建设规划，落实产业政策，营造发展氛围，积极探索县域发达地区发展体育产业的新模式和新路径，把体育产业作为经济发展新的增长点，积极推进体育产业发展。2015年，体育产业单位数达到11633家，体育产业从业人员166269人，实现体育产业增加值116.9亿元，约占全省体育产业增加值总量（818.96亿元）的14.3%，占当地GDP比重的1.7%，体育产业综合实力得到较大提升。从区域分布看，昆山、江阴、溧阳3市按照基地建设规划，统筹推进各项工作，2015年昆山、江阴、溧阳三地的体育产业分别实现增加值60.2亿元、43.1亿元、13.6亿元，取得了明显成效。其中，昆山市以全力推进国家体育产业基地建设为抓手，着力优化产业结构、做强体育企业、做大体育市场、做优产业载体，全面推进体育产业转型升级；江阴市围绕"两片两带"总体布局，不断完善建设规划，实现了体育产业综合实力大提升；溧阳市依托生态优势，实行以"体育+旅游"为特色的发展模式，积极优化产业布局、加快实施重点项目、进一步完善基础设施，推动体育旅游产业全面发展。

（三）项目载体持续推进

苏南（县域）国家体育产业示范基地的品牌魅力超乎预想，产业基地的挂牌为昆山、江阴、溧阳带来巨大商机。昆山市以梦莱茵游艇俱乐部、中国名流马会为重点，以优质资本引入为主向，以"昆山水之梦"水上乐园为亮点，倾力打造一体化全民生态体育休闲综合体；江阴市以特色塑品牌，以市场为杠杆，积极引导社会力量投资体育产业。以打造霞客岛四星级体育旅游度假基地、马术运动体验休闲区、体育场馆建设运营推进体育产业发展。江阴市澄星实业集团、海澜集团等分别以赞助或联办的形式长期支持市级足球运动的开展和省马术队的建设；溧阳市紧抓重点项目，推动体育产业跨越式发展。目前，望星谷国际房车营地项目正式签约并开工建设，天目湖水世界顺利竣工并对外开放，溧阳市文化体育创意产业园一期已经完成建设，瓦屋山风景旅游区项目由深圳普乐园文旅投资发展有限公司投资建设。

二 工作推进措施

（一）加强对基地建设的总体部署

苏南（县域）国家体育产业示范基地获批后，李学勇省长专门批示要求苏南三市以此为契机，先行先试，做出示范。曹卫星副省长对苏南基地建设进行全面部署安排，明确基地建设的总体要求、基本原则、主要任务和保障措施，要求坚持高起点谋划、高要求推进、高水平实施，加快建设苏南（县域）国家体育产业示范基地。昆山、江阴、溧阳三市按照要求，积极对原有建设规划进行相应调整，进一步明确发展重点和工作举措。2015年，苏南（县域）国家体育产业示范基地被国家发展改革委和体育总局确定为体育产业联系点单位，按照要求编制了工作方案，明确总体建设目标和各成员单位发展目标、重点工作任务和进度计划以及保障措施等，加强基地建设总体布局设计，力争为县域体育产业发展积累经验、提供示范。

（二）健全基地管理机构和工作机制

2014年5月，经省政府同意，省体育局牵头成立了以省体育局主要负责同志任组长，省体育局分管领导任副组长的苏南（县域）国家体育产业示范基地建设工作协调小组，统筹协调各项工作。协调小组设立办公室，主要工作由省体育产业指导中心和昆山、江阴、溧阳3市体育局承担，承担基地规划编制与管理、政策研究、统筹推进和考核评估等职能，负责统筹推进各项重点工作、重大项目、重要事项以及与苏南三市的协调对接。昆山市、江阴市、溧阳市也成立了基地建设工作领导小组，负责基地建设工作的组织实施。

基地建设工作协调小组及办公室建立例会制度，协调相关建设推进工作。协调小组每年初印发年度工作计划，每季度召开基地建设工作推进会议，交流各地贯彻落实基地建设工作研讨会精神的具体举措、工作进展情况和下一步工作设想，介绍正在推进和即将实施的体育产业重大项目，并对省市协同推进基地建设工作进行重点研究，强化在规划、组织、项目、市场、政策等方面的协同。

（三）积极引导特色体育产业发展

在基地建设过程中，加强规划引领和分类指导，引导三地因地制宜，选择适合本地区的体育产业为主攻方向，积极构建布局合理、特色鲜明、优势互补、分工明确的县域和区域体育产业空间布局。近年来，昆山市发挥科技、文化、信息等产业发达和东邻上海的区位优势，倾力打造高端体育装备制造和创意产业，加快推动相关体育产业发展。江阴市发挥产业结构均衡、体育基础设施完善、体制机制创新灵活的优势，在场馆服务等本体产业、高端体育服务业以及各业态均衡发展方面迈出了积极步伐。溧阳市依托山水风光优美和生态环境良好的优势，做好体育与旅游相结合的"文章"，打造以体育旅游为特色的国家体育产业示范基地。

（四）大力培育体育产业载体

基地获批以来，采取积极有效措施，推进产业载体建设。基地成员单位组团参展中国体育文化·体育旅游博览会，并积极组织辖区内企业参加中国国际体育用品博览会等，加大招商引资和宣传力度，提高基地整体影响力。同时，积极推进体育产业重点项目建设，培育出一批特色明显、规模体量较大的项目。昆山市以梦莱茵游艇俱乐部、中国名流马会为重点，打造一批高端体育休闲旅游企业。江阴市以特色塑品牌，以市场为杠杆，积极引导社会力量投资体育产业，形成霞客岛体育拓展公园、海澜马术基地等特色体育产业基地，并积极引入社会资本投资建设体育场馆，成为政府投资体育产业的有力补充；溧阳市紧扣重点项目，加快发展体育产业，涌现望星谷国际房车营地、天目湖水世界、溧阳市文化体育创意产业园、瓦屋山体育旅游区等一批重点体育产业项目。

（五）强化政策保障体系

省体育局积极争取省委、省政府支持，正式将苏南（县域）国家体育产业示范基地建设工作纳入国家发改委印发的《苏南现代化示范区建设发展规划》和《江苏省委、省政府关于苏南现代化示范区建设工作实施计划（2013~2015）》，省政府和国家体育总局签署的《国家公共体育服务体系示范区建设协议》；纳入省体育局重点工作，加大基地建设推进力度。依托省体育产业发展引导资金，加大对基地建设工作的扶持，昆山、江阴、溧阳三市申报项目享受与省辖市同等待遇，采取直报方式报送至省级，并对申报项目数进行单独限定（不占用所属省辖市名额）。2014年度省体育产业发展引导资金共计扶持昆山、江阴、溧阳3市引导资金项目14个，约占总数的10%；2015年共计扶持13个，约占总数的11%。昆山、江阴、溧阳3市人民政府均已出台体育产业方面的实施意见，制定《基地建设发展规划》，设立体育产业引导资金，扶持体育产业重点项目。在体育设施建设方面，昆山市和江阴市均明确乡镇体育设施建设补贴方案。

三 发展规划与展望

作为第一个县域国家体育产业示范基地，苏南国家体育产业示范基地体育产业规模持续增长，业态领域不断拓展，呈现良好的发展态势；但同时也存在着产业结构尚不合理、产业政策落实不到位、体育场地利用率低、缺乏专业化人才等问题。未来发展中，将以全面解决问题为切入点，持续推进产业基地的健康发展。

（一）加强体育产业基地的整体规划

以贯彻落实国务院和省政府体育产业政策为主线，结合国家体育产业联系点建设，在苏南基地建设方面进一步加大创新力度，努力为全国体育产业示范基地建设提供示范和样本。进一步强化基础工作。总结评估"十二五"基地建设工作，编制"十三五"基地建设推进计划，进一步明确下一个周期基地建设"路线图"和"时间表"。制定基地建设监测评估体系，动态把握基地建设情况，为调整优化思路措施提供支撑；进一步创新发展政策。研究基地发展政策，加大政策扶持力度，鼓励各成员单位在推进体育产业发展中先行先试、做出示范；统筹推进基地建设。组织实施国家体育产业联系点单位工作方案，统筹推进产业发展、机制建设、项目实施等各项工作。完善基地扩容机制，按照成熟一个、吸纳一个的原则，逐步扩大基地成员单位数量，带动苏南县域和区域体育产业全面发展。

（二）推进昆山市体育产业稳定发展

"十三五"期间，昆山体育产业将更加侧重经济形态变化的调整，以体育为载体，进行圈层式体育生态布局，树立互联网思维，突出社群经济形态功能，逐步建立门类齐全、结构合理的产业发展体系，产业供给结构更趋完善，体育市场更加开放，体育消费需求愈加旺盛，逐步形成多业并举、深度融合的发展格局，进一步建立体育产业技术创新联盟、体育产业领军人才联盟、体育产业新媒体资源共享联盟、体育产业资本投融资联盟等资源整合方向明确、市场操作方式领先的企业发展平台，为体育产业发展创造更大空间。

（三）加快江阴市体育产业发展步伐

围绕本体产业、本级产业和特色产业，加快建立体育市场体系，丰富体育产业内容，促进体育消费，服务经济民生。一是围绕一个中心抓开局。围绕全局中心、突出重点，制定体育产业工作计划、要点、方向。继续落实好国家、省、市政策、精神和要求，结合我市体育产业发展实际，及时查找问题，落实措施手段，优化产业布局，完善体育产业发展"十三五"规划，着力推进国家体育产业示范基地各项工作。二是加快两大建设找突破。在产业基地和全国游泳之乡原有优势基础上，加快全市苏南县域国家体育产业基地建设和全国游泳之乡建设。三是把握三大业态创品牌。重点扶持体育用品制造企业，大力支持社会力量投资兴办体育场馆，主动开发体育旅游资源。四是做好四项工作求创新。做好省引导资金申报工作、高危体育项目经营许可审批监管工作，推动社会化体育场馆提档升级和引导成立体育服务产业联合会。

（四）实现溧阳市体育产业跨越发展

一是坚持规划引领。完成体育产业发展"十三五"规划，将体育基础设施和重点体育产业项目建设纳入溧阳市国民经济和社会发展"十三五"规划，并在编制和调整城市总体规划、土地利用规划、基础设施规划、村镇规划过程中充分考虑体育产业的发展需要。二是理顺管理体制。树立大产业发展理念，继续深化全市体育体制改革，不断创新产业发展机制，努力构建适应现代体育产业发展的大环境。三是优化政策环境。体育产业政策优先支持体育项目建设用地、体育企业投融资，以优化体育产业发展环境。四是强化人才保障。实施"科教兴体和人才强体"战略；实施教练员、体育师资培训工程；实施高层次体育产业人才培育与引进计划，实施体育产业企业家培养工程；大力强化体育产业智库建设；推进体育人才培育的国际交流与合作；加快引进通晓国际体育事务和经营管理的行政管理、职业经理、市场营销、产品开发、特种服务等专业人才和复合人才。

B.12
宁海国家体育产业示范基地发展报告

摘　要： 宁海国家体育产业示范基地以体育制造业为支撑，以山水资源为载体，通过建设国家登山健身步道、户外运动小镇、自行车系统，以及研发登山步道APP等措施，体育产业规模逐步扩大，体育赛事、旅游、彩票等业态量质齐增。未来宁海将进一步加强体育产业的统筹规划，实现特色突出、优势明显、布局合理的发展目标。

关键词： 宁海　体育制造　户外休闲　体育+旅游

体育产业是先进制造业和现代服务业的重要组成部分，是丰富人民群众业余生活，增强人民群众体质的重要载体，是全球化的绿色产业、朝阳产业和民生产业。宁海县作为国家体育产业示范基地，根据自身资源优势科学定位，充分利用体育产业蓬勃发展的有利时机，以体育产业的发展促进社会经济发展和提高人民群众生活质量。

一　总体发展情况

宁海国家体育产业示范基地以体育制造业为支撑，以山水资源为载体，在大力发展体育制造业的基础上，优化休闲运动资源，把旅游资源与休闲运动相结合，形成了独具优势的产业集群和丰富的运动休闲项目。

（一）体育产业规模逐渐扩大

宁海县充分利用自身的山水资源优势，在经济社会和体育事业快速发展的推动下，体育产业实现了快速增长，产业规模逐渐扩大，产业的质量、效益和影响力稳步提高，体育产业已经成为促进经济发展的重要力量。据统计，2015年宁海县体育产业总规模达到412亿元，实现增加值9.5亿元，体育产业占GDP比重为2.2%。从业态构成看，体育用品及相关产品制造实现增加值6.9亿元，占比为71.4%；体育服务业实现增加值2.7亿元，占比为28.6%。其中，体育服务业构成中（见图1），其他与体育相关服务实现增加值1.6亿元，占体育服务业增加值的比重为58.9%；体育健身休闲活动实现增加值0.38亿元，占体育服务业增加值的14.0%。

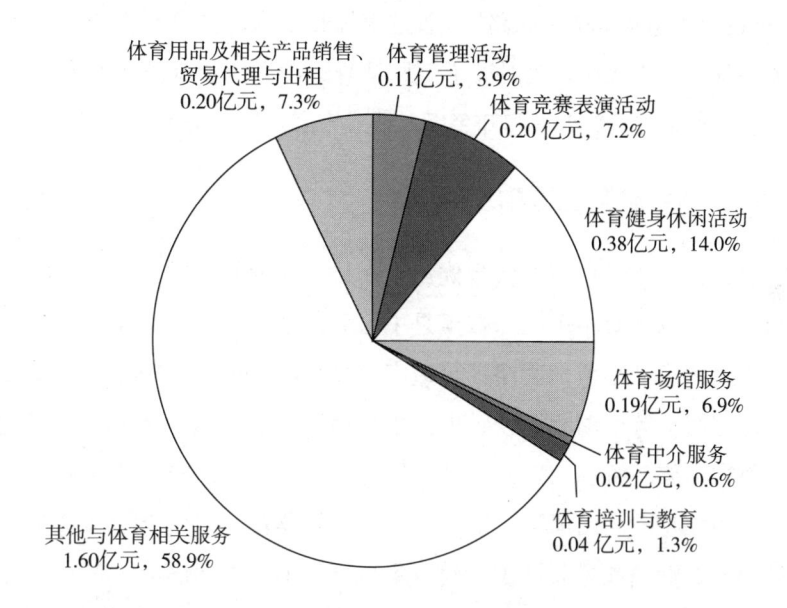

图1 2015年宁海国家体育产业示范基地体育服务业增加值结构

（二）全国性体育赛事持续举办

2015年，宁海县成功举办了中国运动休闲大会，大会包括中国体育论坛、中国户外运动节、中国户外用品博览会，设置主题交流活动、中国十佳运动休闲城市颁奖盛典、宁海山地越野挑战赛、浙江省第四届攀岩锦标赛、自由式轮滑公开赛、夜跑前童古镇、环中国业余自行车赛宁海站、全国休闲垂钓大赛、全国家庭健身挑战赛、摄影比赛等十余个项目，分别邀请了多名专家、奥运冠军、知名演员、"当代徐霞客"等参与活动，将名人效应与赛事相结合，有效地宣传赛事活动，使活动在全国产生一定的影响。

（三）国家登山健身步道影响力增大

2009年，宁海国家登山健身步道开工建设，总投资1000万元，总长500公里，2010年被国家体育总局命名为"国家登山健身步道示范工程"，先后荣获"中国体育旅游精品推荐项目""浙江省运动休闲旅游优秀项目""浙江省运动休闲旅游精品线路"。通过媒体拍步道、作家写步道、专业户外人士玩步道等活动，有力地促进了全民健身运动和休闲旅游业的发展，提升了宁海体育产业的发展水平和知名度，形成宁海户外休闲运动品牌。

（四）体育旅游业蓬勃发展

宁海充分利用各乡镇的自身优势，在科学规划的基础上，合理打造与运动相结合的特色旅游小镇。深甽镇是中国登山杖之乡，依托温泉和山水资源打造温泉风情运动小镇；岔路镇打造宁海葛洪养生小镇；胡陈乡将垂钓、攀岩、滑翔、露营等运动相结合，成为华东地区具有影响力的运动健康之乡；前童镇将古镇旅游资源与定向运动相结合，打造风情定向运动古镇；桑州镇利用屿南山独特的高山风情，引进油菜花、格桑花，并建立了露营基地；强蛟镇利用滨海资源和海岛资源，建成集海岛休闲、户外烧烤、海上垂钓于一体的滨海户外休闲基地；茶院乡利用石头村文化，建立登山步道；越溪乡凭借依海优势，建成观海上日出的休闲露营基地；黄坛镇利用双峰森林公园的山林和西溪黄坛两大水库的水资源优势，打造环西溪水库60公里华东地区最美山地自行车道。

（五）体育彩票销售量质齐增

宁海县体育彩票网点82个，其中竞彩网点15个，高频网点57个。

2015年实现体彩销量8748万元，较2014年增长7.3%。其中电脑型体育彩票5754万，竞猜型体育彩票2398万，即开型体育彩票595万，体育彩票市场份额达到37.19%。2015年，通过执行淘汰机制，严格准入机制，加强宣传力度，严格监督机制，去劣存优，大大提升了网点环境和服务形象，提高了网点经营者的综合素质。2015年共劝退经营不良网点8个，新增普通电彩网点4个，新增标准竞彩店5个，升级竞彩店3个。

二 工作推进情况

国务院46号文件明确提出要"建设区域间协同发展机制，壮大长三角、珠三角、京津冀及海峡西岸等体育产业集群，打造一批国家级体育产业基地。"宁海充分利用处于长三角地区的区位优势，顺应休闲运动发展的大潮流，利用自身的山海资源条件，以国家登山健身步道为载体，大力发展休闲运动，形成了颇具特色的体育产业发展模式。

（一）完善500公里宁海国家登山健身步道

宁海国家登山健身步道总长500公里，步道涵盖全县所有乡镇街道、登山健身、户外露营、峡谷穿越、瀑布岩降等运动内容。为确保宁海在全国的领先地位，继续引领国内登山健身步道的科学发展，深入挖掘步道的内涵，提高步道的娱乐性和观赏性，推进服务智能化，宁海县针对步道现状积极组织开展步道提升工程。"十三五"期间将在500公里步道中选取10～15条登山步道打造精品线路，目前完成了3条步道（杜鹃山－许家山、温泉环线、徐霞客古道）的规划设计，完成1条步道（双林村小环线）的提升工程。

（二）推进户外运动小镇建设

特色的户外运动小镇是宁海的资源优势，宁海根据各个小镇的资源特点，不断升级和建设特色户外运动小镇，使户外休闲小镇成为宁海体育产业发展的品牌。2015年，完成了长山主题露营公园、梅山钓鱼基地、皮划艇场地、山地自行车道建设，成为集风景、运动、农家乐、农产品于一体的户外运动风情小镇。

（三）深化休闲自行车系统建设

自行车系统的建设对户外休闲小镇至关重要，宁海积极推动各小镇自行车系统的建设。2011年，正式启动绿畅休闲公共自行车系统建设，政府为承建方提供政策优惠，企业自主经营、自负盈亏。2015年，宁波齐心科技有限公司自主投入黄坦镇休闲公共自行车系统建设。黄坦镇休闲公共自行车系统完成站点建设20个，投入公共自行车200余辆，带动市民绿色出行，减轻交通压力。

（四）打造"千里走宁海"步道品牌

宁海充分利用沿线的自然景观、生态资源、农家乐、风土人情等资源，推出"千里走宁海"活动，已成为宁海群众活动的一张名片，对宁海登山步道起到了很好的推广作用。"千里走宁海"活动已经连续举办四季，每季活动7次，参与活动的户外运动员达3000人。

（五）开发宁海登山步道APP

2015年，委托武汉大学开发智慧登山系统，系统是以移动互联网为核心，包含移动客户端、微信公众号、门户网站、管理平台等多个体系，登山爱好者可以利用安卓系统和苹果系统下载进行安装，用户可以通过APP程序在手机上进行定位，提前规划登山路线，查询周边资讯。

三 发展规划与展望

宁海国家体育产业示范基地地理优势和资源优势明显，以国家登山健身步道为载体，逐步推进体育产业一体化发展，把体育产业与健身休闲、旅游相结合，提高运动休闲大会、定向运动等品牌知名度，提高登山杖、户外照明、健身用品等户外用品企业的市场占有率，以政策扶持为依托，形成集健身休闲、竞赛表演、体育用品制造多业态良性发展的体育产业格局。宁海国家体育产业示范基地在取得骄人成绩的同时也存在着体育场馆承接赛事条件较弱、体育制造企业规模仍然较小、体育服务业所占比例较低、民间资本进入产业动力不足、产业融合不紧密等问题。未来发展中，尚需进一步统筹宁海体育产业资源，提升产业质量，加快产业基地整体发展步伐。

（一）全面规划与统筹发展

宁海已委托上海体育学院编制体育产业"十三五"规划，根据全县区域特色、资源优势、体育消费水平，规划宁海"十三五"期间体育产业发展目标、任务和措施。结合本地居民体育健身需求和国内外旅游者的休闲体育需求，以及体育服务业和体育制造业的发展现状，明确发展项目和重点，制订科学合理的体育产业"十三五"规划。建立特色突出、优势明显、布局合理、功能完善的城市体育体系，结合运动休闲与城市发展，大力发展"步道经济"，重点培育"骑游经济"，积极布局"航空经济"，努力推动运动休闲产业智慧化、品牌化发展，围绕"乐动宁海，活力宁海"的主题定位，力争将宁海打造成为中国户外运动休闲名城和长三角体育旅游目的地；在产业政策上，出台体育产业扶持政策。以政策带动产业，为产业的发展加大资金的扶持力度，以政策为产业发展的支点，利用奖励、贴息、补助等各种措施，促使体育产业快速发展。

（二）发展优质运动休闲业

在原有基础上，依托国家登山健身步道的优势，串联运动休闲资源，建设沿海塘岸绿色自行车骑行道，打造环西溪水库双峰森林公园自行车道。对原有登山步道进行升级改造，加大对步道的配套设施建设。利用海湾资源打造垂钓基地，利用垂钓基地提升海洋经济的品质。串联胡陈户外运动小镇、沿海塘岸绿色自行车道、欢乐佳田休闲运动基地、航空小镇，形成东部运动休闲带。结合深甽温泉运动风情小镇、黄坛双峰森林骑行道，形成西部温泉、登山、骑行相结合的西部运动休闲带。将岔路越野基地和前童古镇定向运动基地结合，形成南部养生旅行运动休闲带。

（三）打造品牌赛事与活动

继续举办中国运动休闲大会。依托山海兼具、户外资源丰富的有利条件，充分发挥得天独厚的户外运动资源禀赋，在总结往年中国运动休闲大会经验与不足的基础上，进一步深化大会的品质，提高中国运动休闲大会的影响力和知名度。继续举办"千里走宁海"国家登山健身步道徒步穿越活动，扩大"千里走宁海"在华东地区乃至全国的影响力，以吸引更多户外休闲爱好者。

（四）大力扶持体育制造业

根据宁海体育制造业的发展现状，成立体育产业联合会，促进信息交流和制造创新。组织县域内知名和较有发展潜力的户外运动产品企业参加国内和国外户外运动用品博览会，扩大宁海户外用品的知名度，树立户外用品品牌形象，积极开拓国内市场和国际市场。建设体育户外用品公共研究服务平台，平台由政府支持，企业自建的方式，坚持以应用需求为导向，积极推进科技成果转化，技术生产化，促进户外用品产业走向高端化。

（五）激活体育彩票市场

加强市场拓展，提高渠道建设层次，按高标准、高质量的要求做好站点建设、形象设计、转型升级等基础性工作。做好销售队伍的培训，实现销售员培训常态化，实行新销售员上岗培训和老销售员业务培训。合理利用各种传媒，及时发布各类体彩中奖信息。组织职工参与公益活动，提升体彩公益形象。

B.13
登封国家体育产业示范基地发展报告

摘　要： 登封国家体育产业示范基地以武术为特色产业，依托登封市自然资源和武术文化优势，推进武术与旅游、健身养生、运动医疗等相关产业的融合发展；通过加强武术馆校的管理、创造良好的武术产业发展环境、广泛开展全民健身活动、争取政策和财政支持来培育基地发展。登封市将以推进健康养生、武术创意、武术用品制造、武术教育、体育赛事和武术+青少年足球等产业的发展来实现体育产业可持续发展。

关键词： 登封　武术产业　产业融合

中岳嵩山，奥秀天下，儒、释、道三教汇聚于此。位于嵩山南麓的登封市，旅游资源得天独厚，更是少林武术的发源地、全国著名的"武术之乡"。享誉海内外的少林武术，不仅是中华民族优秀的传统文化遗产，而且历经千百年已发展成为享誉全球的最著名武术流派，习练少林武术的人群遍布世界各地。少林武术作为登封最具特色、最有影响力的文化资源，是采之不尽、用之不竭的可持续体育产业资源。

近年来，登封国家体育产业示范基地认真贯彻落实国务院46号文件和《河南省人民政府关于支持登封市建设华夏历史文明传承创新示范工程的指导意见》（豫政〔2014〕41号）文件精神，依托博大精深的少林文化资源，积极推动体育产业发展。以武术培训、武术演艺、武术产品和功夫创意为主要门类的体育产业迅猛发展。

一 总体发展情况

发挥武术产业的引领作用，登封国家体育产业示范基地体育产业发展取得可喜成绩，2015年，体育产业总体规模达到50亿元，实现增加值达到30亿元，体育产业增加值占GDP的比重达到7.6%。以武术产业为主导的体育产业发展格局，引领登封国家体育产业示范基地的发展迈上一个新台阶，成为推动登封经济发展的重要力量。

（一）突出重点，持续抓好武术特色产业

做大做强武术教育产业。结合全市实际，整合武术院校资源，组建（塔沟、鹅坡、小龙、武僧团）武术教育集团，积极加强对外合作。目前武术院校在校师生10万多人，在30多个国家和地区设有少林功夫馆；培育壮大功夫演艺业。深度挖掘少林武术文化资源，少林武术是少林文化的形和体，少林文化是少林武术的根和魂。通过向历史要题材，向现代要手段的办法，使传统的少林武术经过现代的舞美、灯光、音效的包装，形成了靓丽的文化艺术精品。投资15亿元的禅宗少林·音乐大典大型实景演出项目，已被命名为"国家文化产业示范基地"，每年演出200多场，接待游客40万人次，实现收入6000多万元。

大力开发武术产品市场。依托"天地之中"文化旅游产业园区，大力开发武术器械、散打护具、武术服装、武术影视制作等旅游纪念品。目前，登封市有200余家企业从事武术产品生产、开发和销售，武术产品由原来的农家模式转变为厂商模式，零售模式转变为批发模式，购销模式转变为产销模式。形成的武术龙头企业包括登封市少林宝剑厂、郑州神武少林武术用品有限责任公司、少林服装厂、小龙服饰有限公司等。目前登封市武术产品已远销到美国、法国、德国、韩国及中国的台湾、香港等国家和地区，每年实现销售收入达3亿多元。

积极打造武术传媒品牌。少林武术是中华民族传统体育文化中的璀璨明

珠,在国际文化交流中已经成为代表中国文化的醒目符号。登封武术院校先后参与了雅典奥运会、北京奥运会、广州亚运会、全运会、上海世博会、特奥会、世界文化艺术节等重大活动开、闭幕式的表演,使少林武术扬名世界。

(二)发挥优势,推进体育与相关产业融合发展

大力发展"体育+旅游"的体育健身休闲产业。充分利用登封市的自然优势和文化资源,规划建设全国知名的徒步、骑行户外露营地和健康休闲运动基地,促进登封"体育+旅游"的体育健身休闲产业发展。通过举办中国汽车拉力锦标赛(登封站)、全国超级摩托车越野赛、登山、徒步健身、马拉松、老年门球、老年骑游等健身休闲比赛,全力打造赛事黄金周,发展赛事经济;探索发展健康养生和运动医疗产业。作为首批国家级非物质文化遗产的少林武术,随着历史变革和经济社会的发展,已从最初的搏击防身、御敌抗暴,延伸为强身健体、修身养性、心悟开智、习武参禅等多元化功能,并形成了独具特色且不可复制的"禅、武、医"文化。为更好地推动健康养生和运动医疗产业的科学发展,做好运动医疗保障工作,登封市成立了"嵩山少林武术运动医学会",承办了"嵩山少林武术运动医学世界论坛"和"禅武医"研讨会,并与香港中文大学合作,共同研究、传承、发扬"禅武医"文化。

(三)高度重视,推动体育产业成为经济转型升级的重要抓手

在国家一系列政策的引领下,省政府为登封市专门出台《关于支持登封市建设华夏历史文明传承创新示范工程的指导意见》(豫政〔2014〕41号)文件,郑州市政府出台《落实河南省人民政府关于支持登封市建设华夏历史文明传承创新示范工程的指导意见的实施意见》(郑政〔2014〕49号)。国家、省及郑州市出台的一系列政策,为登封国家体育产业示范基地的发展提供了强有力的政策引导,促进登封发挥武术产业资源优势,加快推进体育产业发展;作为全国优秀旅游城市,充分发挥登封儒、释、道"三教"荟萃,"禅、武、医"传统养生的文化优势和中岳嵩山"世界地质公

园"优越的山地运动自然条件，实施全域旅游战略，通过整合优化资源要素，把自然资源和文化资源优势，转化为经济发展的新优势。使登封成为中华武术圣地和体育产业发展的实验田，为全市经济社会的发展注入新活力；在招商引资方面，登封市共引进体育相关产业重大项目15个，总投资达100多亿元。其中，投资1000万元的众亿越野摩托赛车场、投资2000万元的嵩山滑雪场、投资8000万元的小龙奥斯卡国际影院、投资1亿元的少林古兵器博物馆等项目均已建成运营，且有众多重点投资项目持续推进。

二 工作推进措施

从登封市实际情况，加强对武术馆校的业务指导与管理，创造武术产业发展的良好环境；加快建立健全基层组织和行业协会，广泛开展全民健身活动，实现体育产业发展的全面优化升级。

（一）加强对武术馆校的业务指导与管理

一是统一管理民办武术馆校。相关职能部门包括武术运动管理中心、教育、劳动保障部门等，管理范围包括民办武术馆校的招生、考试、教研活动、教学评估、师资培训、业务指导和学籍管理等；二是支持武术馆校参与科学研究。市科技部门对民办武术馆校参与科学研究应按规定划拨科研经费给予支持，以提升登封市民办武术馆校的科技创新水平；三是推进武术产业发展法制化建设。从登封市少林武术工作的实际出发，根据国家的法律、法规和借鉴国内外成功经验，研究制定禁药管理制度、俱乐部制定竞赛规则等。以加强思想道德建设和武德武风建设为抓手，科学化管理武术馆和武术学校，坚决抵制恃强凌弱、互相攻击、互相拆台、以大欺小的不良武术风气，形成和谐稳定的武术产业发展格局。

（二）创造良好的武术产业发展环境

一是强化行政服务。在政策许可范围内，对投资兴办武术产业的企业，在行政审批、手续办理等方面开通绿色通道，缩短审批时间，提高工作效率；二是营造良好环境。坚持繁荣武术市场和管理武术市场一起抓，严厉打击各类非法活动、侵权活动和不正当竞争行为，维护合法经营，保护武术知识产权，确保武术市场健康发展；三是严格规范执法行为。形成严格的武术产业发展监督机制，明确各职能部门的责任，打击武术企业、武术馆校乱收费、乱摊派、乱罚款；四是继续办好中国郑州国际少林武术节、全国少林拳比赛、世界传统武术节等精品赛事活动，努力打造更多登封特色的赛事品牌；五是积极对外宣传少林武术文化。通过向国内外普及少林武术知识，弘扬少林武术精神和中华体育精神，为推动登封市武术产业健康发展营造良好的产业环境；六是加强体育系统队伍和作风建设，认真做好体育产业基地建设相关工作。进一步加强干部队伍和作风建设，深入开展党风廉政建设工作，切实转变工作作风，提高工作质量和效率，增强干部的学习意识、责任意识、发展意识和遵纪守法意识，以打造一支"作风过硬、纪律严明、执行力强"的登封体育工作者队伍为目标。

（三）广泛开展全民健身活动

加强体育健身宣传工作，充分利用板报、标语等多种形式，对广大人民群众开展全民健身宣传，协助每个行政村或社区做到"六个一"，即有一个村委会干部专人负责，有一处公共体育健身设施，有一个体育健身指导站，有一个体育健身俱乐部，有一支社会体育指导员队伍，有一个特色体育健身项目。引导各乡、镇、区（办）充分利用农闲时间、节假日，开展全民体育健身活动，定期举办综合性运动会。保证每年举办3次以上单项体育比赛或全民健身活动，努力打造"一乡一特色，一村一亮点"的全民健身"品牌"活动。各行业协会也要发挥职能，经常组织有"品牌"、有影响的比赛活动，努力营造全民健身活动氛围。

（四）积极争取政策支持和资金投入

一是积极争取政策支持。协调政府各部门，制定人才引进、设施建设和体育投资等方面的产业政策,为体育事业的健康发展提供政策支持;二是加大各级政府对体育事业工作的支持力度,以保证体育事业资金稳步增长。借鉴全国体育先进县体育产业发展经验,争取政府主导投入的年体育事业经费达到3元/人;三是拓宽体育投资渠道。加大力度宣传体育产业,以吸引各类社会资本投资体育,增强体育产业的发展活力,推进体育产业化发展。

三 发展规划与展望

登封市建立健全武术产业发展的各项规章制度和政策,积极投入财政资金推动体育产业发展,出台全民健身计划促进全民健身,使登封体育产业在产业规模、产业融合、产业转型升级等方面均取得可喜成绩。但登封体育产业发展还存在着公益体育场馆缺乏、地方性体育产业政策缺乏、体育产业组织机构少、缺编制、难引进专业化人才等问题。未来发展中,登封市将深入贯彻落实国家、省、郑州市等一系列相关文件精神,全面建设国家体育产业示范基地和世界历史文化旅游名城。

(一)加快基地的规划与建设

根据国务院、省政府有关文件精神,将加快"天地之中"文化旅游产业园区及基础设施建设,推动以文明交流、文化体验、休闲观光、健康养生、少林功夫演艺展示、文化创意等为主的文化旅游产业发展。推动"体育+旅游"的体育健身休闲产业发展,"天地之中"文化旅游产业园区规划面积18平方公里,目前园区内已规划建设有众亿越野摩托赛车场、世界功夫中心、禅武文化国际研修中心、小龙国际教学中心、山地越野汽车拉力赛基地、汽车露营公园等项目。定期举办有影响力的国际性和群众性体育赛事活动,逐步形成大众化、多元化的健康养生、休闲运动、体育赛事、"体育+旅游"的新生业态圈。

（二）积极发展健康养生产业

通过深度挖掘"禅、武、医"文化，积极开发习武、修禅、素斋、禅居等项目，不断丰富体育产业的内涵，实现少林武术与健康养生融合发展。打造国家级健康养生产业基地，努力建设集疗养度假、观光休闲和健康养生于一体的综合旅游目的地。重点加快投资90亿元的中原白沙湖文化休闲健康产业园区、投资70亿元的中国禅武文化养生度假区等项目建设。

（三）大力发展武术创意产业

将传统的武术产业与时尚创意相结合，培育以"功夫"文化元素为核心的动漫、影视、数字娱乐、创意设计、武术演艺等创意产业。在传承演绎武术的同时，吸引创意和策划人才入驻登封，持续拉长体育产业链，激发武术创意产业发展活力。

（四）打造国际体育赛事中心

以投资50亿元的世界功夫中心项目为依托，加快体育场馆、众亿越野摩托赛车场、山地越野汽车拉力赛基地、汽车露营公园等项目建设。依托独特的地貌、优越的山地等自然条件，积极举办山地自行车赛、山地越野车拉力赛、极限运动、攀岩、马拉松、户外登山等国内外重大体育赛事活动，把登封打造成国际体育赛事中心。

（五）建设功夫用品产业基地

依托少林功夫品牌，开发各种功夫类旅游纪念品和武术用品。积极加强与电子商务、物联网等新兴产业的融合，逐步把登封打造成全国最大的武术用品交易中心。

（六）打造高端武术教育基地

整合登封武术教育资源，积极发展高等教育，实现武术教育由低端向高端发展。支持嵩山少林武术职业学院与国家汉办合作，向海外孔子学院输送武术专业教练；支持郑州大学体育学院登封校区发展，为社会培养、输送优秀体育人才。

（七）推进少林武术与青少年足球运动的深度融合

发挥武术与足球训练都要从娃娃抓起的共同特点，利用登封武术院校数万名学员的优势，聘请足球专业教练进行教学训练，大力开展青少年足球运动，探索从校园足球到职业足球发展的新模式，打造少林足球新品牌。

B.14
荆门高新区国家体育产业示范基地发展报告

摘　要： 荆门高新区国家体育产业示范基地依托自身的区位、资源和品牌优势，在规划政策的引领下，体育基础设施初具规模，体育装备、体育旅游、竞赛表演、用品物流等产业迅速发展，拉动效应初步显现。近年来，荆门高新区不断加大体制机制创新，通过合理布局、注重特色、打造品牌、激发活力，促进体育产业发展。未来将进一步从体育产业的扶持政策、配套设施、经营管理、人才战略等方面推进体育产业基地建设与发展。

关键词： 荆门高新区　体育产业　集聚效应

近年来，荆门高新区国家体育产业示范基地依托自身资源优势，致力于挖掘体育市场的巨大潜力，通过统筹规划、合理布局，精心打造体育产业基地品牌，激发体育产业活力，推动体育产业成为地方战略性支柱产业之一。

一　总体发展情况

荆门高新区国家体育产业示范基地规划面积8平方公里，其中体育制造区规划面积4平方公里、产业配套功能区1平方公里、产业研发及孵化区0.5平方公里，体育训练及运动休闲区规划面积1.5平方公里、体育服务区规划面积1平方公里。2015年，荆门高新区国家体育产业示范基地集聚体育单位数达到3397家,吸纳从业人员33836人;体育产业总规模66.9亿元,同比增长31.2%;实现增加值20.9亿元,同比增长25.2%;体育产业增加值占当地GDP比重达到10.4%。从业态构成看(见图1),体育用品及相关产品制造10.04亿元,占体育产业增加值的48.02%;体育用品及相关产品销售、贸易代理与出租增加值8.19亿元,占体育产业增加值的39.18%;体育健身休闲活动实现增加值0.96亿元,占体育产业增加值比重4.59%。

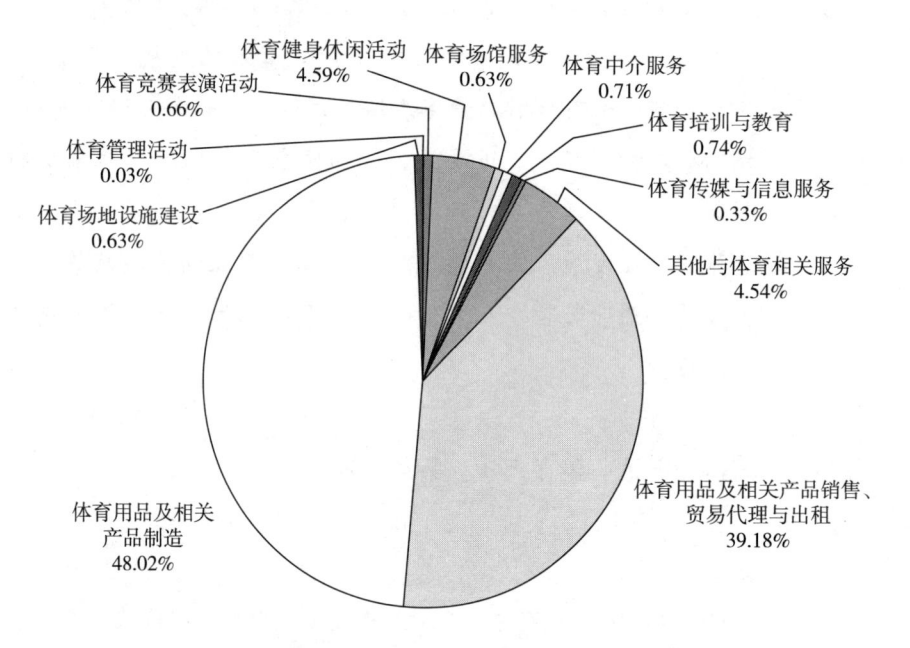

图1 荆门高新区国家体育产业示范基地体育产业增加值结构

(一)体育基础设施建设初具规模

以大项目建设为抓手,完成城市生态运动公园、漳河水库和凤凰湖户外运动休闲基地、体育文化中心、大学生体育馆等一大批体育及运动休闲场馆的建设任务。现拥有3万座的城市生态运动公园主体育场、1000座的汉通游泳馆、1.3万平方米的体育文化中心、1座大学生体育馆、1座标准化射击馆、6座羽毛球馆等一大批室内运动场馆。

（二）体育装备制造业集聚发展

体育消费需求的日益增长带动体育事业发展，一大批合资、独资体育装备制造企业纷纷入驻荆门高新区。其中，国内体育装备行业领军企业——李宁公司落户荆门，并带动一系列产业链上下游20多家企业抱团进驻。李宁工业园被湖北省人民政府授予全省唯一的体育产业省级工业园，成为荆门高新区的"园中园"。2015年高新区体育用品制造业已达46家，体育装备制造业总产出达33.8亿元，同比增长10.46%，从业人数过1万人。

（三）特色体育旅游业向好发展

依托中航605所的研发优势和漳河山水资源优势，以中航荆门爱飞客航空俱乐部为龙头，依托通用航空运营，以通用航空器研发与制造为基地，以航空培训和航空运动体验为特色，集聚发展统一航空全产业链。荆门"爱飞客"飞行大会连续两年顺利举行，"荆门航空运动新城"初具规模。以舒缓亚健康为特色，主动融入鄂西生态旅游圈建设，加快推进漳河、凤凰湖运动休闲基地的提档升级，建设高档次、高层次的户外运动休闲产业带，建成鄂西生态文化旅游圈的重要旅游目的地，并积极申报成为国家精品体育旅游线路。

（四）体育竞赛表演业常态发展

近2年，先后成功举办荆门市第一届国际马拉松比赛、"爱飞客"飞行大会、全国U18和U15男足赛事、湖北省青少年乒乓球精英赛、湖北省摔跤比赛等重大赛事，并通过"赛会搭台、经贸唱戏"的方式成功签约一批重大项目，总投资100多亿元。其中，在"爱飞客"飞行大会上就与中航通飞公司签订了超轻型运动类飞机、湖北中航通用机场管理公司、中航华中通用航油基地3个项目，与天津天一集团、中国一冶集团等企业签订了战略合作协议5个，总投资近60亿元。体育竞赛表演业发展步入新常态。

（五）体育用品物流业协同发展

依托荆门"中国中部之中"的独特地理优势，并结合国家产业转移的大战略和李宁公司发展长远规划，引进第三方投资3亿元建成了李宁（荆门）物流园。该园区为李宁公司的中央物流中心，承担李宁公司50%以上的物流吞吐量，负责周边10省市的配送业务，满足年出入库1亿件的需求，年吞吐量可达70万立方米以上，是国内体育品牌和服装企业中最先进的物流中心之一。

（六）产业拉动效应初步显现

目前，产业基地已形成67亿元的产能规模，全部建成后可实现年销售收入200亿元以上。辐射带动华中地区和华南地区8个省、市及周边9个县市区，300公里范围的体育用品产业生态圈日渐成熟；现有体育及相关产业从业人员33836人。其中，湖北动能体育用品有限公司、湖北福力德鞋业有限公司提供工作岗位3500个和2500个。同时，体育产业基地为周边金融、商贸、旅游、餐饮、娱乐以及物流、信息等服务业的迅速发展提供生态保障。

二 工作推进情况

荆门高新区始终把建设国家体育产业基地作为园区体育产业转型发展的主导方向和根本措施来抓，不断加大体制机制创新力度，着力完善体育产业发展政策，高起点、高标准推进体育产业基地建设。

（一）规划引领，合理布局

制订出台体育产业"十三五"规划，不断完善《荆门高新区体育产业基地建设与发展规划》和《关于加快体育产业发展的意见》等具体扶持政策，明确提出打造"实力、文化、生态、幸福"荆门的战略目标，将体育产业作为转型升级、跨越发展的重要支撑，全力推进体育装备制造和体育服务业的发展，努力将基地建成东部体育用品制造业转移的重要承接地；着力培育和打造"一核三带四区"的体育产业发展新格局，不断增强荆门国家体育产业示范基地的辐射带动作用，扩大体育产业基地的辐射范围，构筑起中部体育装备制造业战略崛起的支点。

（二）夯实基础，注重特色

以提档扩规为主线，做大做强体育制造产业集群，力争将基地建成国际领先的体育装备研发基地和体育装备制造基地；以全民健身为重点，大力发展体育健身休闲业，引导和吸引市民参与全民健身、享受运动乐趣；以新兴市场为突破，优先发展体育竞赛表演业，努力打造具有荆楚文化特色的体育竞赛表演品牌；以深挖禀赋为核心，积极发展特色体育旅游业，打造户外运动休闲产业带、竞技运动产业带和体育文化创意产业带，构建具有荆楚特色的体育休闲旅游文化。

（三）培育主体，打造品牌

培育市场主体，深化产业融合，增强体育产品的创新能力和供给能力，以品牌优势带动体育产业的发展。通过引进、扶持、合作等方式，培育一批拥有自主知识产权和国际竞争力的重点体育企业，加快形成一批体育领域知名品牌、企业集团、俱乐部以及特色表演团体。重点培育1~2家体育企业上市，引进5~10家知名体育产业企业落户；培育2~3个国际一流的体育赛事，打造1~2个国际国内高端赛事自主品牌，创建一批具有国际国内影响力的体育培训品牌。

（四）创新机制，激发活力

设立创业风险投资引导基金1亿元，吸纳社会资本10多亿元，建成"聚盛"国家级科技企业孵化器、"荆门百盟·慧谷"科技企业加速器，吸引体育产业最新科技成果来荆孵化转化；设立"人才特区"发展基金1亿元，吸引海内外各类创新人才来高新区创新创业；加强单项体育协会的组建与管理、体育经纪人队伍的培训与管理、体育表演业市场策划、艺术指导人才的培养与管理，以及低空航空运动产业专业人才的培养与管理等工作，按照市场规律规范发展体育服务业，先后组建山地自行车协会、游泳协会、篮球协会等10多个群众性单项体育协会，培养体育中介服务组织32个，其他与体育相关的服务组织118个。

（五）强化保障，推动发展

成立以市委书记为组长、市长为第一副组长的荆门高新区创建国家体育产业基地工作领导小组，为基地创建提供组织保障；贯彻落实国家、省市体育产业扶持政策，制订出台体育与文化产业发展政策，为基地创建提供政策保障；建立体育产业联盟，加强与相关产业部门合作，实现产业管理部门、产业集群集团资源和信息的交流与共享，全面提高合作效率，协调推进体育产业的发展，为基地创建提供信息保障。

三 发展规划与展望

依托自身区位、资源和品牌优势，以国际化、品牌化为目标，引进知名体育企业，推进高端和重大体育产业项目实施，扩展区域合作，着力培育和打造由内及外、点面结合的"一核三带四区"体育产业发展新格局。

（一）进一步完善体育产业扶持政策

推进高新区体育产业发展引导资金设立，培育和扶持具有影响力的体育经营自主品牌的方式包括资助、贴息、税赋减免等。建立多元化投融资体系，在国家政策允许的条件下，鼓励个人、企业、社会团体投资兴办各类体育经营活动。合理安排高新区公共体育设施和体育产业发展用地供应，对公共体育设施、重点体育产业项目建设用地给予优先支持。

（二）进一步提升体育产业配套功能

以体育产业功能配套园区为着力点，充分发挥现有基础和资源优势，不断完善和提升产业配套功能。重点扶持福力德鞋业有限责任公司、动能体育用品有限公司两家龙头企业做大做强，吸收和引进一大批配套产业项目入驻，打造中部地区体育运动装备生产基地。加快漳河运动休闲旅游基地、凤凰湖皮划艇训练基地等重点项目建设，将荆门体育产业基地打造成鄂中地区极具影响力的运动休闲旅游目的地。尽快形成李宁产业园、桦岭体育用品产业园、体育产业配套专业园、体育产业孵化功能园和运动休闲产业园"四园一体"、配套功能完备的发展格局。

（三）进一步规范体育产业经营管理行为

依法制定监督管理制度，规范体育市场主体行为，健康发展体育市场。加强管理体育中介和体育广告赞助经营活动，建立和完善服务制度，健康有序地推进体育市场发展。完善天使投资机制，设立体育产业风险投资基金和创业基金，建设体育产业研发中心，对体育用品研发、制造的关键技术进行攻关，推动体育产业的快速发展。政策引导，鼓励高新区体育企业联合科研院所、高等学校，建设高水平公共服务平台、工程技术研究中心、企业技术中心、博士后科研工作站和产业基地。

（四）进一步实施"人才强体"战略

大力推进全市科教资源在区内集聚，提升高新区体育产业技术研发和人才培养能力。深化与荆楚理工学院的全面合作，推进体育学院建设；推荐荆楚理工学院成为体育教育科研体制改革的试点单位，探索高校促进体育科研成果转化的激励机制。推动中航特种飞行器研究所与高新区全面融合，支持其建立体育产业孵化中心，促进航模航空学院建设。鼓励企业和个人申请国家级资质认证，加强建设体育产业高层次管理人才队伍，通过产业扶持政策吸引和鼓励体育产业优秀人才、体育名人创新创业。

B.15
环青海湖（县域）国家体育产业示范基地发展报告

摘　要： 环青海湖（县域）国家体育产业示范基地依托天然的旅游资源优势，以环湖系列赛事为龙头，进一步拓展体育赛事商业圈；以特有的民族体育文化为资源，带动牧区经济新发展；以产业融合为方向，培育体育消费新引擎。在坚持"品牌引领、融合发展"战略下，扩大体育产品和服务供给，促进体育消费，推动体育产业的转型升级。

关键词： 环青海湖　体育旅游　体育赛事

环青海湖（县域）国家体育产业示范基地地处青海湖畔，包括海北州海晏县、海南州共和县、西宁市湟中县、海东市互助县，是国内不可多得的体育旅游资源富集区。近年来，基地坚持做好战略发展规划和有关方针政策的制定，有效引导体育产业的发展，促进体育资源的合理流动和有效利用，提高体育产业整体竞争力，引导和扩大广大群众的体育消费，实现社会效益、经济效益的双丰收。

一　总体发展情况

环青海湖（县域）国家体育产业示范基地体育资源丰富，体育产业聚集效应明显，产业特色鲜明，服务体系健全，体育产业增加值比重高于本省平均水平，对本地区及周边体育产业发展具有辐射带动作用。截至2015年年底,环青海湖(县域)体育产业总规模达到5.33亿元,实现体育产业增加值1.67亿元,体育产业增加值占当地GDP比重约为0.56%。从业态构成看(见图1),体育用品及相关产品销售、贸易代理与出租实现增加值0.76亿元,占体育产业增加值的45.51%;体育健身休闲活动实现增加值0.25亿元,占体育产业的14.97%;体育培训与教育业实现增加值0.23亿元,占体育产业的13.77%;其他与体育相关服务业实现增加值0.40亿元,占体育产业的23.95%。

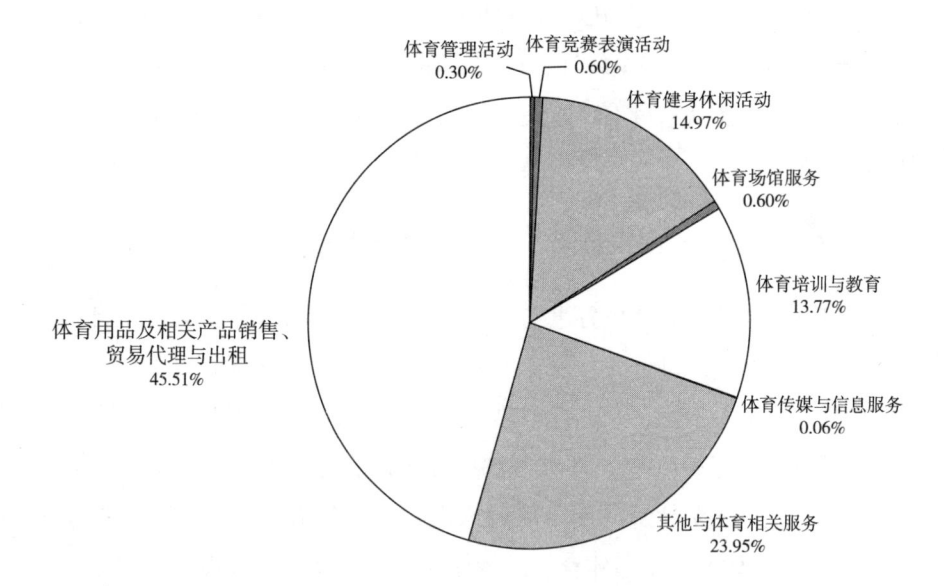

图1 环青海湖(县域)国家体育产业示范基地体育产业增加值

(一)以"环湖系列赛事"为龙头,拓展体育赛事新商圈

以"环青海湖国际公路自行车赛"为品牌,有效带动中国·青海国际抢渡黄河极限挑战赛、中国·青海国际高原攀岩精英赛、"行走中华水塔"国际徒步活动、中国·青海国际民族传统射箭精英赛、中国·青海岗什卡国际滑雪登山交流大会、高原汽车摩托车沙漠越野拉力赛等一系列有影响力的大型体育赛事活动的发展。2015年,环湖系列赛事拉动体育消费高达7.75

亿元。同时，环湖赛对包括旅游业、酒店餐饮业、交通运输业、商品零售业等具有显著的拉动效应。

（二）以民族体育文化为资源，带动牧区经济新发展

青海是一个拥有汉族、藏族、土族、回族、撒拉族等多民族的省份，拥有包括赛马、赛牦牛、射箭、马术、摔跤、蹬棍、拉拔牛、锅庄舞等丰富的民族体育文化资源。这些节会不仅是传统体育比赛的盛会，更成为物资交流、经贸洽谈的盛会。这种以体育赛事带动社会经济、文化发展的现象被冠以"青海现象"。据不完全统计，目前，环青海湖地区参加射击射箭、锅庄舞、转经运动的民众超过100万人（次），民族民间传统体育项目市场开发力度逐年加大。

（三）以产业融合为方向，培育体育消费新引擎

以打好生态牌、办好体育事业为出发点，积极与旅游、文化等多部门建立融合工作机制，推动体育项目、体育设施进景区。积极发展环湖骑行、登山、滑雪、探险等活动，举办全国热气球邀请赛、冬季穿越青海湖冰上徒步等体旅融合活动。2015年，环青海湖国际公路自行车赛、环青海湖户外运动旅游圈、丝绸之路体育休闲带项目入选"中国体育旅游全国十佳精品项目"。围绕高原体育、生态体育、民俗体育、文化体育，开展昆仑文化探秘行、探秘青海湖、行走中华水塔徒步行、原子城露营等活动。2015年，环湖自行车骑行人数，达50万人（次），徒步活动45万人次。徒步、骑行、自驾车、冰雪运动成为青海体育旅游的新引擎，促进了体育消费。

二 工作推进情况

（一）规划引领，重点突出

按照《国家体育产业基地管理办法》，进一步明确发展思路、目标和

主要任务，完善具体实施措施。围绕"一带一路"、体育产业国家战略和青海旅游"一圈三线三廊道三板块"格局，重点建设青少年户外活动营地、军事主题游乐园、汽车营地、户外活动营地（如登山滑雪、徒步探险、极限漂流、滑沙滑草、骑马狩猎、沙滩足球、自行车骑行等）。目前青海多巴国家高原体育训练基地、西部国际汽车摩托车营地、青海省民族传统体育训练基地、号角旅游投资北山湾户外运动基地、龙羊峡沙滩体育休闲基地、彩虹部落度假区，已从单一的旅游度假向训练、度假、体育旅游综合方向发展，形成了集住宿、饮食、训练、体育旅游等功能为一体的综合基地。

（二）领导重视，强力推进

2014年以来，环湖四县先后召开了专家会、论证会、调研会、项目评审会等一系列重要会议，设立了配套体育产业发展引导资金。2015年6月，青海省政府正式印发了《关于加快发展体育产业促进体育消费的实施意见》。环湖四县把体育产业基地作为了体育产业发展和扩大消费的重要平台，积极作为，主动衔接，多方筹措资金，推进项目落地，社会体育组织发挥作用明显。各级政府高度重视4+X模式，积极发挥草根、民间非政府形态的体育社会组织作用，使其成为体育行政部门的有力助手。

（三）多策并举，统筹推动

先后投入资金约4亿元，实施互助公共智能自行车服务体系项目、互助县吐谷浑文化体育广场、互助县体育文化综合馆、共和县标准化民族射箭馆、德吉塘赛马场、环青海湖自行车健身步道、多巴国家高原体育训练基地冰雪场、湟中县体育场、滑雪场、足球场等项目。目前，基地4县大型体育场馆低收费开放模式已达到全覆盖，全年共接待人次达350万，占比60%，同上年比增长8个百分点；围绕体育器材"七进"活动，一批全民健身工程、健身路径工程实施工作按计划稳步推进；公共体育场馆覆盖率达到100%；围绕旅游线路建成了徒步、民间射箭、登山、滑雪、自行车、自驾车、高尔夫、网球等基地（营地），初步形成了以3A级以上景区为核心，以主要交通节点和自驾车线路建设为依托，以体育训练基地为主要支点的体育旅游服务和自驾车服务体系。

（四）瞄准市场，加快发展

环湖四县积极引导，鼓励社会资本进入体育领域，促进体育产业特别是体育服务业发展，以中体产业公司、山西澳瑞特健康产业股份有限公司、舒华股份有限公司、青岛英派斯健康科技股份有限公司、青海互助青稞酒有限公司为代表的知名企业不断加大对体育服务业的投资力度，良好的发展环境和趋势让社会资本对体育消费市场关注度与日俱增，体育服务业逐步成为全社会高度关注的发展板块，形成了政府积极推动、资本踊跃投入、业界振奋进取的良好发展态势。

三 发展规划与展望

坚持"品牌引领、融合发展"战略，把推动全省体育产业发展作为根本目标，加快形成有效竞争的市场格局，积极扩大体育产品和服务供给，推动体育产业成为经济转型升级的重要力量。

（一）坚持规划引领，发挥项目与赛事纽带作用

按照"因地制宜、分类指导、重点突破、统筹推进"的原则，加强项目库建设，重点推进互助县体育文化综合馆项目、互助县智能公共自行车二期项目、彩虹部落滑雪场升级改造项目、彩虹部落网羽中心改造项目、全民健身中心辅助用房及设备配套项目和农民体育健身工程配套项目，共和县全民健身体育设施建设项目、环湖南岸体育馆设施建设项目、达玉民俗村东大滩水（冰）上乐园、自行车骑兵营等体育休闲服务等，发挥品牌赛事活动对基地的辐射带动作用，鼓励各地创新载体，发挥优势，打造本土自主赛事活动品牌，以赛事促发展。同时，通过评星评级、创先评优的办法，推动体

育场馆改进运营管理方式，盘活资源，扩大增量，用好存量，坚持市场化导向，提高场馆使用率和综合效益。

（二）改进发展理念，形成明晰的基地发展路径

主要体现在"四个转变"，即：由局部向全局转变，坚持"跳出体育看体育"，谋划全体育、引领全产业、服务全社会；由"部门式"向"融合式"转变，推动全民健身和体育产业、品牌赛事等协同发展；由"初级扶持"向"深度开发"转变，改变以往倾斜性扶持，回归到政策引路、指导协调、服务保障等方面上来；由"单一化"向"多样化"转变，为群众提供更多的全民健身选择，鼓励各地因地制宜，打造形式多样的品牌赛事活动。

（三）创新措施办法，进一步推进基地全面建设

扩大公共体育服务供给，统筹规划体育设施建设，合理布点布局，建设符合青海实际的带动区域发展的体育产业基地。积极参加体育用品、体育文化、体育旅游等博览会和青海文化旅游节，协助办好龙羊湖区"艺苑杯"生态体育健身大会、高原沙漠汽车越野赛、高原铁人三项比赛，策划沙漠主题系列赛事、网球比赛、赛马比赛、自行车环湖赛延伸赛事等活动，依托艺苑公司、共和县明星体育商贸有限公司、彩虹部落文化旅游发展有限公司、互助绿色行文化体育服务有限公司、东大滩体育休闲服务业产业公司等产业平台，做好体育旅游、体育彩票、体育活动等产业，拓宽基地发展道路。

（四）吸引社会力量，参与基地建设与融合发展

进一步推动落实国家和省级已经出台的投融资、税费优惠、财政补贴、人才支持等方面的政策措施，动员和引导社会力量广泛参与基地建设，满足人民群众多样化的体育需求。研究推进"互联网+"行动，将信息技术、人工智能等与打造充满活力的体育消费市场相融合，鼓励发展跨境电子商务等新型贸易方式，加速培育体育用品服务新业态和新商业模式。

B.16
淳安国家体育产业示范基地发展报告

摘　要： 淳安国家体育产业示范基地通过积极营造产业发展氛围、发展竞赛表演业、推进运动休闲业、扶持高科技体育制造业等措施，体育产业规模逐步扩大、产业品牌初步形成、产业基础不断夯实。未来淳安将进一步优化产业布局，巩固产业基础，打造国内外著名的"运动之城、康美之都"的城市品牌。

关键词： 淳安　体育服务业　户外产业

近年来，淳安国家体育产业示范基地在国务院46号文件的政策引领和指导下，紧紧围绕《浙江省人民政府关于加快发展体育产业促进体育消费的实施意见》（浙政发〔2015〕19号）、《杭州市人民政府关于加快发展体育产业促进体育消费的实施意见》（杭政函〔2016〕42号）要求，积极发展体育产业，有效促进体育消费，着力培育县域经济新亮点，取得显著成效。

一　总体发展情况

（一）产业规模逐步扩大

近年来，淳安国家体育产业示范基地体育产业发展较快，产业规模不断增大，呈现良好的发展态势。数据显示（见图1），2015年淳安集聚体育产业单位数量达到237家，吸纳从业人员2445人；实现体育产业增加值从2012年的1.7亿元增至2015年的3.36亿元，增长了近1倍，其中2013年增长速度最快,达到32.9%;体育产业增加值占全县GDP比重由2012年的1.1%增至2015年的1.6%,增长了45.45%。从体育产业构成看(见图2),体育服务业的增加值达到3.03亿元,占体育产业增加值的90.2%。整体来看,淳安体育服务业成为淳安体育产业发展的主导产业,成为拉动淳安经济发展的重要增长点。

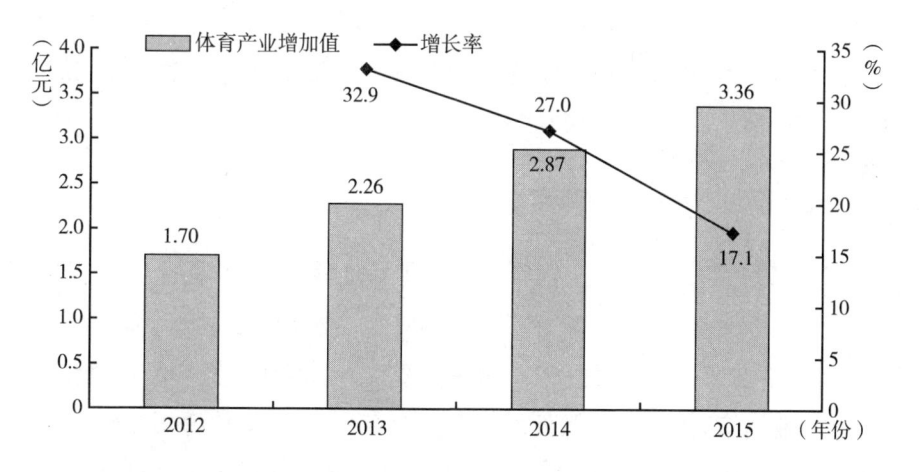

图1 2012~2015年淳安国家体育产业示范基地体育产业增加值变化

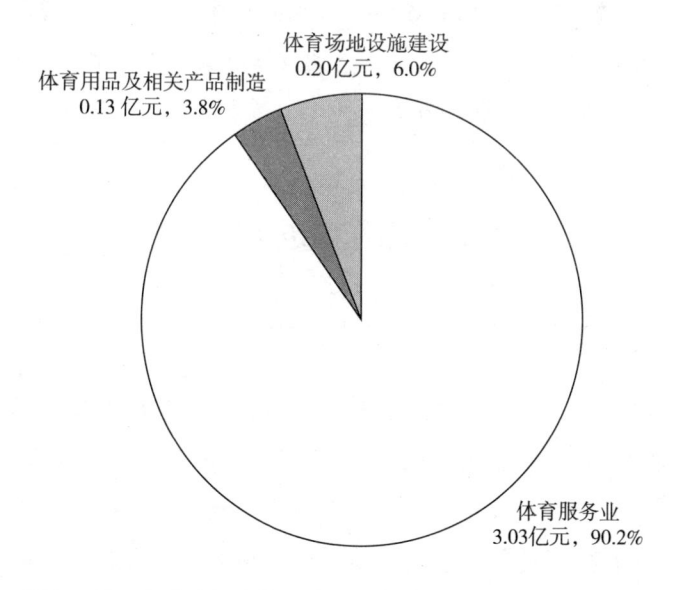

图2 2015年淳安国家体育产业示范基地体育产业增加值构成

（二）产业品牌初步形成

淳安先后获得"浙江省首批运动休闲示范区""杭州市国家体育产业基地拓展区""浙江省体育产业突出贡献奖""中国体育营销十大城市""全国体育竞赛优秀赛区和最佳赛区""全民健身先进单位""全国群众体育先进单位"等荣誉称号。2015年，淳安县被国家体育总局批准为国家体育产业示范基地，环千岛湖绿道被评为"全国体育旅游十大精品线路"，成功打响"休闲之都、运动天堂"的城市品牌。

（三）产业基础不断夯实

截至2014年3月底（全国第六次体育场地普查），淳安全县体育场地数量为733个（其中室内127个，室外606个，健身路径4098件），场地面积61.5万平方米，用地面积68.6万平方米，人均场地面积1.5平方米（含学校、企业）。2015年，全县注册体育企业63家（不含体育用品经营店），从业人员达4800人，占全县总人口的1.06%，各级体育组织达31个，会员达5000余人，体育服务业已成为体育产业重要支柱，占比超过50%。支撑服务业发展的运动休闲、竞赛表演等行业发展迅猛，体育旅游、体育康复等新兴业态正以较大的步伐蓬勃发展。

二 工作推进情况

（一）加强宣传，积极营造产业发展氛围

为做大做强体育产业，营造浓郁的发展氛围，基地通过举办国际泳联马拉松、全国自行车联赛、环千岛湖自行车赛等大型赛事，并借助CCTV-1、CCTV-5、CCTV-13等主流媒体以及新浪、搜狐、中国体育报等网络媒体进行广泛传播，创新宣传模式，拓展传播渠道，不断提高县域品牌关注度和知名度。2015年，成功举办"中央媒体聚焦浙江体育产业淳

安站采访活动",共有24家中央和省级媒体对县域体育产业进行了大量采访报道。

(二)培育品牌,大力发展体育竞赛表演业

近年来,县域品牌赛事举办力度不断加大。2015年,共组织国际性全国性赛事活动21场,参赛运动员达3万人次,赛事规模达5万人次,实现经济收入超亿元,成为拉动县域经济发展的新引擎。

——依托最美公路,培育骑行品牌。2006年以来,已经连续举办九届中国·杭州环千岛湖国际公路自行车赛、全国自行车联赛、斯柯达HEROS中国自行车系列赛等赛事,吸引了来自荷兰、瑞士、美国等世界各地的车队参加,每年到千岛湖骑游的骑行爱好者也从2012年的6万多人次激增到2015年的80多万人次,产生了显著的经济效益。自行车骑行已经成为最具千岛湖休闲特色的品牌项目。

——立足一湖秀水,打造水上品牌。充分利用秀水资源,举办国际泳联10公里马拉松游泳世界杯赛、全国10公里马拉松游泳冠军赛、中国·千岛湖公开水域游泳公开赛、全国冬泳锦标赛、全国春季赛艇锦标赛、全国城市俱乐部筏钓巡回赛,吸引了来自五湖四海的游泳、皮划艇、垂钓爱好者参加。在赛事的引领下,千岛湖的运动资源已经走出国门走向世界,极大提升了千岛湖在世界范围内的关注度。

——发挥山地优势,提升户外品牌。依托资源优势,打造毅行、露营、登山等户外运动品牌赛事。连续多年举办千岛湖国际毅行大会、中国国际露营大会、铁人三项赛、山地越野赛等大型活动,吸引了众多全国各地的户外运动爱好者组队前来。2015年,淳安作为浙江省首个举办马拉松的县级城市引起了省局和总局的重视,荣获了国家马拉松铜牌赛事的佳绩。2016年,成功举办113公里千岛湖国际铁人三项赛,该赛事是国内首次举办的、众多高端人士参与的大型铁三赛事,共吸引来自31个国家、135名外籍选手参赛。

——聚焦千岛风采,塑造健身品牌。在推崇"健康活力"的背景之下,

借助举办国际国内知名赛事，打开办赛渠道，积极引进并成功举办中国大学生健康活力大赛、全国气排球大赛、全国U17篮球锦标赛总决赛、全国健身球邀请赛、全国青少年艺术体操锦标赛等时尚活力品牌赛事，使得赛事类别更趋多样化，千岛风采焕发新活力。

（三）项目引领，重点推进体育运动休闲业

体育健身休闲业作为县域体育产业新兴业态，发展势头迅猛，五大运动休闲项目的建设，为打造"休闲之都、运动天堂"的城市品牌奠定了良好基础。

——环湖绿道项目。临湖傍山的环千岛湖绿道沿途串联村庄、景点、古迹等，与体育产业、农业、林业、文化等有机结合，就像一条磁性十足的金丝带，已成为远近闻名的"绿道"明星。该项目从2013年接待骑行游客20万，到2015年接待骑行游客80多万人次，增速强势，并将成为拉动县域经济发展的富民之道、强县之道。

——健身步道项目。于2015年底竣工的千岛湖滨水景观飘带项目，总投资约6.1亿元，全长15公里，总面积达40余万平方米。该项目既是打造度假淳安的标志性工程，更是一项全民健身的民心工程。

——国家登山步道项目。2015年，规划设计"三井尖"步道，预计投入1500万，建成37公里（精品线路7公里）。计划到2020年，完成全线范围内的以三井尖、牧心谷、磨心尖、金紫尖、东山尖、茶山古道、休岭古道和千亩田等山地资源为基础的纵横交错的国家登山健身步道网络，着力打造一个路网规模大、游憩功能多，能够福荫当地百姓民生的全新户外运动休闲平台。

——水上休闲项目。先后建成绿城水上休闲运动中心、华联进贤湾水上运动中心、珍珠半岛欢乐水世界、宋家渔村等体育运动休闲项目。积极发展皮划艇、水上摩托、水上飞行等特色高端运动休闲项目。2015年，华联进贤湾水上运动中心接待游客量达到2.5万人次，门票收入达300多万元，间接收入达2000多万元；2015年8月试营业的珍珠半岛欢乐水世界，共接待

游客1万多人次，门票收入达到200多万元，间接收入达1000多万元。水上休闲娱乐业已成为县域体育休闲业的一大主流产业。

——特色漂流项目。千岛湖是长三角资源最集中、品质最佳的漂流聚集区，目前已开发白云溪、九龙溪、王子谷、金峰峡谷、龙潭峡谷、石林仙人谷、龙门、九咆界、宰相源等九条各具特色的漂流水道。水质清澈，景色优美，惊险刺激，深受游客喜欢。2015年，共接待游客28.37万人次。

（四）因地制宜，努力打造高端体育旅游业

目前，县域最大旅游综合体——华联进贤湾国际旅游度假区，总投资上亿元，主营业务包括：水上运动、星空帐篷、特色酒店、温泉等，初步构架起体育+旅游+休闲的多元化、高层次的特色体育休闲娱乐综合体；近两年，引进实力强大的北京露营之家、飞神集团入驻。北京露营之家选定芳菲影珠阳光体育公园作为露营之家全球服务中心千岛湖站办公场所、接待中心及营地，计划建设以露营装备展示、露营产品体验、露营技能培训等为主要内容的城市运动休闲空间。飞神集团预计投资6000万元，并在大墅林场区块建设以房车文化为主题，集房车露营、房车体验、房车租赁、房车销售等内容为一体的户外运动休闲基地。

（五）特色发展，鼓励扶持高科技体育制造业

围绕特色运动休闲项目，引进培生制造、浙江贝欧、阳光游艇等体育用品制造龙头企业，积极打造一批有国际竞争力的企业和品牌。浙江贝欧是中国首批自行车理事单位和全国仅有的两家自主品牌碳纤维自行车制造企业之一，拥有7项专利技术认证，其产品研发、项目开发等具有较强的市场竞争力；培生船艇拥有"培生""凤凰"等多个全球知名品牌，其产品遍销北美洲、欧洲、亚洲及大洋洲等全球30余个国家，为2008年北京奥运会、2009年济南全运会、2012年海峡两岸龙舟赛、2010~2014年世界华人龙舟赛以及2014年南京青奥会等重大赛事官方指定器材。同时，该企业与相关组织

共同筹办上海培生龙舟运动俱乐部、"国际龙舟运动和赛事策划中心"和"国际龙舟技术研发中心"。

三 发展规划与展望

淳安国家体育产业示范基地将立足基地实际，进一步扩大产业规模，大力发展体育服务业，优化产业布局，巩固产业基础，精心打造国内外著名的"运动之城、康美之都"的城市品牌。

（一）准确定位，编制产业发展新蓝图

为更好的定位产业发展方向、优化资源配置、实现战略目标。2016年，将编制《淳安县体育产业规划》和《淳安体育场馆专项规划》作为一项重要工作来抓，并于3月上旬邀请杭州市工程咨询中心规划组专家到淳安，进行体育产业资源、设施以及企业的考察调研。目前，经过科学缜密的规划，两项规划的初稿已经完成。

（二）夯实基础，推动体育惠民新发展

以《千岛湖镇体育场地设施专项规划》为引领，扎实推进政府实事工程全民健身项目建设。充分利用城市规划边角地带，加快体育场馆建设，在主城区建成拥有万人400米田径场和标准足球场的淳安运动场和1万平方米的淳安全民健身中心。在城区新建2片8块标准灯光篮球场，以及汾口镇、威坪镇各新建1块标准灯光篮球场，并逐步向其他乡镇延伸，缓解体育场馆不足矛盾；以打造康美之都为契机，开展健身苑点、健身广场、康美绿道、康美公园、康美苑点、康美广场、康美村庄等活动，做大运动健身，做强运动经济，实现运动健身和运动经济的良性互动和双赢局面。

（三）招大引强，提高体育产业竞争力

继续实施优势资源转换战略，突出实体招商，尝试赛事招商、场馆招

商，积极主动配合相关部门加大招商引资工作力度，拓宽招商引资领域，在"招大引强"上狠下功夫。截至目前，主动与上市企业——莱茵公司进行多轮接触，并就收购县域骑行驿站，打造综合性的骑行系统，建设国际户外运动基地达成意向。

（四）竞办亚运，提升"康美之都"知名度

举办亚运会是对一个城市、一个地区综合实力和管理水平的严峻考验，对加快城市基础设施建设、提升城市生活品质，也是一个重要的机遇。为此，全面启动杭州亚运会项目竞办工作，并努力争取公开水域游泳、公路自行车、铁人三项三个项目落户千岛湖，确保 2 个项目落地。为全面提升千岛湖在世界范围内的知名度和美誉度，实现千岛湖由国内"康美之都"向国际"康美之都"质的飞跃提供良好契机。

B.17 皖南（县域）国家体育产业示范基地发展报告

摘　要： 皖南（县域）国家体育产业示范基地借助丰富的自然资源，打造与生态旅游环境资源相匹配的体育赛事、体育旅游、体育服务等产品体系。通过创新、特色、融合、合作等发展举措，加快体育产业基地建设，建立以体育服务业为重点，布局合理、功能完善、门类齐全的体育产业体系，促进体育产业协调发展，形成体育产业新格局。

关键词： 皖南　体育旅游　品牌引领　融合发展

皖南（县域）国家体育产业示范基地紧紧围绕安徽省体育产业"品牌引领、融合发展"的发展战略，按照《皖南国际文化旅游示范区建设发展规划纲要》规划要求，注重整体开发利用，强化体育旅游产业，重点打造皖南生态环境同体育旅游资源相匹配的产品体系，获得较快的发展。

一　总体发展情况

（一）基本概况

皖南（县域）国家体育产业示范基地涵盖安徽省的2个地级市的7个区（县），具体包括：黄山市黄山区、休宁县、黟县以及宣城市宣州区、绩溪县、泾县和旌德县。截至2015年，区域内体育产业从业人数3270人，实现体育产业增加值6.54亿元，增加值占国民生产总值的比重为0.96%。从业态构成看（见图1），体育服务业增加值为3.79亿元，占体育产业增加值的比重为58.0%，其中体育旅游活动实现增加值达到3亿元，占体育服务业的79.16%；体育用品及相关产品制造增加值2.50亿元，占体育产业增加值38.22%。各县区体育产业均取得了较大发展。

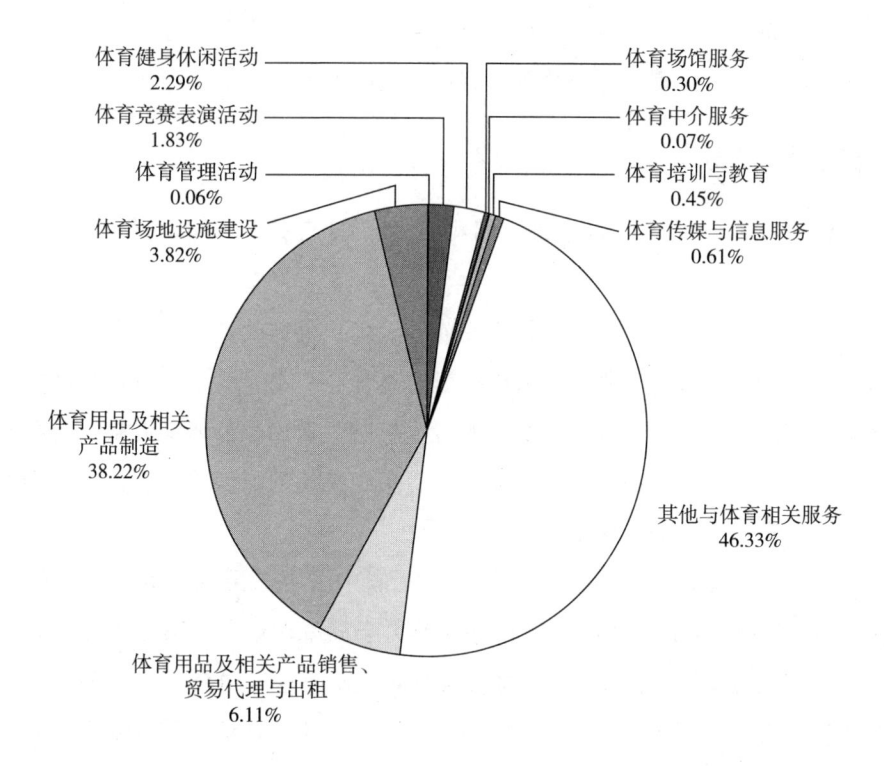

图1　皖南（县域）国家体育产业示范基地体育产业增加值构成

（二）黄山区

坚持高起点、厚基础、扩效应，大力推进国家体育产业示范基地建设。

——重大体育产业项目：途居黄山汽车露营地项目一期已完成建设并投入使用，二期投资5000万元，预计2018年年底完成全部建设内容。营地于2015年被评定为安徽省体育旅游产业基地及长三角房车标杆营地；2015年，太平湖水上运动基地共投入2000万元，用于配套性基础设施建设；同年，东黄山户外运动基地投入资金650余万元，并对基地进行了功能完善。

——重大体育赛事项目：2015年，基地成功举办"7·16全民游泳健身周"（太平湖站）暨第十八届全国公开水域游泳锦标赛、"善待自己杯"横渡太平湖游泳邀请赛、第四届箬岭古道徒步邀请赛、"光明杯"第六届全国大学生阳光体育乒乓球赛等多项全国性大型赛事，共吸引来自全国各地的近万名参赛运动员，直接经济效益达800万元以上。

（三）休宁县

构建布局合理、功能完善、门类齐全、具有休宁特色的体育产业新体系。

——重大体育产业项目。初步完成齐云山户外露营基地、道医康体养生基地、健身气功基地、张三丰太极拳演习基地、自由家营地、自行车爬坡基地等基础设施建设；开发建设黄山源芳大峡谷、黄山颜公河漂流旅游、黄山岭南养生河漂流、黄山枧谭生态河旅游、黄山夹溪河漂流旅游、黄山齐云山水上游乐等六大水上休闲基地。

——重大体育赛事项目。举办"第二届中国齐云山国际养生万人徒步大会暨2015年度中国（黄山）户外评奖大会高峰对话""第二届长三角休闲体验季安徽站""全国全民健身大联盟活动暨健身气功交流赛"等大型体育活动，有效促进齐云山体育与旅游、文化、养生等产业的深度融合。

（四）黟县

围绕战略目标，推进深度融合，积极打造体验型、休闲型体育旅游新产品。

——重大体育产业项目。积极整合资金，以县城、景区景点周边为重点，综合考虑全县古建筑、摄影点、山水田园风光的串联展示，重点建设山地车骑行系统、登山绿道系统、文体综合服务系统三大系统，为体育产业发展提供支撑。

——重大体育赛事项目。2015年，成功举办"第十届中国黄山（黟县）国际山地车节"。赛事共吸引国内外山地车选手近2200人，媒体记者、裁判员、志愿者、观摩团共约9000余人，赛事规模再上新高。

（五）旌德县

围绕"全域旅游"发展战略，积极打造体育旅游新生态。2015年以来，区域重点打造旌歙古道、自驾游示范基地以及梓山公园健身步道等体育产业项目，实际投资2000多万元，成功创建3A级景区。目前，已建成城郊梓山公园6公里健身步道，10公里环山腰自行车赛道正在建设中。同时，积极稳步推进自驾游3处示范基地建设，其中庙首1号营地和蔡家桥2号营地主体已完工。

（六）绩溪县

以全域户外运动为理念，以融合发展为目标，重点打造绿色低碳、休闲体验型体育旅游产品，打响"户外天堂"城市名片。

——重大体育产业项目。投入资金1000多万元，完成板扬路、镇蜀路、浩中路等升级改造工程；规划建设岭南、岭北两条环线骑行绿道；实施了徽杭古道延伸工程、徽杭古道新区乡村体验游等项目。近年来，共投入资金1亿多元，努力将基地打造成国内体育旅游示范基地和中国体育精品旅游目的地。

——重大体育赛事项目。2015年，成功举办全国马拉松自行车骑行大会、全国驴友节、徒步大会、越野跑山邀请赛等体育赛事，赛事参与人数逾5000人，取得良好效果。

（七）泾县

先后获得"全国体育先进县""安徽省全民健身优秀组织奖""2009～2012年度全国群众体育先进单位""安徽省体育彩票销售贡献奖"等荣誉称号。

——重大体育产业项目。现驻有体育用品制造企业——安徽申马运动用品有限公司；拥有以国家 4A 风景园区标准建设的水墨汀溪风景园区，并于 2013 年、2014 年连续两年获评"中国体育旅游十佳精品线路"。

——重大体育赛事项目。2014、2015 年连续两年承办中国·泾县山地自行车邀请赛和中国·桃花潭龙舟赛。该赛事品级高、规模大、影响广，共吸引来自沪、苏、赣、闽、浙等省市和本省各地的近万名游客来泾旅游观光。中央电视台、省电视台及市县电视台、网络等多家媒体参与报道，有效拉动了体育赛事产业与相关产业的融合与发展。

（八）宣州区

宣州区始终将体育产业作为区域规划、建设的重要工作之一，将体育产业发展列入《宣州区教育体育"十三五"发展规划》以及全区"十三五"项目库。辖区现有各类体育企业近百家，其中金梅岭、小城故事、宣城水立方健身俱乐部、聚贤生态农业有限责任公司等企业初具规模。作为国家 4A 级景区的金梅岭，2013 年被评为"全国体育旅游十佳精品旅游景区""中国体育旅游十佳精品景区"称号，2014 年被省体育局评为安徽省体育产业基地。

二 工作推进情况

（一）统筹引导，创新发展

根据《安徽省关于加快发展体育产业促进体育消费的实施意见》（皖政〔2015〕67 号）等政策规划要求，省体育局统筹引导，着力推动基地体育产业与文化、旅游和生态等产业的融合发展，大力培育一批生态旅游、休闲度假、康体养生等旅游新产品；围绕体育市场，合理规划布局一批省级体育产业基地，积极申办、举办国际大型体育赛事，打造一批具有皖南特色和国际影响力的体育赛事品牌，形成以体育旅游为特色、以特色赛事为品牌的体育产业发展体系，为美丽中国、健康中国建设提供示范。

（二）注重规划，特色发展

结合皖南山水优势资源，以体育旅游产业为主导，积极探索适合当地体育产业发展的模式，形成了各具特色的体育产业规划方案。其中，绩溪县以徽杭古道和障山大峡谷等体育旅游景点为突破口，规划建设体育旅游休闲聚集区，力争打造全国知名的体育旅游产业基地；黟县确立了以黟县国际山地车节为依托，重点发展山地车、自驾车、户外运动等体育产业新业态，力争实现传统山区农业县向新兴体育旅游强县的跨越，成为全省乃至全国对外开放的重要窗口。

（三）整合资源，融合发展

依托自然资源和传统体育文化优势，着力推进体育与文化、旅游等产业融合发展。徽杭古道体育健康产业园，2015年游客人数超过100万人次，旅游综合收入超过5000万元，同时带动沿线100余家农家乐和百余户农户从事农特产品销售，吸纳就业人数达300余人。通过资金扶持、规划指导、项目协调等方式，继续推进奇瑞黄山汽车营地、宣城金梅岭和绩溪徽杭古道等体育健康休闲产业园建设，积极推进齐云山体育旅游产业园区等一批重大体育旅游产业项目规划建设。体育产业融合发展态势进一步显现。

（四）品牌引领，重点发展

近年来，基地成功举办中国黄山（黟县）国际山地车节、中国黄山国际登山大会、中国安徽齐云山山地越野挑战赛、中国黄山太平湖公开水域游泳公开赛等自创品牌体育赛事活动；圆满承办第5届世界传统武术锦标赛、"环黄山"国际公路自行车公开赛、黄山国际铁人三项赛、亚洲青年摔跤锦标赛、WMA中国武术职业联赛、全国青年击剑锦标赛、中国羽毛球俱乐部甲级联赛、全国皮划艇冠军赛、全国竞走大奖赛暨世界杯选拔赛、全国游泳锦标赛等50余项国内外颇具影响的重大体育赛事活动。吸引了来自80多个国家和地区以及国内各省市的参赛选手、媒体记者、亲友团及客商等约80

万人次来黄山参加体育赛事活动。据不完全统计，每年各级赛事活动直接参赛人数约3万人，直接旅游消费约5000万元，给地方财税创收近500万元。

（五）交流宣传，合作发展

2015年，基地近20家企业参加中国体育旅游·体育文化博览会（太原），获得3个十佳精品项目（景区、线路、赛事）称号和10个精品项目（景区、线路、赛事）称号。同年，基地成功承办长三角运动休闲体验季休宁站、绩溪站系列活动。其中，休宁站共吸引来自上海、浙江、江苏和安徽本地的200余名户外运动爱好者、30余家媒体和20余家体育旅行社参加，50余家媒体对本次活动进行了报道转载，百度相关搜索条目达到近400万条，取得了良好的宣传推介效果。积极开展对外交流活动，就基地体育旅游休闲领域与俄罗斯圣彼得堡市签订交流合作协议。

（六）强化保障，推动发展

积极推动基地所属市政府出台相关配套的实施意见；建立皖南示范区体育产业联席会议制度，加强皖南产业基地规划与衔接，共同培育体育赛事活动，做大做强示范区域体育产业；建立皖南体育产业基地信息交流平台，实现产业管理部门、体育企业的资源、信息交流与共享，提高域内产业聚集效应及管理效能。

三 发展规划与展望

到2025年，建立以体育服务业为重点，多种所有制并存，各种经济成分共同参与的体育产业新格局；体育社会组织体系实现管理规范、充满生机和活力；体育市场繁荣发展，体育产业带动社会就业效应明显，体育服务贸易快速发展，居民人均体育消费显著增加；体育产业体系实现合理布局、功能完善、门类齐全；形成具有皖南特色的体育产业发展经验，为全国体育产业发展提供经验借鉴并起到示范作用。

（一）推进体育休闲健康产业园建设

创新体育、旅游、文化、生态"四位一体"发展模式。积极推动体育健身休闲、康体养生、竞赛表演与旅游产业深度融合，培育体育服务新业态。丰富户外运动的内容和形式，积极开发徒步、登山、骑行、漂流、攀岩、水上、野营等系列产品。重点建设齐云山户外露营基地、新安江水上运动基地、东黄山户外拓展运动基地、太平湖水上运动基地、黟县户外运动基地、绩溪徽杭古道、宣州区金梅岭等体育健康休闲产业园，形成具有一定规模的运动休闲集聚地。

（二）积极培育特色品牌赛事

以举办"健康安徽"2016环江淮万人骑行大赛为核心，重点培育中国黄山（黟县）国际山地车节（10届）、中国黄山国际登山大会（10届）、中国安徽齐云山山地越野挑战赛（5届）、中国黄山太平湖公开水域游泳公开赛（4届）、黄山市新安江龙舟赛（4届）、中国黄山国际健走节（3届）、黄山论剑（3届）、中国（黄山）户外评奖大会暨首届中国齐云山国际养生万人徒步大会、绩溪徽杭古道跑山赛等一批自行车、登山、马拉松、徒步等体育赛事活动，充分发挥体育赛事活动拉动经济的作用，不断拓展体育产业链。

（三）大力支持社会力量进入

完善市场机制，积极培育多元市场主体，重点推动政府职能转变，放宽市场准入，推进职业体育改革，培育社会组织，做强做精体育企业，增强体育场馆复合经营能力；运用政府和社会资本合作（PPP）模式，加强政府购买服务等；鼓励不同所有制企业与个人投资职业体育俱乐部和中介机构，吸引职业经理人和经纪人、体育管理人才参与体育产业，促进体育产业专业化发展。遵循市场规律和产业规律，重点做好体育资源公平、公正、公开流转。针对体育赛事专有名称、标识等无形资产依法进行开发，鼓励企业以冠名、特许、专营等合作方式赞助体育赛事，探索实行体育赛事电视转播权的有偿转让，并支持广播电视部门转（直）播体育赛事活动。

（四）完善公共体育设施布局

按照国家公共体育设施用地规定，落实城乡公共体育设施的用地需求，加强城市社区和农村地区的公共体育设施建设，城市新建社区的体育设施覆盖率达到100%并建设15分钟健身圈；继续推进农民体育健身工程，实现乡镇、行政村实现100%覆盖公共体育设施；大力发展健身走、健身跑、健身气功、自行车骑行、球类、水上、登山、攀岩等群众喜闻乐见的项目；不断推广武术、舞龙、龙舟等传统体育项目；积极推进以场馆运营、体育竞技、竞赛表演和健身娱乐为主线，体育用品、体育旅游、体育休闲为主要业态的体育健康休闲产业园建设；推动企事业单位和学校体育设施向社会开放，确保学生每天健身不少于1小时。

（五）推动体育产业融合发展

落实国家体育产业政策，成立由发展改革委、体育局、旅游局、文化局等部门组成的体育产业发展协调机构，建立协作配合的联动工作机制，统筹推进体育产业重大项目。通过多部门协调协商制定规划、土地、税收、金融、价格等优惠政策的实施细则。基于体育产业发展的客观现状，研制出台体育产业发展规划和体育产业发展政策，由市发展改革委牵头，联合市直相关部门，共同制定各地体育产业发展"十三五"规划。

体育场馆案例篇

Stadium Cases

B.18
多业并举，构建大型主题公园发展新格局

——北京奥林匹克公园

摘　要：北京奥林匹克公园（下文简称"北京奥园"）作为第29届夏季奥运会和残奥会的主会场所在地，涵盖了44%的奥运会比赛场馆和主要配套服务设施，是目前世界上最大的综合性奥林匹克文化展示区。自2013年7月国家体育总局正式批复北京奥林匹克公园为"国家体育产业示范单位"以来，园区依托全新平台以国际高端体育竞赛表演活动为主线，形成了自主品牌与大众休闲活动交融的体育产业发展格局。随着2019年男篮世界杯、2022年北京冬奥会的申办成功，北京奥林匹克公园进入"世界杯经济发展周期"和"奥运经济发展周期"，在"奥运经济"和国务院46号文件的双重驱动下，北京奥林匹克公园将保持奥林匹克遗产传承与发展的全球领先地位，并积极推进园区体育产业与金融、科技、文化、旅游

等产业的融合发展，拉长产业链条，拓展经营空间，积极打造符合北京奥林匹克公园高端定位的创新性、多元化、融合式的体育产业发展体系，构建多业并举的大型体育主题公园。

关键词： 北京奥林匹克公园　多业并举　体育主题公园

一　总体发展情况

（一）优质体育场馆集聚

奥林匹克公园位于北京市朝阳区，地处北京城中轴线的北端，占地面积11.59平方公里，是世界上最大的综合性奥林匹克文化展示区，场馆资源丰富。奥林匹克公园在空间组成上包含三部分，分别是北区、中心区、和南区。"北区"为奥林匹克森林公园"国家全民健身示范基地"，"中心区"为奥运会场馆集聚区，"南区"为奥体中心"国家全民健身示范基地"和奥体文化商务园。

——北区，占地面积6.8平方公里，是以自然山水、植被为主的生态公园，以北五环为界分为南、北两园。奥林匹克森林公园在南园和北园分别建有体育园区，2010年国家体育总局命名为"国家全民健身示范基地"。其中，南园体育园前身为2008年北京奥运会的北部场馆群。

——中心区，占地3.15平方公里，集聚了国家体育场（鸟巢）、国家游泳中心（水立方）、国家体育馆、国家会议中心及运动员村等主要场馆和服务设施。同时还拥有世界最开阔的步行广场——景观大道、亚洲最大的城区人工水系——龙形水系、亚洲最长的地下交通环行隧道等。

——南区，占地面积1.64平方公里，是北京北部地区综合性的市级公共中心，重点服务于北京市北部地区，今后将发展成为"人文北京、科技北京、绿色北京"建设的先锋示范区,成为集文化、商务、居住等功能为一体的多元复合区域。

(二)经济社会效益明显

2008年北京奥运会后,北京奥园为世人呈现了安全、有序、整洁、优美的环境,开创了体育、文化、旅游、会展和商务服务业五大产业融合发展的良好局面。7年来,以公园为核心的奥运功能区累计实现固定资产投资243亿元,完成区级收入356亿元,年平均增速达到15%。区域累计成功接待中外游客超过3.4亿人次,对北京市增加值的直接拉动贡献达450亿元,间接拉动贡献达600亿元。公园先后荣获国家5A级旅游景区、全国首个"国家体育产业示范单位"、全国首批"城市中央休闲区"等称号,示范引领作用凸显。

2015年,北京奥园继续保持良好的发展势头,营业收入约为13.4亿元,同比增长7.6%;承办大型体育赛事80次,同比增长90.48%,承办赛事获得的赞助收入达到11436万元;举办面向公众的公共文娱活动和公共体育活动达到481次,参与体育健身活动居民达到408万人次,举办的体育健身培训居民达到41805人次;向特殊人群(老年人、青少年、残疾人)免费开放的总时长达到365天。北京奥园经济效益持续向好的同时,对社会大众的积极贡献也较为突出。

(三)体育产业潜力较大

北京奥林匹克公园发挥多元业态共存的优势,加强体育与文化、会展、科技、教育等领域的协同发展,业务范围大幅度拓展,产业边界不断扩大,体育产业影响力不断提升。2015年北京奥林匹克公园体育单位数量达到99家,主要涉及体育赛事、健身休闲、体育培训、体育旅游、会展服务、体育用品及相关销售等行业。北京奥园体育产业综合发展报告显示:[①] 2013~

---

① 北京奥林匹克公园管理委员会:《北京奥林匹克公园体育产业综合发展报告(2015)》,2016。

2015年北京奥园体育产业呈现出稳步上升的态势，2015年奥园体育产业发展指数达到4.41，三年平均增长率为5.03%，综合发展能力较强。从主要业态发展看，体育赛事、体育培训、体育旅游发展指数在近3年均保持较稳定的增长；会展行业增速尤为明显，2015年发展指数达到2.47，同比增长97.6%；体育健身休闲和体育用品销售均有所回落。从各业态发展潜力看，会议会展和体育培训呈现较快的增长势头，体育赛事和体育旅游紧随其后。随着北京奥园体育产业环境的进一步优化，各业态融合程度进一步加强，体育产业潜力将进一步得到激发。

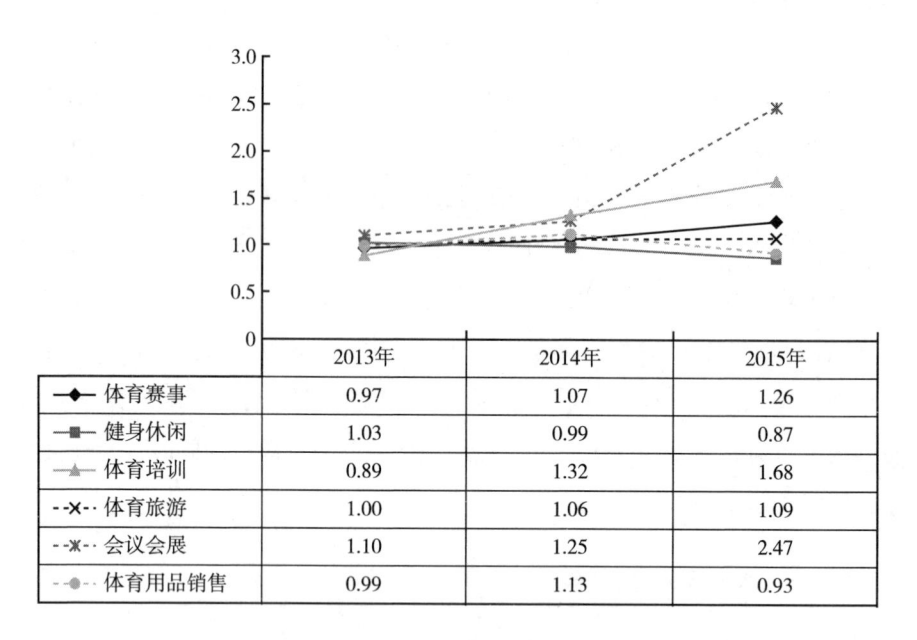

	2013年	2014年	2015年
体育赛事	0.97	1.07	1.26
健身休闲	1.03	0.99	0.87
体育培训	0.89	1.32	1.68
体育旅游	1.00	1.06	1.09
会议会展	1.10	1.25	2.47
体育用品销售	0.99	1.13	0.93

图1 北京奥林匹克公园体育产业各业态发展指数情况

二 主要推进举措

（一）加快引进重大赛事和体育组织，打造国际活动聚集区

以高端化、国际化为目标，加快有影响力的品牌赛事和国内外体育企

业、组织和中介机构的聚集。截至2015年底，公园先后举办各种大型赛事演出及高端会议展览6500余场，其中国际性活动达到800余场，占比达到13%，"中国网球公开赛"，环北京职业公路自行车赛、足球超级杯、FE电动方程式锦标赛、国际马拉松赛、国际泳联短池游泳赛、花样游泳赛等均已经成为功能区每年固定赛事活动，逐步形成了品牌化、系列化和产业化发展的良好态势。

（二）完善体育产业体系，构建复合型体育产业发展格局

奥林匹克公园不仅是国家体育产业示范单位，也是国家5A级旅游景区、全国首批城市中央休闲区，并正积极创建全国文化、旅游知名品牌示范区和国家级文化产业示范园区。奥林匹克公园内新建成的北京奥林匹克塔，在建的中国国学中心，以及即将落户的国家美术馆、工艺美术馆、亚洲基础设施投资银行等国家重大功能性文化、金融设施，为奥林匹克公园体育产业融合式发展带来新的机遇。奥林匹克公园加强体育与文化、旅游、会展、科技、教育等领域的协同发展，构建结构优化、特色鲜明的体育产业体系，形成体育与多产业融合发展格局

（三）加快品牌培育和辐射溢出，发挥示范引领作用

在积极引进国际品牌活动的同时，奥林匹克公园也加快培育自主品牌，推出了《鸟巢·吸引》、《梦幻水立方》、鸟巢欢乐冰雪季、新奥冰雪王国、森林公园花卉观赏季，形成了春有百花，秋赏月，夏有荷香，冬嬉雪的独特魅力。奥林匹克公园品牌影响力逐年提升，并逐渐形成辐射溢出效应。奥林匹克公园连续发布国内首个区域性体育产业发展指数，国家会议中心牵头起草我国会议业第一项国家标准《会议分类和术语》以及《展览场馆的运营服务规范》，国家游泳中心"嬉水乐园"模式已推广至天津、南京等地区，国家体育场与西藏拉萨市群众文化体育中心开展合作。奥林匹克公园正逐步成为标准制定和管理输出的高地。

（四）创新场馆运营机制，增强复合经营能力

奥林匹克公园按照国务院46号文中提出的"创新体育场馆运营机制，增强大型体育场复合经营能力"的相关要求，以核心场馆为依托，加快实施创新驱动发展战略。例如：国家体育场成立中国第一家文化体育创意交流与项目孵化的产业促进机构——鸟巢文创中心，与国际知名汽车制造企业合作实现部分区域冠名，与乐视体育、阿里体育合作建设体育产业创新生态圈。奥林匹克公园积极推进奥体文化商务园区服务平台建设，完善招商引资工作机制，通过积极引进体育、文化等符合区域功能定位的国际组织、机构和企业入驻，不断提升亚奥商圈的整体规模和市场地位。

（五）注重统筹协调，实现体育产业与体育事业协同发展

奥林匹克公园建成"中国轮滑广场"，森林公园和奥体中心先后获评国家级"全民健身示范基地"，通过充分发挥鸟巢、水立方等场馆设施的资源优势，积极开展"半程马拉松接力赛"等一系列全民健身活动及公益活动，组织周边居民参与体验"健康与快乐"等主题日活动。奥林匹克公园积极探索与社会、企业合作，不断完善健身配套设施，建立公共服务、便民服务、利民服务、志愿服务有效衔接的全民健身服务体系。

（六）加强科学管理，全面提升综合服务水平

一是继续发布和推广奥林匹克公园体育产业报告。自2013年起连续推出奥林匹克公园体育产业综合发展报告（包括英文版）。报告明确了全国首家区域性体育产业发展度量指标，即奥林匹克公园体育产业发展指数，成为全国体育产业发展的风向标和引领者；二是加强体育产业集聚区域的交流互动。管委会组织园区共建"国家体育产业示范单位"的单位代表，参加国家体育总局主办的体博会和体育"两博会"，宣传奥林匹克公园，学习其他区域先进经验，为奥林匹克公园体育产业后续发展拓宽思路；三是充分发挥智库建言献策作用。通过《促进奥林匹克公园体育文化发展课

题》《北京奥林匹克公园文化发展提升规划（2014～2020）》等专项课题的研究，明确奥林匹克公园体育产业的发展路径；四是全力筹建全国知名品牌示范区。创建工作已进入最后攻坚阶段，将于年内经国家质检总局验收通过后正式命名。

三　发展规划与展望

（一）提升综合服务理念，实现大型场馆的有机更新和迭代发展

以国际化和全球化的思路对体育场馆有机更新和迭代发展进行布局谋划，充分发挥鸟巢、水立方等全球性赛事场馆品牌的带动效应和区域集聚效应；推动园区内产业链上下游创业创新企业兼并重组，实现资源整合，突出差异化竞争和功能化区隔，降低运营成本，提升运营科技附加和文化附加。

（二）提高科研和文化附加，保障奥林匹克遗产的良性传承

鼓励和支持园区体育文化与传播公司加大技术研发、产品设计和内容开发投入。鼓励体育科研机构、体育高等院校和智库进入园区设立工作站点和创意实验室，实现引智工程建设。从文化创新、理念创新到意识创新，支持园区场馆围绕智能化进行技术改造与升级，通过奥林匹克文化宣传及科学研究的投入，保障奥林匹克社会与文化的传承。

（三）重视园区公共营销活动，探寻园区全球推广的渠道和路径

发挥北京市和奥林匹克公园体育资源丰富的优势，依托互联网、大数据、物联网等资源，吸引以体育产品和服务为内容的各类会展在园区内举行。支持国际体育组织在园区内创办或举办各类体育主题的推广活动，将国际体育产业年会、体育产品和体育服务会展有机联系起来，打造成互为补充、覆盖全年的体育营销会展体系。

（四）开拓特色旅游景点和项目，推动奥园体育休闲观光产业发展

北京奥林匹克园区作为"国家5A级旅游景区"，拟通过整合奥林匹克文化、地理、历史等多种旅游资源，将体育旅游作为园区产业发展中的核心产业进行支持。推介2008北京夏季奥运会、2022北京—张家口冬季奥运会的文化旅游产品，搭建全国体育旅游优质平台，扶持一批具有北京精神、北京气派的体育旅游品牌，培育一批项目新颖、联动性强的体育休闲旅游龙头企业。

（五）拓展产学研合作领域，促进多层次经济活动的全产业链融通

通过深入实施"质量立园，品牌立园"等战略，以质量管理、品牌带动、标准引领、检验检测、专业认证为手段，培育形成一批拥有自主知识产权、系统化核心技术、高端品牌影响力和垄断性市场竞争力的知名品牌，并将北京奥林匹克公园逐步打造成为一个集场馆、赛事、运动、休闲、健康、金融、展示、销售等于一体的全产业链的世界性体育产业汇聚地和品牌示范区。

（六）扩大智慧管理范围，促进便捷的互联网和移动信息服务平台建设

目前，园区已经计划通过"智慧景区"建设工作、网络系统平台、市政信息化平台以及园区大型活动管理微信平台来加强科技化智能化建设，提高服务保障能力。后续，还将鼓励和扶持行业组织、产业公共服务机构发起建设体育赛事设计评估、体育产品流行趋势、体育商务与会展运营等信息服务平台，助力园区内公司对接全球体育产业前沿资讯，抢占全球体育经济的先机。

四 发展经验总结

（一）多产业融合建设大型体育主题公园

北京奥林匹克公园依托其所处的区位优势及资源优势，通过一系列政策措施促进园区多产业融合发展。通过奥林匹克公园5A级景区的建设，促进体育产业与旅游产业融合发展。建设国学中心、中国美术馆、中国科技馆等文化设施，以及举办各类型的文化娱乐活动，促进体育产业与文化创意产业融合发展。通过吸引亚洲基础设施投资银行及大中型企业的入驻，促进体育产业与金融产业融合发展。北京奥林匹克公园地处北京市城市发展核心区域，拥有完善的城市基础设施，适合体育及相关产业的协同发展，体育产业的发展离不开其他相关产业的支持。体育与旅游、文化、金融等多产业融合，构建了北京奥林匹克公园以体育产业为核心多产业共存的发展格局，多产业融合发展将形成北京奥林匹克大型体育主题的全新发展模式，为其他体育产业园区的发展起到借鉴作用。

（二）以赛事促进体育产业发展

体育竞赛表演业作为北京奥林匹克公园的支柱产业，是奥林匹克公园体育产业发展的基础。奥林匹克公园积极举办各类体育赛事及文化娱乐活动，截至2015年奥林匹克公园共举办各类赛事及活动6500场次，其中国际性活动达到800余场次。2015年举办的赛事包括国际田联世界田径锦标赛、中国网球公开赛、奥迪顶级足球峰会等一系列国际性赛事。还将举办2019年男篮世界杯和2022年冬奥会。各级别重大体育赛事及文化娱乐活动的举办提高奥林匹克公园的经营效益，发挥了奥林匹克公园的体育产业功能。

（三）培育自主品牌提升产业核心竞争力

北京奥林匹克公园培育的自主体育文化品牌包括《鸟巢·吸引》、《梦幻水立方》、鸟巢欢乐冰雪季、新奥冰雪王国、森林公园花卉观赏季等，赛事品牌包括中国网球公开赛、世界田径挑战赛北京站等。赛事及文化活动的常态化有效提高奥林匹克公园的经营收入，这些收入包括餐饮住宿、赛事门票、赛事赞助等。自主品牌的形成提高了奥林匹克公园的产业核心竞争力，充分发挥奥林匹克公园体育本体产业功能，形成了体育产业发展的新动力。

（四）以优质服务促进体育产业发展

服务水平是保障北京奥林匹克公园体育产业可持续发展的基础，奥林匹克公园在服务上不断创新。通过发布奥林匹克公园体育产业发展报告和进行相关课题研究来发现其服务存在的问题，并积极着手改善以提高服务水平；其次是通过与其他体育产业园区的合作交流，借鉴别人服务管理经验来提高园区服务水平。具体方法包括选派人员参加每年的体博会和对其他体育场馆园区的考察。

B.19
以体为本,打造体育文化活动聚集区

——天津市奥林匹克体育中心场馆群

摘　要： 天津奥林匹克体育中心场馆群（下文简称"天津奥园"）致力于打造体育文化活动聚集区，多年来坚持以体为本的发展思路，高端赛事、优质企业不断聚集，体育及相关产业蓬勃发展，体育产业与体育事业协调发展，在场馆群赛后开发利用、举办自主品牌活动和公益性活动、引进大型活动资源等方面做出有效尝试。天津奥园已形成融体育竞赛、文艺演出、健身、购物、会议、展览、住宿、商务等多项功能为一体的体育文化活动聚集区。

关键词： 天津奥园　以体为本　体育文化活动聚集区

一　总体发展情况

（一）基本概况

天津奥园是天津市最大的综合性体育功能建筑群，场馆资源丰富，奥园涵盖天津奥林匹克中心体育场、天津体育馆、天津奥林匹克中心游泳跳水馆、天津奥林匹克中心体育场附属训练场、高尔夫球训练场及天津体育馆副馆和练习馆，场馆总建筑面积超过26万平方米，固定座席近7.5万个。其中主体场馆主要包括体育场、体育馆和游泳跳水馆，体育场于2007年7月竣工并投入使用，占地面积7.8万平方米，建筑面积16.9万平方米，观众座席6万，总投资约16亿元人民币，可满足国际级足球和田径比赛要求。体育馆是综合性、多功能的大型体育设施，是天津市最大的室内体育馆；占地面积12.23公顷，总建筑面积5万多平方米；馆内设有固定坐席9000余个，可增加临时座椅2000余个。游泳跳水馆于2011年4月30日竣工，投资3.92亿元人民币，占地面积1.7万平方米，建筑面积3.7万平方米，可满足国际、国内最高水平的跳水、游泳、水球、花样游泳等赛事要求，可容纳3000名观众观看比赛。良好的硬件条件和高效优质的服务，吸引了众多高端企业入驻。

（二）经济效益

天津奥园有效开发体育场馆资源，以产业增长和推进全民健身为导向，体育产业增长较快，经济效益取得可喜成绩。2015年天津奥林匹克体育中心场馆群营业收入3599万元，基本实现自负盈亏。其中，天津体育馆经营收入1518万元，同比增长13%，总资产增长1.2%；天津奥林匹克中心体育场经营收入1543万元，基本与上年持平；天津奥林匹克中心游泳跳水馆经营收入542万元，同比增长11%，泳客人数9万余人次，与2014年4万余人次相比，泳客人数增长了125%，利润增长了10%，经济效益明显。

（三）社会贡献

2015年，天津奥园用于向社会提供公共体育设施、产品、服务（或体育场馆免费低收费开发）的费用支出695万元；向老年人、青少年、残疾人等特殊人群免费开放时间达到365天；举办了市民"四季跑"健身活动、无限极2015养生行走日、广场舞大赛复赛推广赛、"金峰杯"全民健身等面向公众的公共文娱活动和公共体育活动50次，在相关文体活动的带动下参与全民健身活动的居民达到230万人次，接受体育健身培训的居民达到35500人次，有效地促进了天津市全民健身事业的发展。

二 主要推进举措

（一）大力发展体育产业五大板块

天津奥林匹克体育中心充分利用场馆资源，实现体育集聚效应与多方位经营融合，推进体育健身、会展业务、商业活动、娱乐休闲、高端企业五大体育产业板块的健康发展。

1. 体育健身

全球最大的健身连锁俱乐部宝力豪健身位于天津奥林匹克中心体育场东侧，营业面积7000平方米，会员超过3000人，每天约600人到店健身；天津力奥体育健身位于天津奥林匹克中心游泳跳水馆，开发经营面积近8900平方米，共有10个体育业态，停车位200余个。国际国内知名健身企业的入驻，有效利用和开发天津奥林匹克中心体育场馆资源，促进天津奥林匹克中心体育产业的发展，同时也促进全民健身事业的发展。

2. 会展业务

近二十年来，各种会议展览活动在天津奥林匹克中心举办。每年举办展销活动20多场次，收益超过200万元。展览类型包括行业展、专业展、文化展等。同时天津奥林匹克中心每年还举办多场人才招聘会、婚庆博览会，为繁荣市场经济，宣传行业发展做出了努力。

3. 商业活动

天津奥林匹克体育中心每年都要举办30余场文化演出和各种大型庆典活动，收益超过600万元。还承办过国际啤酒节、国际论坛、大型车展、集体婚礼、试乘试驾会、马戏表演等诸多活动。自2011年以来，连续举办了四届冰雪节，累计接待游客15万人次。

4. 娱乐休闲

天津奥林匹克体育中心商业圈汇集餐饮、汽车俱乐部、茶艺、美容、高尔夫练习场、康体休闲等业态，全方位地满足了市民休闲娱乐活动的需求。

近 10 万平方米的湖面，可开展水上群众娱乐和比赛等项目，满足各类人群的休闲娱乐及文化体验。

5. 企业入驻

天津奥林匹克体育中心自建成以来，以其浓厚的体育氛围，吸引着多家高端企业入驻。已于 2015 年在新三板上市的北京体育之窗发展有限公司，是国内最具实力的体育场馆策划经营公司。目前，该公司已成为天津奥林匹克中心体育场战略合作伙伴；位于天津体育馆副馆的天津"农垦津奥广场"是天津农垦集团重点商业项目之一，被政府规划为天津市重点精品旅游项目、南开区的"四区两点一总部"的重点项目，总投资 1.1 亿元，年营业额 1700 万元；天津市高尔夫协会与天津市马球协会，每年都会召开相关赛事活动，为中心的体育产业业态多元化发展添砖加瓦，贡献力量。

（二）全面贯彻落实国家相关政策

1. 深刻领会文件精神

2015 年对体育产业具有划时代意义，首先是国务院发布了《关于加快发展体育产业促进体育消费的若干意见》，从国家战略的角度为体育产业明确了发展目标和方向，天津市人民政府也出台了《关于加快发展体育产业促进体育消费的实施意见》（津政发〔2015〕18 号），为天津市体育产业发展制订了目标，并提出了一系列体育产业扶持政策。天津奥林匹克体育中心根据政策和市体育局的相关要求，反复研究文件，在深刻领会政策精髓和意义的基础上，对奥林匹克中心的产业布局做了重大调整。

2. 全面实现企业升级

清理和提升区域内的企业，关停经营不善、拖欠租金的企业，重新制订招商标准。2015 年新增企业 8 家，津奥体育和春合校园分别完成年营业额 5000 万元和 1 亿元，而时尚型企业华领体检、锋尚视觉广告、东疆港免税商店得到广泛关注。

3. 推进场馆惠民开放

2015 年全年向社会免费开放，举行了公益性活动 27 场，举办健身知识讲座 15 次，健身技能培训 35500 人次，国民体质测试 11500 人次，在免费低收费开放工作考核中成绩优异。

三 发展规划与展望

（一）全面推进场馆升级改造

2017 年第十三届全运会将在天津举办，且天津奥林匹克体育中心将承担大部分的比赛项目。因此，2016 年天津奥林匹克体育中心进行场馆升级改造，进一步完善场区配套服务功能，提升场区整体环境，强化景观、绿化、灯光、标识、湖面品质等内容。抓好安全生产工作，制定改造后的体育场馆各项制度。

（二）积极开发体育产业项目

主动挖掘新的经济增长点，对现有经营内容进行优化和扶持，完善场馆的建设和管理，利用场馆现有场地。计划建造露天游泳池，构建水上运动一体化设施。挖掘游泳跳水馆多元功能，推动健身会所、体育商业综合体多种管理和运营模式，扩大服务范围，提高经济效益。

（三）做大做强群众赛事活动

加大免费低收费开放力度，制定科学、严谨的公益性开放规章制度，使天津奥林匹克体育中心的公益性开放工作得以稳步推进；创造条件推出新的群众体育项目，指导大众科学健身，做好国民体质监测，增加健身项目；同时，依托体育竞赛资源争取承办或主办体育更多赛事，满足群众观赏高水平体育比赛的需要，提高场馆利用率。

（四）抢抓机遇实现集聚发展

天津奥林匹克体育中心将以京津冀协同发展和 2017 年天津市举办全运

会为契机，充分发挥天津奥林匹克中心作为国家体育产业示范单位的示范和引领作用，积极引导和推动体育产业各业态在各区县、各功能区的集聚发展，着力发展一批市级体育产业基地，进一步突出产业特色，形成集聚效应，在推动天津奥林匹克体育中心体育产业增长的同时，也为天津市体育事业的发展做出贡献。

四 发展经验总结

（一）拓宽经营思路，打造体育文化活动聚集区

天津奥林匹克体育中心将体育产业的发展与休闲娱乐及商业开发相结合，形成体育文化活动聚集，有效促进体育产业发展。作为体育场馆群，天津奥林匹克体育中心以体育健身、体育赛事和举办大型文化活动为依托，扩宽天津奥林匹克体育中心经营思路，将场馆群周边的设施进行开发，升级场馆周边服务功能，完善场馆配套设施，举办多元体育文化活动，吸引体育文化企业入驻。经营思路的拓宽，有效促进天津奥林匹克体育中心的商业开发，体育健身、体育赛事和体育企业集聚，形成了以体育为本、体育与文化共荣的文体聚集区，提高了天津奥林匹克体育中心体育产业功能。吸引了北京体育之窗发展有限公司、"农垦津奥广场"、天津市高尔夫协会、天津市马球协会等入驻。2015年又吸引君来君往餐饮管理（天津）有限公司、天津华领门诊有限公司、杰仕动能等项目在此投资，投资总额2600万元。

（二）满足多元需求，实现体育产业持续发展

天津奥林匹克体育中心是大型体育场馆群，打造集健身休闲、竞赛表演、体育培训、体育用品销售、商贸会展等多元功能的城市体育服务综合体，满足群众多层次、多样性的体育需求。发展体育产业的根本目的，是增强人民体质、提高健康水平。要更加注重满足人民群众需要，加快建设公共

体育服务体系示范区，使经济福祉由非均衡型转向包容共享型。要积极引导体育消费，广泛开展全民健身运动，大力拓展竞赛表演市场，培养群众健康生活方式，推动全民健身与体育消费互融共促，既要产生一定的社会效益，也要产生一定的经济效益。通过完善招商制度，吸引具有发展潜力的企业入驻体育场馆群，满足群众办公、休闲健身、餐饮等多样化需求，同时也实现体育文化活动聚集区的可持续发展。

（三）加强服务意识，助推体育场馆经营发展

为保证体育中心场馆群经营效益，从提升服务满意度入手，加强服务意识，强化安全保障，采取相关措施服务场馆安全运营。奥林匹克体育中心体育馆制定岗位责任制规章和突发事件应急预案，确保安全、卫生、治安零事故；天津奥林匹克体育中心体育场对场馆消防设施和电气设备进行维护，邀请公安和消防进行治安和消防培训；天津奥林匹克体育中心跳水游泳馆也建立健全消防安全规章制度，制定应急疏散预案。通过推进体育场馆不留死角的安全服务工作，全力提升群众服务满意度，有力地提高了体育场馆的经济社会效益。

B.20
质量为先,建立现代体育场馆管理新标准
——武汉体育中心发展有限公司

摘　要：　武汉体育中心发展有限公司(以下简称"武体中心")成立于2000年6月,隶属于武汉开发区国资委管理的国有独资企业,受区国资办委托,对"一场两馆"资产实施运营管理。武体中心履行社会公共服务职责,积极应对体育产业发展中的诸多困难和挑战,不断开拓创新,充分发挥公共体育服务功能,并在市场化运作中取得可喜成绩。武体中心能够打造场馆精品赛事,满足全民健身服务需求,实现经济效益和社会效益双丰收,离不开武体中心场馆管理标准体系的建立。通过制定管理标准、完善管理体系、构建管理平台,用优质的服务质量服务消费者,形成现代体育场馆管理新标准并推广实施。

关键词：　武汉体育中心　质量为先　管理标准体系

一　总体发展情况

(一)场馆概况

武体中心位于湖北武汉经济技术开发区,由体育场、体育馆、游泳馆、武汉国际体育文化休闲园及其他附属建筑构成,总规划用地约2000亩。武体中心体育场总建筑面积8.5万平方米,总投资63000万元,观众座席6万

座；体育馆总建筑面积5.3万平方米，总投资34000万元，观众座席1.3万座；游泳馆总建筑面积3.5万平方米，总投资29000万元，观众座席3500座。场馆按照承办国际赛事标准、多功能布局、规模适度的要求进行建设，"一场两馆"既能满足国际、国内高级别足球、篮球、羽毛球、跳水、游泳等单项竞赛的要求，也能满足各类大型文艺演出和商业会展等活动的要求。

（二）运营模式

武体中心秉承开放发展的理念，多层面、多措施、全方位推进运营模式创新。

一是推进服务外包。遵循"专业人做专业事"的服务理念，对场馆日常服务性工作和设施设备保障工作等业务，选择专业公司进行委托管理。服务外包的创新模式得到了国家体育总局的充分肯定，被誉为"武汉模式"。

二是实行多业并举。武汉体育中心通过战略合作降低资源获取门槛，通过战略联盟形成规模经济，整合政府、媒体、企业三方资源，积极做好赛事冠名权、特许权、无形资产开发以及衍生品开发等工作，创造了城市营销、企业营销与武汉体育中心可持续发展的多赢局面。

三是拓展新兴项目。武汉体育中心加快文体产业链配套项目的研发、储备和建设力度，为企业增添后续发展新动力。建设武汉国际体育文化休闲园，形成足球公园、网球公园、乒乓球公园以及青少年游乐公园四个主题子公园，推进武汉国际赛车场项目建设进度，结合"七军会"，武汉体育中心调整"一场两馆"总规划，新建现代五项馆、冰雪运动中心等。新建设施共新增全民健身场馆面积2395亩，推进通用航空产业园项目。

（三）经营概况

武汉体育中心成立以来，始终坚持"以体为主、产经兴业、合作共赢、服务社会"的经营策略。

一是高水平赛事影响较大。公司成立至今，先后承接、主办了"女足世界杯赛""亚洲男子篮球锦标赛""羽毛球汤姆斯杯暨尤伯杯赛""亚洲跳伞锦标赛暨中国跳伞公开赛""世界女排大奖赛""乒乓球亚洲杯赛""篮球亚洲杯赛""亚洲田径锦标赛"等18个项目四百余场次的大型体育赛事。仅2015年度，武体中心举办各级各类体育赛事总计323场次，重大体育赛事和活动吸引观众人数超过20余万人。

二是群体活动效果明显。2015年全年利用武汉体育中心专业策划团队，举办公益性体育赛事活动7场；免费为区域群众赠送国际国内高水平的体育赛事门票约3万张，同时成立了由14家企事业单位组成的开发区文体活动职工社区，定期为职工社区单位定制健身指导计划，组织职工文体水上趣味运动会等延伸配套服务。武汉体育中心现有全民健身俱乐部会员近万人，2015年参与健身活动的居民达到20万人次，参与体育健身培训的居民达到7万人次。

三是经营效益成效显著。武体中心利用现有场馆资源，革新经营理念，履行社会责任，2015年经营效益取得可喜成绩，全年实现营业收入达到8745万元，营业税金贡献481万元。其中，体育场、体育馆、游泳馆3大场馆全年营业收入达到7344万元，实现赢利2017万元；3大场馆经营中，体育场营业收入高居首位，达到3650万元；体育馆赢利水平最高，达到1027万元，占到三大场馆的50.92%。

二 主要推进举措

（一）坚持以体为本理念，精心选择举办大型文体活动

大力发挥体育中心场馆设施优势，提升大型文体活动运营管理水平，坚持"文体为本"的目标不动摇，通过举办前瞻性较强的社会与经济效益并重的文体活动，如国际体育舞蹈大赛、航空运动大会、国际羽毛球赛事和一线明星的演唱会等大型体育赛事和文艺活动，满足民众的文体需求，履行好国企的社会公共服务职能，进一步擦亮武体中心这张城市名片。十余年来，武体中心为各类企业创造品牌传播价值逾50亿元，为城市创造的综合经济价值超过100亿元。

（二）推进全民健身低免开放，全面贯彻落实惠民国策

积极响应《体育总局财政部关于推进大型体育场馆免费低收费开放的通知》，2014年对接政策文件，公司积极落实国家低免开放政策，低免开放工作得到国家体育总局、财政部检查组的充分肯定，具体推进工作包括：扩大全民健身免费低收费受惠面；将节假日扩展成为市民免费运动日；邀请市民免费观看大型国际国内体育赛事；排除困难，新增开放时段和场地。

（三）创新群体活动运行模式，充分满足群众健身需求

2015年，在公司精心策划与组织下，武汉开发区（汉南区）职工足球、羽毛球、篮球、乒乓球、游泳五大群体赛事相继成功举办，服务机关干部、区域企业职工约20万人次。五大职工群体赛事的成功举办，得到了社会及新闻媒体的广泛关注，丰富了全区企业职工的文化体育生活，增进了武汉开发区（汉南区）干部职工的友谊，促进了企业、行业间的交流。从2016年起，全区五大职工群众赛事活动的经费正式列入了区级财政预算，全区五大群体赛事内容及其办赛模式常规化。

（四）加大健身配套设施投入，增强对外服务新功能

在人民群众健身需求不断增加的背景下，武体中心增设国民体质检测室及康体健身房。公司腾挪近1000平方米可供经营物业，投入近100万元增设国民体质检测网点和器械健身与运动康复的康体健身房，拓展了对外开放服务空间，启动游泳馆全区域、全时段对外开放。

（五）积极争取政府行政资源，夯实企业发展之基

为增强公司的现金流，提升公司投融资能力，公司积极争取财政资源，仅2015年全年落实区级日常财政补贴及低免开放中央财政补贴1650万元；各项区级财政基建拨款1362万元；区国资部门填实资本金拨款5200万元；"中体公司"注销清算结转资本金款项300万元等。各项资金

的落实有效改善了公司多年来流动资金不足的艰难局面,极大地提高了公司投融资能力。

三 发展规划与展望

武体中心为促进体育场馆可持续性经营研究制定了"精文体、重开放、谋转型"的工作发展思路。一是以举办社会与经济效益明显、对湖北武汉城市发展战略性、前瞻性较强的大型文体活动为主;二是加大现有存量资产的经营开发力度,优化完善文体配套设施及服务功能,提高社会公共平台的开放水平与自我平衡能力;三是调整业务结构,加快体育产业配套性、资源型项目的研发、储备和开发力度,武体中心制订了"十三五"期间战略发展规划。

(一)精心筹备重点大型活动

武体中心将承办2019年男子篮球世界杯赛和2019年第七届世界军人运动会。在体育赛事方面,将进一步探索打造品牌赛事,实现常态化举办高水平赛事,实现赛事运营和宣传城市双赢,开拓赛事运作的新篇章;在文化活动方面,紧抓项目源头,加深与国内知名文化演出公司合作,改变以场地出租为主的文化发展模式。积累自主运营与合资运营的项目经验,为未来独立发展成专业型经营公司奠定基础。

(二)以项目驱动全面转型升级

完善体育产业链,公司着力推进武汉国际体育文化休闲园、中国车都城市足球公园、中国车都全民健身中心、国际航联世界飞行者大会(WFE)、武汉国际赛车场、武汉国际体育文化交流中心等体育产业经营性项目的筹建进程,以快速形成经营性"造血"资产,提升公司的整体营运能力。

（三）全力构建对外开放新格局

公司将在《体育总局等八部门关于加强大型体育场馆运营管理改革创新提高公共服务水平的意见》《国务院关于加快发展体育产业促进体育消费的若干意见》等文件的指导下，全面推进场馆免费、低收费开放工作。同时，全面挖掘培训增量，强力打造具有武汉体育中心特色的足球、游泳、羽毛球三大培训产业。将发掘职工群体赛事、社区居民群体赛事和体育中心会员俱乐部活动的市场潜力，初步形成武汉体育中心全民开放的新格局，服务于广大人民群众。

（四）强力破解资产经营性难题

一是在企业活动方面，加强与车企、直销企业合作，为企业提供新车发布、企业年会、企业各类文体活动等增值服务，扩大经营效益；二是在存量资产开发方面，拟对体育中心目前拥有的体育场54个包厢，体育馆28个包厢进行商业开发出租；对体育场内环办公区域1200平方米，拟以物业形式出租，对社会停车场拟以季节性出租开发；三是以"一场两馆"的广告位为主要内容，加快公司无形资产的开发；四是在投资经营方面，拟以自行投资、合作投资模式建设足球和篮球的场地，再通过招标选取合作伙伴，共同经营，共赢发展。

四 发展经验总结

（一）实现管理创新，树立现代体育场馆管理新标准

武体中心在企业管理创新上，首先推进企业管理标准化的建设。武体中心设立之初的定位是：坚持"以体为主、以商促体、以文兴业"的经营管理理念，找准体育场馆社会公益性和市场化运作的平衡点，摸索出一条经营管理的市场化道路，其场馆管理模式被国家体育总局评定为改革试点示范单

位。以服务质量为导向，通过推行管理体系、研究体育场馆服务管理标准、优化体育场馆管理平台，构建武体中心现代化的体育场馆管理新标准，为体育场馆经营行业树立行业标准。

一是推行管理体系。公司2008年通过了GB/T19001-2008质量、GB/24001-2004环境、GB/T28001-2001职业健康与安全综合管理体系认证，相继制定了《管理手册》《程序文件》《管理制度及作业指导书汇编》《工作记录表格汇编》。

二是起草全国标准。2010年7月公司通过竞标获得《体育场所服务质量管理通用要求》行业标准研发任务，经过3年潜心研究，2014年4月已经获得国家体育总局批准，7月1日起在全国实施。

三是优化管理平台。2014年以来，公司全面启动以预算管理、人力资源管理、目标绩效管理为核心的企业内部管理优化工作，进一步提升管理效能，控制管理成本。

（二）打造精品赛事，构建文体资源营销平台

武体中心自成立以来始终坚持"以体为主、产经兴业、合作共赢、服务社会"的经营方式，以满足人民群众欣赏高水平竞技体育赛事的需求为宗旨，努力打造"高水平、高品质、高效益"的精品赛事，通过争办高水平竞技体育赛事、培育专业赛事运营团队、最大化开发赛事资源等渠道，促进场馆营运方式从简单的"管理出租型"向"赛事运营型"升级。武体中心加深与企业的合作力度，为企业提供优质的场地服务，并形成武体中心文体资源营销平台。高水平赛事的举办及文体资源营销平台的构建为武体中心产业化发展奠定了基础。

（三）加强理论研发，累积可持续发展力量

体育场馆经营与管理缺乏可借鉴经验与模式，理论先行是推进场馆业发展的基础。2008年以来，武汉体育中心携手武汉体育学院、华中师范大学、湖北大学等高校体育专家，以打造"武汉体育中心模式"为目标，完成了

《武汉体育中心"一场两馆"运营管理发展思路》《武汉体育中心运营管理战略定位与战略模式研究》《武汉体育中心品牌提升战略》《体育场馆经营与管理》《武汉体育中心优质服务研究》等近二十项课题研究，通过具有前瞻性的研究形成场馆可持续发展的经营理论，为经营管理实践提供有力理论指导，保障各项工作朝着正确的方向和目标前进。2009年，经整理出版《体育场馆的经营与管理》，2010年7月公司通过竞标获得《体育场所服务质量管理通用要求》行业标准研发任务。

（四）履行社会职责，彰显体育场馆公益功能

在湖北省全面构建大体育文化发展格局、力争早日实现"体育强省"目标的大背景下，武体中心积极响应全民健身国家战略，充分发挥场馆和群体活动策划优势，2015年共举办公益性体育赛事活动7场，免费为区域群众赠送国际国内高水平的体育赛事门票约3万张，在武体中心参与健身活动的居民人数超过20万人次，接受体育健身培训的居民人数已超过7万人次，武体中心举办的面向公众的公共文娱活动和公共体育活动共计7万余次。充分发挥体育在改善国民健康质量，提高生活品质方面的积极作用。

（五）业务拓展创新，逐步实现与时俱进发展

在新互联网时代，武体中心以创新思维大力推进体育与信息技术融合发展，积极探索"互联网＋体育"发展的新路径。2015年度，武体中心在场馆信息化建设方面的投入共计49万元。截至2015年底，公司已建成体育场馆信息服务平台，建成包括武汉体育中心网站、湖北"去运动"APP体育公共服务平台、武汉浪行游泳俱乐部、武汉体育中心羽毛球俱乐部等9个数字化服务体系，更好实现惠民利民。创新体育服务内容，提升武体中心核心管理效率，正着力推进武体中心"一卡通智能系统管理平台"建设，已于2016年完成，并投入使用。

B.21
以体惠民，建设岭南体育文化休闲区
——广州天河体育中心

摘　要： 广州天河体育中心，位于广州市中轴，曾举办过六运会、九运会、2010年亚运会。天河体育中心贯彻"以体为本、广开思路、搞活经营"的运营管理宗旨，不断完善适应市场发展的场馆管理理念和经营方法，经济效益逐年显著提高，铭记体育工作承载的社会责任，积极回馈社会，热心公益活动，以场馆免费或低收费开放惠民，以经营收益举办各类文体活动惠民。以体惠民的实施全面推进场馆良性发展，建设形成和谐共荣的岭南体育文化休闲区。

关键词： 广州天河体育中心　以体惠民　体育文化休闲区

一　中心发展概况

（一）历史沿革

80年代，广东省是我国改革开放的先行区，体育事业蓬勃发展。为举办第六届全国运动会，广东省、广州市政府投资3亿元按"一场两馆"模式建造了天河体育中心，工程于1984年7月4日奠基，1987年竣工，是国内第一个三大场馆同时建成的体育中心。占地面积51.4万平方米，建筑面积12.4万平方米，主体建筑"一场两馆"：体育场建筑面积29583.15平方米，观众座位54030个；体育馆占地面积25600平方米，容纳观众7600人；

游泳馆占地面积 19845 平方米，观众席共有 3000 个座位。六运会后，中心不断发展，1995 年修建了全国第一条健身路径，1996 年起相继兴建了棒球场、网球场、健身路径、保龄球馆、门球场、健美乐苑、树林舞场、篮球城、露天羽毛球场、露天乒乓球场等一系列群体活动场馆和设施。

（二）机构设置

天河体育中心是广州市体育局直属的公益二类处级行政事业单位，下辖办公室、政工部、经营部、场馆设备部、群体竞训部、财务部、安保部、体育场管理部、体育馆管理部、游泳馆管理部、棒球场管理部、网球学校和广州体育馆管理部等十三个部门，为财政核补的事业单位。市财政局根据体育中心日常体育事业发展的需要，每年拨款以保证中心的正常运营。

（三）经营效益

天河体育中心经过全面统筹，规范各场馆的物业经营活动，降低非本体产业的出租比例，调整并合理安排不同的时间空隙，拓展经营渠道，本体产业收入较好，经营创收平稳增长。数据显示，近 5 年，中心总收入达 51297.71 万元，其中经营创收达 30946.81 万元，年均总收入达 1 亿元。2015 年天河体育中心全年营业收入达到 4529 万元，实现营业税金 954.3 万元；其中，天河体育场、天河体育馆、天河游泳馆 3 大主体场馆均实现盈利。在社会效益上，2015 年天河体育中心参与健身活动居民达到 298 万人次，接受体育健身培训的居民达到 5.7 万人次，举办公共文娱活动和体育活动 84 次。天河体育中心通过自主经营，兼顾经济效益和社会效益，已经实现自负盈亏，展现出较强的发展能力。

二 主要发展举措

（一）探索场馆经营模式，转换机制释放能量

近年来，体育中心根据场馆的实际情况和全民健身的需求，在《广州

亚运场馆赛后利用总体方案》的指导下，创新场馆开放运营管理模式。一是企业化改革。2014年进行事业单位分类改革，取消了中心下属场馆的独立法人资格，对整体管理秩序进行了重建和规范，顺利完成新旧管理模式的衔接。通过逐步推行企业化改革，进一步完善体育场馆管理制度、体育场馆公共服务标识、"群体通"信息与使用维护、人员岗位培训体系；二是服务水平提升。2015年，以"场馆精细化管理年活动"为契机，以《广州市公共体育场馆管理服务水平评价指标体系（试行）》为指引，探索更为科学合理的整体服务流程架构，促进场馆管理服务水平务实提高；三是场馆环境治理。2016年，为贯彻十八届五中全会绿色发展理念，落实市委、市政府"干净整洁、平安有序"的城市管理要求，进一步优化提升场馆环境，根据《广州市体育局2016年度场馆环境优化提升工作方案》的工作目标、内容和要求，结合本单位实际情况，制定《广州天河体育中心2016年度环境优化提升工作方案》，着力于环境绿化、环境卫生和服务设施的提升。

（二）加大多元开放力度，提高社会效益

天河体育中心制定了《广州天河体育中心惠民工作总体方案》，大力推进各场馆向社会开放。目前中心各体育场馆、平面场地向社会开放率达100%。中心平面的健身路径、露天羽毛球场、乒乓乐园、慢跑跑道等全时段免费对社会开放，各收费开放场地每天保证2小时（非繁忙时段）向市民提供免费的专业场地和设施，各场馆每天提供不少于2小时的6折优惠开放时段，全天对低保对象、学生实行6折优惠开放，对伤残人士、老人、低保户、军人等实行不低于5折的优惠开放。中心各场馆平均每周惠民开放时间超过600小时，其中免费时间和优惠时间约各占一半，每周末免费开放总时间约18小时，惠民开放时间在国内同类体育场馆位居前列。2015年，全年接待人数近700万人次，各场馆共计开放时间约7万小时，累计进场健身297.81万人次；其中优惠和免费开放时间占比超过60%，优惠和免费进场约160万人次，同比2014年增长了21%。

（三）完成职能定位调整，推进赛事活动举办

天河体育中心秉承"影响力就是生产力，主办权就是发展权"的理念，2014年起，中心结合市体育局对业务部门职能调整，以及中心机构改革的机遇，明确了天河体育中心主体工作，对承办赛事活动的定位作了必要调整，为体育局及相关职能部门（主要是竞赛中心）举办国际赛事或重大活动提供符合条件的场地设施，以及依托协会自行组织各种特色的单项群体性活动的两种办赛形式。2015年中心先后承接了中超恒大主场比赛，元旦万人健步行、广州迷你马拉松等大型赛事活动，承办了中外友人运动会、广州市游泳锦标赛、广州市青少年网球积分赛等各类大小活动及赛事84场次，进场人数近400万人次。

三 发展规划与展望

（一）发展定位

"十三五"时期，广州天河体育中心按照"插体于绿、插体于场、插体于园、插体于景、插体于空"的思路，以综合性体育休闲公园的形式，重点发展群众体育，惠民优先，民生为重，努力提高场馆公共服务的质量和水平；强化业余训练，探索"体教结合"的新模式，增强竞技体育核心竞争力；大力发展体育竞赛表演业、体育培训业，推动体育产业的协调发展；满足城市发展和市民的需求，构筑一个集全民健身、体育培训、竞赛表演、休闲娱乐、展览展销、景观展示和地下商业为一体的产业结构，将天河体育中心打造成为功能合理、设施完备、活动便捷、环境优美，既具有时代特征，又富有岭南地方文化品质的体育休闲中心。

（二）目标任务和主要措施

1. 场馆经营管理

目标任务：以国务院《关于加快发展体育产业促进体育消费的若干意

见》和广东省《关于加快发展体育产业促进体育消费的实施意见》为指导，坚持"以体为本、多种经营"的基本原则，形成多业并举、结构合理、发展规范的经营体系。力争到2020年，经营收入达到6500万元左右，位居全国同类体育场馆前列。竞赛表演、体育健身、业余培训等本体产业占经营创收的比重达40%以上。场馆管理模式进一步升级优化，精细化管理水平达到《广州市公共体育场馆管理服务水平评价指标体系》要求，场馆公共体育服务均衡、协调发展。主要措施：一是统一场馆服务标准，推动场馆精细化管理水平务实提高。二是加强经营规范管理。三是盘活场馆无形资产。"十三五"期间，力争取得政策支持，进一步拓展各场馆冠名权、赛事广告资源的经营开发，推动中心场馆公共体育服务领域的协调发展。

2. 惠民开放

目标任务：全面构建"十三五"全民健身新模式，促进中心群众体育事业再上新台阶。到2020年，平均每年开展各类群体活动60场以上，惠民开放时间在力争突破年均增长5%。场馆惠民设施设备更加科学化、人性化，惠民开放项目基本满足群众体育健身需求。主要措施：一是全面提升场馆惠民设施设备水平。二是完善场馆开放项目与惠民措施。三是提高群众体育活动整体效益。

3. 竞技体育

目标任务：在现有基础上，力争中心各运动队参加各类各级别赛事的人数、取得的成绩居系统前列；以备战省运会为契机，进一步完善中心竞技训练管理体系，努力提高中心下属各项目的竞技水平，确保完成市体育局下达的省运会金牌和总分任务，周期内向省队输送运动员10名（含在省队集训1年以上）。主要措施：一是切实提升竞训管理水平。二是严格按照既定步骤备战省运会。三是及时调整项目布局和训练模式。四是加大赛事引进和承办力度。

四 发展经验总结

（一）以体惠民，全面推进场馆稳定发展

广州天河体育中心借助广州市《关于进一步加快体育产业发展的意见》

《公共体育设施及产业功能区布局专项规划》等政策红利,理顺经营思路,逐步减少对政府投入的依赖,用体育场馆经营收益反哺体育公益性活动,加大惠民开放力度,形成良性循环。在体育竞赛表演、体育赛事活动承办、体育健身、场地租赁等方面实现了经济效益和社会效益的双赢。近5年,中心年经营收入超过6000万元,并将经营所得惠及人民群众。以文体活动惠民,组织承办元旦万人健步行、横渡珠江、广州迷你马拉松、省体育节等群体活动达300多项次,活动数量与质量逐年提升;其次,以场馆免费或低收费开放惠民,中心各场馆平均每周惠民开放时间超过600小时,免费和低收费时间各占一半。广州天河体育中心发挥体育场馆产业功能,通过提高经营收益、经济收益惠及民众、经济效益惠及社会、实现了以体惠民、全面推进场馆良性发展、建设形成和谐共荣的岭南体育文化休闲区的目标。

(二)兼顾赛时与赛后利用,合理规划场馆设施建设

广州天河体育中心在承办大型赛事的升级改造中,注重场馆赛前和赛后的科学规划和布局。为举办2010年广州亚运会,广州市耗资约3亿元对天河体育中心进行升级改造,涵盖体育场、体育馆、游泳馆、网球场、棒球场、保龄球馆和中心平面,具体建设内容包括各场馆竞赛设施、观众服务功能、运行功能房、配电照明设备等,升级改造后各场馆容纳观众数得到极大提升。亚运会后,根据规划和场馆惠民开放需要,天河体育中心又继续修建一条健身路径、"百姓乒乓乐园",集中改造篮球场地、羽毛球场地、门球场地、全民健身器材储存维修间等。经过赛前的科学合理规划和赛后场馆配套设施的进一步完善,天河体育中心场馆分布科学合理,能够充分满足市民健身、大型活动的举办需求,达到良好的效果。

(三)挖掘内在与外在潜力,促进体育产业快步发展

在坚持以公益性为根本目标的前提下,广州天河体育中心以市场化运作为手段,借助内在无形资产和外在品牌形象,大力发展体育产业,开展多种经营,实现可持续发展。优化配置场地资源,大力发展体育经营商户,开发

场地广告资源；注重打造体育用品销售商区，体育产业相关经营区域，并结合场馆的实际，致力打造适合大众的具有健身休闲娱乐功能的体育运动项目和体育用品市场，为广大市民群众提供运动休闲活动的场所。借亚运会创造的品牌效应，挖掘体育消费群体，努力开发无形资产，开发场地资源，挖潜增收。"十二五"期间体育本体相关产业在总收入中的比重已经超过60%，体育产业取得较快的发展。

B.22
机制创新，推进体育场馆企业运营管理新模式

——安徽奥园体育产业集团有限责任公司

摘　要：芜湖市奥体中心占地面积462亩，总投资6.7亿元，主要设施包括"一场两馆"，即可容纳45000人的主体育场、5500个座位的综合体育馆和射击馆，为安徽省举办十运会兴建的大型体育场馆。在赛后体育场馆的运营中，安徽奥园体育产业集团通过经营管理机制创新，经济效益和社会效益成果丰硕，实现了以场（馆）养场（馆）、以商养场（馆），成功推进芜湖市奥体中心实现企业化运营。在2012~2014年中国体育文化·体育旅游博览会上，安徽奥园体育旅游项目均荣获年度"中国体育旅游精品项目"。

关键词：安徽奥园　体育产业集团　经营管理改革　企业化运营

一　总体发展概况

（一）经营管理机制

为激发奥体中心场馆的发展活力，芜湖市体育局从建立运营管理机制入手，于2010年10月成立了"芜湖市奥园体育发展有限公司"，性质为"国有独资企业"。2012年3月，在芜湖市奥园体育发展有限公司基础上，成立

了安徽省首家体育产业集团"安徽奥园体育产业集团"（以下简称"奥体集团"），实现企业化运营。近五年来，奥体集团以提高企业经济效益和增强企业发展后劲为目标，发挥体育产业龙头的优势，加快体育产业发展步伐。经济效益和社会效益成果丰硕，实现了以场（馆）养场（馆）、以商养场（馆）。改变了过去大型体育场馆运营维护完全由政府投入的局面，开创了现代体育场馆运营管理的崭新模式，得到了国家体育总局、安徽省体育局以及芜湖市政府的肯定。2013年6月，时任国家体育总局党组书记、局长刘鹏到芜湖调研，对安徽奥体集团给予充分肯定，认为"安徽奥园体育产业集团用现代企业的机制融入大型场馆运营管理中，取得了成功的经验，开创了场馆运营的新模式，令人振奋"。随后，国家体育总局安排了十多家中央主流媒体分两批到芜湖进行采访，对芜湖大型场馆的运营管理模式进行报道，并向全国进行宣传推广。

（二）经营业态结构

奥体集团以本体产业为主导，形成以体育健身、体育赛事、体育培训、体育休闲、体育训练为主，以会展服务、健身休闲、文化娱乐及餐饮宾馆等业态为辅的综合服务体系。奥体集团成立后，确立了以赛事为杠杆，以全民健身活动为基础，提高场馆使用率的工作任务。先后承办了超霸杯足球赛、中国足球甲级联赛、全国男子篮球（NBL）联赛、全国击剑冠军赛、全国武术散打赛等数十场高水平的体育比赛。提供场地用于青少年体校10个运动项目队的训练和比赛。开展各级各类全民健身活动、比赛、会展等超过440项（次）。奥体场馆范围内参与健身活动的居民人数达到100万人次，参与健身培训人数达到3.5万人次，体育健身休闲业取得较好发展。

（三）经营综合效益

奥体集团以体育赛事带动体育场馆企业化运营，实现经营盈利，取得较好的经济效益。2010～2015年奥体集团总经营收入为10108.22万元，其中静态租赁收入3559.7万元，动态赛事活动收入6548.53万元，静态收入和动态收入分别占总收入的35%和65%，年度收入总额较公司成立之初增长近14.3倍。在社会效益方面，2015年奥体集团经营的芜湖市奥体中心体育场馆举办的面向公众的公共文娱活动和公共体育活动达到106次；用于向社会提供公共体育设施、产品、服务（或体育场馆免费低收费开放）的全部费用支出达到222.7万元；向特殊人群（老年人、青少年、残疾人）免费开放的总时长达到360天。奥体集团在取得良好的经济效益后，铭记体育场馆的公共特性，以经营所得回馈社会，也取得良好的社会效益。

二　主要推进举措

2015年伊始，集团进行了以"深化改革，夯实基础，再图发展"为主题的新一轮改革工作，以"丢弃事业化与行政化的市场开发管理运营机制和体系，建立和健全现代企业机制和遵循市场规律的体系"为改革目标，进一步巩固和扩大"解放体育、投资体育、发展体育、享受体育"的成果。对集团体制和机制做出一系列改革措施。

（一）精简机构提高效率

针对工作中存在的问题，逐一进行研究，在集团内部统一思想，提高对奥体集团深化改革的重要性、必要性的认识。合并体育场、体育馆和体育旅游公司，成立场馆运营公司，整合综合业务部和国民体质监测中心，成立赛事培训中心，部门、二级机构和子公司分别由原来的4个、3个、5个减少为3个、2个和4个，精简了部门和人员。

（二）实行全面绩效管理

为彻底摆脱个别子公司亏损的现象，除了在业务上重新界定和划分外，全面推进绩效改革，从2015年起，总公司根据资源配置、往年经营情况以及市场情况，向每个子公司和经营部门下达目标任务，签订目标责任。首先，要求各部门要实现自给自足，所有子公司的工作人员不再由总公司聘用，全部改为子公司独立聘用，工资全部由子公司独立承担；第二，经营部门和子公司自负盈亏，总公司不再承担任何费用；第三，向集团上交一定额度的管理费。在深化改革和绩效考核的基础上，集团盈利水平得到较大提高。第四，坚持走出去战略，积极开展业务，积极参与对周边省市体育场馆的托管经营业务，形成多点开花、持续发展的良好局面。

（三）大力支持公益活动

公共体育场馆具有公益性特征，奥体集团积极支持地区开展体育公益活动。近五年芜湖奥体中心场馆在训练竞赛、场馆维修、赛事活动、全民健身活动等方面的费用均来自奥体集团利润收入。为响应国家号召，奥体落实国家大型体育场馆免费或低收费开放政策，提高"一场两馆"免费时段利用率，奥体场馆和健身广场以及路径参加锻炼的人数超3000余人次/天；推进5000平方米全民健身广场和1000平方米健身路径器材设备及场地、国民体质监测中心器材及场地投资建设；为24个单项体育协会免费提供370平方米办公和活动场地等。奥园集团对全民健身公益事业贡献额已超过2500万元。

三 发展经验总结

（一）大力推进运营机制创新

采用以场馆养场馆、以商养场馆的工作思路，运用现代企业的机制，成立国有独资的安徽奥园体育产业集团，以大型场馆为依托，采用"平赛结合，多元发展"的发展方式。实行"自收自支、自主经营、自负盈亏、全员劳动合同聘用制"的现代企业管理体制，聘用人员从劳务市场招聘，按国家规定办理相应的保险。奥体集团体育场馆运营机制的改革创新，经营效益实现重大突破，2010年奥体集团实现营利收入比2009年增长了335%，年度收入占总收入比重也从2009年的37%提升到了63%，有力地提升了体育场馆的运营管理水平、公共服务水平和开发利用水平。奥体集团企业化改革，创新运营机制，并取得经济效益与社会效益共赢。奥体集团成功创新运营机制以及产生的社会效益引起了全国各地同行的关注。

（二）完善绩效管理体系

安徽奥体集团全面推进绩效改革，总公司根据资源配置、往年经营情况以及市场情况，向每个子公司和经营部门下达目标任务，签订目标责任书。要求各部门及子公司自给自足、自负盈亏，在此基础上完成集团公司交予的年度目标任务。奥体集团推行的绩效考核管理及随之形成的企业化绩效管理体系，极大地刺激和激活了公司的发展潜力，调动了员工的积极性，集团整体盈利水平得到大幅度提升。

（三）专业化运营大型活动

奥体集团自2012年成立至今，先后承办了超霸杯足球赛、中国足球甲级联赛、全国男子篮球（NBL）联赛、全国击剑冠军赛、全国武术散打赛等数十场高水平的体育比赛。在大型体育博览会方面，奥体集团独立承办了2013年和2014年"中国体育文化·体育旅游博览会"，取得了圆满成功，创造了多项纪录：首次"两会合一"，首次在非省会城市举办，首次由一个公司独立运营。博览会的规模、效益、影响力均创历史之最，奥体公司场馆运营团队的综合实力和市场化运营能力得到了充分肯定，扩大了企业的影响力，提升了企业知名度。

B.23
突出主业，打造冰雪运动产业新品牌
——黑龙江省亚布力体育训练基地

摘　要： 黑龙江省亚布力体育训练基地作为以冰雪运动为主导产业的国家体育产业示范单位，突出冰雪运动主题，推进企业化改革，拓展经营思路，不断提升体育产业层次，推动体育经济、体育旅游、体育文化协同发展，持续打造主业突出的亚布力滑雪产业新品牌，形成以冰雪运动产业为主业、旅游观光产业协同发展、产业四季均衡发展的新格局，创造了良好的经济效益和社会效益。

关键词： 黑龙江亚布力　体育训练基地　冰雪运动产业　冰雪休闲

一　总体发展概况

（一）冰雪场地较为完善

黑龙江省亚布力体育训练基地始建于1980年，坐落于黑龙江省尚志市境内海拔1374.8米的大锅盔山下，是黑龙江省体育局直属事业单位，是我国最大的集竞技滑雪与旅游滑雪于一体的综合性滑雪场。亚布力体育训练基地设有高山滑雪、越野滑雪、自由式滑雪、单板滑雪、跳台滑雪、冬季两项滑雪场地，共有11条索道得到国际雪联认证，具备承办国际A级比赛资格。亚布力拥有冰雪体育场地设施包括：国内规模最大、世界领先的造雪系统，中国第一世界领先的索道系统，中国第一长滑雪雪道，中国第一壮观的2400平方米雪具大厅，中国一流的导滑教练队伍，中国第一条直通滑雪场的铁路专线。完善的冰雪体育基础设施和服务接待设施，成为亚布力体育训练基地冰雪体育产业发展的基础并成为国家雪上运动基地和南极科学考察冬训基地。

（二）综合效益逐步显现

亚布力体育训练基地，为提高我国竞技滑雪水平和南极考察队提供有效的冬训服务和保障的同时，更加注重体育产业的发展和业态拓展。基于"平赛结合、体游结合、文体结合、冬夏结合"的发展原则，亚布力致力于满足广大滑雪爱好者和旅游者的滑雪需求，提高服务质量和档次，努力扩大规模，增加社会效益和经济效益，积极推进以国内市场为主向国际市场拓展转型。不断提升体育产业层次，推动体育产业发展，精心打造亚布力滑雪品牌。2015年，亚布力体育训练基地营业收入达到1809万元，实现利润489.6万元，取得一定的经济效益。社会效益方面，2015年在亚布力参与健身活动的居民达到1万人次，举办各类公共文娱活动和体育活动35次，向特殊人群免费开放总时长达到56天。

（三）赛事活动蓬勃发展

亚布力体育训练基地为体育训练及南极科学考察提供服务的同时，也承办或举办众多国际国内体育赛事。成功地举办第五届、第七届、第十届、第十一届和第十三届全国冬季运动会，以及第3届亚洲冬季运动会、第24届世界大学生冬季运动会雪上赛事、2015年世界青年单板锦标赛、2016年世界单板滑雪锦标赛等高水平国际国内赛事。高水平国际国内体育赛事的举办为亚布力体育品牌影响力的提高起到积极的推动作用，促进亚布力体育训练基地产业化发展。

二　主要发展举措

（一）发挥基地优势，服务训练保障

亚布力体育训练基地得天独厚的气候条件和国内屈指可数的国际标准场

地，吸引了包括国家队在内的各省市代表队在此训练。亚布力训练基地在运动员的食宿上采取"微利原则"，保障队员食宿条件，定期与教练商定菜谱，严格按照标准保障队员饮食；房间卫生及时清理，室内温度实时掌握；在业余时间积极组织联谊活动，关心队员心理健康，形成运动员之家；亚布力训练基地以高标准、高要求服务残疾人运动员，在亚布力训练基地的基础条件保障与高标准服务下，成为残联的指定训练基地。

（二）积极筹备部署，承办各项赛事

目前我国大众滑雪需求急剧扩大，民众滑雪的热度不断升温。亚布力训练基地除了满足大众滑雪需求外，将申办大型体育赛事作为增加社会效益和经济效益的渠道，积极提高亚布力滑雪场的国际知名度。2015年亚布力举办国际雪联单板滑雪世界青年锦标赛。2016年在新疆维吾尔自治区举办全国第十三届冬季运动会，其中跳台项目单项赛事安排在亚布力滑雪场举办。亚布力将积极部署，科学规划，发挥资源优势，努力承办各项国际国内赛事，以进一步促进亚布力体育产业发展。

（三）成立经营公司，释放巨大活力

黑龙江省亚布力体育训练基地对现有的机制体制进行改革，集中亚布力滑雪场可经营的优质资源成立雪龙冰雪旅游公司和雪龙滑雪培训公司，将事业功能与产业功能分离，实行企业化运作，大力发展体育产业，促进体育消费，更好地发挥亚布力在中国冰雪产业中的示范作用，促进黑龙江省体育滑雪旅游产业的可持续发展。公司拥有国内知名的雪场管理团队——北京安泰雪业公司对雪龙公司进行市场化运营，制定标准化流程，建立标准化机制，提供标准化服务，实现雪龙公司经营机制的转变，开发滑雪旅游市场，打造行业标杆。在2015年经营总收入中，滑雪收入达到1569.6240万元，比上年增加43.1116万元。在滑雪专业人才的培养上，加强与政府部门及国外专业学校的合作，2015年协助黑龙江省政府培训滑雪社会体育指导员8500人次，成立亚布力—新西兰国际滑雪学校。

三 发展规划与展望

亚布力体育训练基地合理利用资源优势，改变经营思路，扩宽冰雪体育产业业态，实行市场化运营，并取得一定成绩。但亚布力体育训练基地的发展面临诸多问题，阻碍了国家级体育训练基地的功能发挥，制约了亚布力体育训练基地的可持续发展。这些问题包括场馆设施有待进一步优化、与政府职能部门沟通不畅等。亚布力体育训练基地对于当前面临的现状及问题，将从以下三个方面推进亚布力体育训练基地的发展。

（一）以夯实基础为抓手，推动基地上台阶

为满足不断扩容的大众滑雪需求，亚布力体育训练基地将进一步完善场地场馆设施，使之成为冬夏相结合、常态化的国家级训练基地。具体规划包括建设标准400米田径场；成立专业少年跳台队，建设30米、50米跳台训练场地；建设1万平方米综合训练馆，以满足国家级训练基地室内训练的巨大需求；建设两层速滑馆，面积为1万平方米。

（二）以示范单位为契机，扩大基地创收渠道

紧紧依托"示范单位"平台，全方位、立体化、多层面推动基地的综合发展，实现创收开源。在思想上，继续加强思想政治工作，抓好员工的教育和培训，提高全体员工综合素质，树立爱岗敬业的职业精神和团结协作的团队精神，塑造亚布力滑雪场整体形象，保持和发扬体育产业示范单位的优良作风；在培训业务上，充分利用新建高山运动员楼，发挥新西兰国际滑雪学校培训职能，将滑雪培训范围扩大至黑龙江省，为制定国家标准打好坚实基础；在信息服务上，加强滑雪场信息服务，合理利用网络平台，创造网络创收高峰。目前亚布力滑雪场已经利用部分网络进行票务销售，但未达到滑雪场的发展目标。因此，未来发展中以网络为扩展市场的手段，加大网络宣传，抓住季节性消费高峰，增加收入，提高经济效益。

（三）以资源优势为平台，持续引进可行性项目

发挥亚布力资源优势，引进可行性滑雪项目，采取多种形式扩大滑雪场的经营范围，扩大滑雪场设备租赁业务，吸引国内外消费群体，将滑雪场的经济效益和社会效益渗透到每项创收产业中。

四 发展经验总结

（一）明确目标定位，突出冰雪运动主题

亚布力体育训练基地以专业滑雪训练、业余滑雪、滑雪赛事和滑雪培训为发展目标。在2015年年度，亚布力体育训练基地在主管部门黑龙江省体育局和国家体育总局的领导和指导下，积极发挥国家体育产业示范单位作用，圆满完成国家和黑龙江省雪上项目专业滑雪队及黑龙江省地市业余滑雪队累计56325人次的训练保障任务；共承担2015年雪期10项滑雪比赛（其中世界级赛事1项、国家级赛事3项、省级赛事2项、大众滑雪赛事4项）；多渠道开展体育产业经营创收，积极开发夏季运动项目，实现体育训练、体育旅游、业余滑雪常态化发展，实现经营收入1809万元，发挥了国家体育产业示范单位的作用，提升了影响力。

（二）稳步推进改革，激发基地发展活力

为了明确亚布力体育产业基地的产业功能和市场化发展方向，基地进行企业化改革，专门成立雪龙冰雪旅游公司和雪龙滑雪培训公司，将事业功能与产业功能分离，实行企业化运作。进一步满足了滑雪产业的市场化发展需求，完成国家及各省队训练任务的同时，为滑雪场向普通大众的开放提供可行性路径。企业化改革的推行明确了亚布力体育训练基地的功能目标，滑雪培训公司以产业经营为目标，2015年滑雪收入达到1569.6240万元，比上年增加43.1116万元。

（三）拓展经营思路，均衡季节性产业发展

亚布力体育训练基地在打造国家级滑雪品牌的同时，利用亚布力的环境资源优势，改变经营思路，扩展产业业态，形成四季均衡发展的体育产业格局。春季，冰雪消融万物复苏之时，开展春季踏青娱乐游等活动；夏季，清风徐徐绿树成荫之时，利用亚布力的天然绿色资源开展夏季避暑休闲游等活动；秋季，五花山美景醉人心田之时，开展秋季登山观光游等活动；冬季，白雪皑皑之境，开展系列雪上运动项目。冰雪体育产业的发展受季节因素影响，可经营性时段仅为冬季，但亚布力体育训练基地打破北方传统冰雪基地单一性的瓶颈，根据环境资源优势以及体育旅游的市场需求，打造四季全时段休闲体育旅游产品。形成了"冰雪＋休闲旅游"的全新冰雪产业模式，实现亚布力体育产业的可持续、多样化发展。

体育用品案例篇
Sports Goods Cases

B.24
产品集成，打造全球文体设施品牌供应商
——浙江大丰实业股份有限公司

摘　要： 浙江大丰实业股份有限公司坐落于华夏文明发祥地之一的河姆渡遗址所在地——浙江省余姚市，是以"设计＋制作＋安装＋售后"为经营模式、集成"舞台机械、灯光、音视频、电气智能、座椅看台、装饰幕墙、智能天窗"的全球具有一定影响的文体设施整体集成方案解决商。

关键词： 浙江大丰　产品集成　品牌供应商

一　企业发展概况

公司始建于1991年，2002年重组为浙江大丰实业有限公司，2013年更

名为浙江大丰实业股份有限公司（以下简称"大丰实业"）；2014年大丰公司组成"体育场馆EPC系统集成技术创新应用项目团队"，实施产品拓展战略——以成为国际一流的体育场馆EPC系统集成商为目标；2015年大丰实业通过了国家体育总局授牌，成为全国唯一的同时具有"国家体育产业示范单位"和"国家文化产业示范基地"双重荣誉的公司。如今，大丰实业已成立国内首个文化场馆设备省级研发中心，拥有国家级博士后科研工作站、浙江省重点企业研究院，多个项目获国家重点新产品、国家火炬计划及省部级科技进步奖，以雄厚实力跻身国家重点高新技术企业、国家知识产权优势企业、国家文化出口重点企业、浙江省创新型企业、浙江省标准创新型企业、浙江省专利示范企业，牵头制定了七项国家和行业标准，大丰商标被国家工商总局认定为中国驰名商标。

二 企业经营效益

多年的经营与发展，大丰实业已成长为浙江省转型升级引领示范企业、国家级"守合同重信用"企业、浙江省信用管理示范企业、浙江省守合同重信用AAA级企业等诸多荣誉的企业。"十二五"期间，公司经营状况稳步增长（如图1），营业收入从2010年的54763万元增至2015年的139594

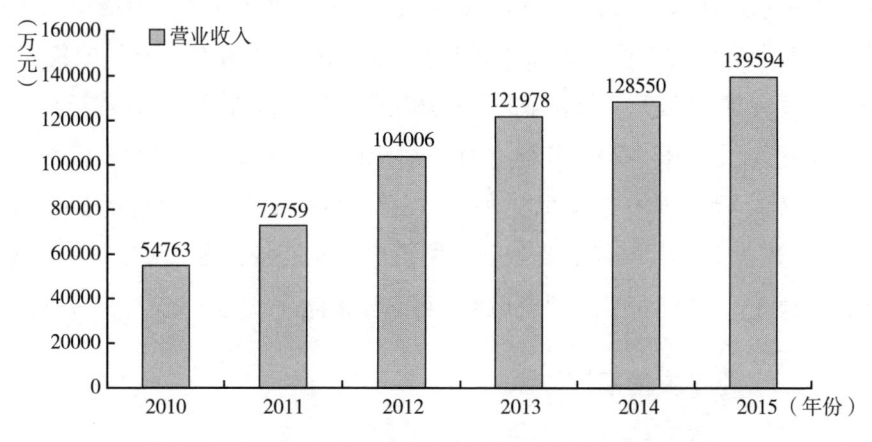

图1 2010~2015年浙江大丰实业股份有限公司经营情况

万元，2011~2015年营业收入年均增长率达到21.4%，净利润年均增长率达到47.22%。2015年顺利完成了年度目标任务，成功交付武汉光谷网球中心、湖州南太湿地奥体公园、阿尔及利亚奥兰体育场、珠海网球中心、上海闸北体育中心、广州天河体育中心等近百项座椅看台项目，工程验收合格率100%，获得业主广泛认可。

三 企业运作模式

大丰实业为了满足场馆建设使用者的多样化需求，成为国际一流的体育场馆EPC系统集成商，公司对组织架构、部门职责、技术创新等进行了一系列战略调整，使人、财、物众多资源支持战略转型，增强社会效益，从而成功实现战略升级。

（一）开发设计EPC系统

2014年公司成立了体育场馆设计院，负责体育场馆EPC系统集成设计平台开发，使灯光音响、智能化等多系统在统一平台上实现标准化的开发设计。2015年成功交付的第46届金鸡百花电影节开闭幕式会场——吉林全民健身中心集成项目，是公司首次真正意义上进军体育场馆的大集成项目，场馆功能涉及灯光系统工程、照明系统工程、音视频系统工程、智能化系统工程、计时计分系统工程、看台座椅工程、制冰系统工程等7个系统集成项目，金额近9000万元，彰显了公司在场馆多系统集成方面的科技创新能力及综合经济实力。2015~2017年建立和完善场馆EPC系统集成技术知识产权体系，为确保体育馆达到最佳演出效果，在总结以往工程设计经验的基础上设计了一套先进可靠、科学合理的体育馆演出灯光设备方案。方案技术成熟，运行安全可靠，综合性强，系统设备的可靠性指标及采用的安全标准较高。

（二）建立质量监控体系

公司拥有严谨的质量监控体系，严格按"ISO9001:2008质量管理体系"

施工,对体育馆演出灯光设计开发、采购外协、附件制作、试装试验、安装调试与竣工验收每一环节都严格实施。建立以项目经理为第一责任人的项目施工质量管理体系,并保持有效运行,对整个工程质量全面有效控制。大丰机械系统监控系统 V5.0 是公司自行开发专用于机械监控领域的上位机监控系统,是目前的最新版,已应用于不少的舞台工程,快速稳定且简单易用,深受用户好评。所有电气设备引起的谐波符合中国国家标准 GB/T14549 – 93。场馆 EPC 系统集成技术保证技术上的可行性和系统的可适应性。

(三)推动企业转型升级

在技术创新上,双级升降舞台获得了科技部"国家火炬计划项目",博士后工作站获得"国家级博士后科研工作站",企业技术研究机构获评"浙江省级企业研究院""浙江省级企业技术中心";在商标品牌上,被浙江省工商局认定为"浙江省商标品牌示范企业",为余姚市唯一(宁波共 5 家)被认定的企业,舞台机械和自动开启天窗产品成功复评浙江名牌产品,柔性齿条升降装置成功复评宁波名牌产品,成功续展宁波市知名商标;在企业管理上,被省政府办公厅认定为"浙江省三名培育试点企业",被省经信委评为"浙江管理创新试点企业",被省委宣传部首次认定为"浙江省文化 30 强",获浙江省工商企业信用 AAA 级"守合同重信用"单位。在科技创新上,构建了完善的研发组织机构、高层领导亲自参与研发管理、注重研发投入,公司有 TDH 型多功能活动看台、TDH – HWZK 红外线遥控活动看台控制系统、自行式可折叠 LED 屏等新产品,并与中国传媒大学、北京理工大学等高校开展了广泛的产学研合作,创造了坚实的技术后盾;在人才建设方面,坚持以人为本,坚持高起点、全方位,整合国内外行业人才资源,加大紧缺人才的引进力度;积极引进有实践经验的中高级人才,形成以"高级职称、研究生为学科带头人,中级职称、本科生为技术骨干"的创新团队。

(四)不断完善管理制度

在管理制度方面,导入卓越绩效管理模式,拥有完善的组织管理体系和规范的安全生产体系；企业在同行中率先全面覆盖 ISO9001 国际质量体系认证、ISO14001 环境管理体系认证、OHSMS18001 职业健康体系认证和 CQC 中国质量环保认证；实施"做一项工程、立一项样板"的层层目标责任考核制，多次获得鲁班奖、詹天佑奖、白玉兰奖、钱江杯及扬子杯，产品质量达到并超过行业先进水平。2012 年度，大丰管理制度进一步完善，对绩效管理制度进行了重新修订，确定了新的部门绩效考核方案并予以实施，以进一步调动员工的工作积极性，同时财务部门严格执行《财务费用控制程序》，加大财务控制力度，并加强财务预算管理制度，进一步控制公司运营成本，提高公司利润。2013 年，建立了使质量管理体系、施工质量管理体系、环境管理体系、职业健康安全管理体系、企业知识产权管理规范相兼容的，全面集成的卓越绩效管理体系；成为余姚市首家卓越绩效孵化基地，建立经验共享平台，导入交流平台、自我诊断评价平台、管理咨询平台，扩大了卓越绩效管理模式影响，提高经营管理成熟度，不断实现从优秀走向卓越，获得了宁波市市长质量奖。2015 年在产品认证方面也不断扩大范围，通过了 3C 认证、CQC 环保认证、十环认证、阻燃产品标识认证、计量管理体系认证，为销售拓展打下了扎实的基础。

（五）持续支持公益事业

在企业发展取得辉煌业绩的同时，大丰积极投入社会公益事业。大丰在创业之初就将"创建全球领先的文体设施整体集成供应商，实现企业、员工、社会的共同发展"写入企业的核心经营理念，并积极贯彻付诸实践，在履行一个企业的社会责任方面做出了较大的贡献。坚持不懈地将捐助希望工程、帮助困难群体、资助贫困大学生、赞助社区文化活动等社会公益事业列入工作计划，累计已向社会捐资近千万元。

四 发展经验总结

（一）加强技术研发，打造产品集成

公司成立场馆体育设计院，负责体育场馆 EPC 系统集成设计平台开发。

体育设计院的成立,促使企业在技术创新、商标品牌、企业管理、人才建设等方面取得多层突破,成功设计了灯光、照明、音视频、智能化、计时计分、看台座椅、制冰等7个系统工程集成项目,提高企业科研成果的技术转化能力,打造了体育场馆设施的产品集成。在技术创新的引领下,大丰实业自主创新成果显著,2015年大丰实业获首批国家知识产权管理体系认证,2015年共计申请专利数量达到176项。截至目前,已累计研发出600多项国际、国内专利。以技术创新为手段,以打造体育场馆设施产品集成为目标,推进大丰品牌的国际化发展。

(二)致力质量发展,打造管理集成

公司拥有严谨的质量监控体系,严格按"ISO9001:2008 质量管理体系"施工,对体育馆演出灯光设计开发、采购外协、附件制作、试装试验、安装调试与竣工验收每一环节都严格要求;在管理制度方面,始终把管理创新作为企业发展的一个重要手段,充分挖掘潜力,变管理创新为企业的竞争优势,在总结经验的同时又不墨守成规,结合企业实际,提出了"十大管理原则";大丰全面实施质量管理体系,有效控制产品质量,不断提高市场竞争力。建立质量、环境、职业健康安全等全面集成的卓越绩效管理体系;通过了3C、CQC环保、十环、阻燃产品标识、计量管理体系等认证,为销售拓展打下了扎实的基础。

(三)推行整合战略,实现立体发展

随着企业不断壮大,大丰实业以"巩固发展现有产业,整合内外资源,致力走向整体集成供应商"为发展战略,通过"内建一流的文化产业生产基地,外扩PPP建设项目",逐步向国际知名的专业文化设施投资建设商进行转型升级,继续推进大丰文体创意及装备制造产业园项目,打造一流的文体产业基地,实现企业的新腾飞和立体化发展。

B.25
品牌引领，提升企业发展核心竞争力
——广州双鱼体育用品集团有限公司

摘　要： 广州双鱼体育用品集团有限公司是广州轻工工贸集团有限公司下属的国有控股企业，是集研发、生产、销售、体育服务于一体的集团公司，公司总部位于海珠区燕子岗路，下设两大生产基地（从化器材生产基地、东莞球类生产基地），现有员工约450人，主要产品有乒乓球器材、羽毛球器材、足篮排器材、运动服饰等。以"双鱼"品牌作为企业发展的核心品牌，通过"双鱼"引领羽毛球器材、足篮排器材、运动服饰等品牌的发展，发挥"双鱼"品牌的引领示范作用，提升公司发展的核心竞争力。

关键词： 广州双鱼　核心竞争力　品牌引领

一　企业发展概况

广州双鱼体育用品集团于1998年组建成立，是多品牌经营的公司，乒乓球器材双鱼牌、羽毛球器材金雀牌、足篮排器材长虹牌、DOUBLE FISH运动服饰等。双鱼商标是中国驰名商标、广东省著名商标，金雀商标、长虹商标是广州市著名商标。其中双鱼牌乒乓器材有较高的品牌知名度，双鱼牌乒乓器材通过国际乒联的认定，成为世界乒乓球锦标赛（第43、45、49届）、北京奥运会、世界杯乒乓球赛等国际赛事指定用球。2010年双鱼公司进一步实施"退二进三"，建立了广州市海珠区体育创意园，并开展园区项目合作，开启双鱼体育服务业。目前，制造业仍是公司的基础和重心，持续推动行内应用领域技术创新，不断提升核心技术能力，公司的主导产品乒乓球台、乒乓球、羽毛球产品的工艺品质达到国际领先水平。

二 企业经营效益

广州双鱼公司是历史悠久的老企业，曾获得"广州市老字号""广东省老字号"称号，是省级高新技术企业，并获得了"全国文体用品领军企业""广州市百强企业"的荣誉。"十二五"期间，公司的营业收入整体呈现增长态势（见图1），经营效益较为显著。2011~2014年营业收入年均增长率达到34.3%，净利润年均增长率达到33.6%，仅在2015年由于企业内部的调整，出现了暂时的下滑现象。

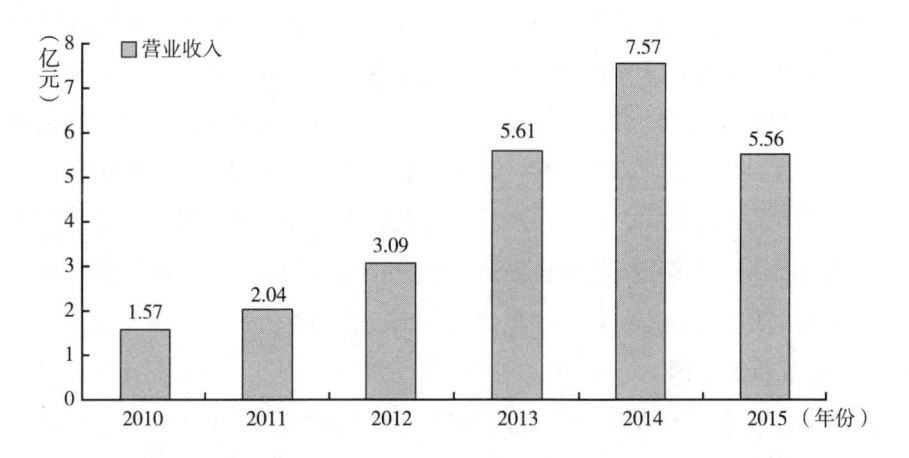

图1　2010~2015年广州双鱼体育用品集团有限公司经营情况

2015年，公司加大对三星球的生产与销售，从原来月产/销售44万只提升到100万只，创公司三星球生产的历史新高，解决了市场供需矛盾，稳固了消费群体。2015年下半年分别成立国际贸易部及羽毛球事业部，国际贸易部10~12月份主营业务收入9672万元，同比增长55%。其中主业产品销售737万元，同比增长42%。羽毛球事业部承接了2015年广州市国资委组织"交投·双鱼杯"羽毛球团体友谊赛工作，比赛使用"金雀"3A 羽毛球及双鱼运动服饰，此项活动对"金雀"品牌的推广与团队锻炼都起到很好的促进作用，为全面提高公司经营规模与效益，为"双鱼体育"产业升级奠定基础。在事业部改革和赛事产品推广的引领下，2015 年实现营业收入 55581 万元，实现毛利 5759 万元。

三　企业运作模式

（一）拓展营销渠道，提升公司业绩

为适应互联网时代的要求，公司及时对营销团队进行有机整合。公司把握住电子商务高速发展的趋势，积极打造大天猫、大京东和大分销三大销售电商平台。大天猫项目单店月销一直稳定在 300 万元左右；大京东项目 2015 年的月销也同比提升 50% 以上；大分销也取得了新突破，定制专属球台签订年销量 1000 副的合同，黑红碳王成品拍也取得年销量 8000 支的订单。为推进公司从"大乒乓"到"双鱼体育"的经营模式转变，公司不断推陈出新，淘汰了一些不适销的款式，对一些产品进行包装优化和新款开发，促进产品升级；电商团队搭建多层级的销售渠道和全方位的宣传推广，以满足多样化的终端需求。2015 年是广州轻工"双鱼杯"黄金大赛举办的第 4 个年头，赛事举办地已扩展至全国 11 省份共 20 个城市，历时 8 个月，比赛包括传统比赛及光板大赛，累计共 55 场赛事，直接参与人数近 5000 人；在"双鱼"杯赛事活动宣传效应的带动下，"双鱼"品牌以及赞助品牌的知名度得到有效提高，截至 11 月份，"双鱼"品牌主业销售额取得了 12% 的同比增长。双鱼电商平台在"双十一"的活动中也取得了 30% 的同比增幅。公司还通过赞助各类具有影响力的比赛，不断提升"双鱼"品牌的知名度及影响力。

（二）加大创新力度，提高研发成效

从化基地加大研发力度，在球板方面：完成了 1～8A 系列球板的改良

升级；推出了 9A 球板、橡塑球板；新研发了大力神、双面炭王、闪碳王等专业底板及猎影 8338 套胶，预计球板新品全年可新增销售 30 万元。在球台方面：先后完成了 211、小展翅、小翔云、展梦球台等系列新品的开发，预计今年新产品球台销售达 500 付，销售额 150 万元。东莞基地致力于技术改造方面的投入，投资近百万元，先后添置了片材电子自动测厚、全自动电子称重设备和自动滚球机，并将引进全自动乒乓球包装生产线，同时，完成了乒乓球牢度检测仪的设计和制作，大大提升了产品品质和投入产出合格率。设备改造升级完成后，将大幅增加产能，减少人员使用。经测算，每月可为企业减少成本及增加利润合计 10.92 万元。近年公司的技术创新已形成"自主创新＋产学研创新＋引进创新"的多渠道创新，每年公司新产品开发在 20 个以上。"十二五"期间，公司获得了 33 项专利（其中发明专利 3 个，PCT 申请 3 个，实用新型 15 个，外观设计 12 个），并主导参与制定多项体育器材国家标准、行业标准。

（三）完善产能布局，提升运营水平

两大生产基地按照营销中心提出的销售计划，做好 OEM 生产、基地自产的生产规划。东莞生产基地加强与生产、销售等部门的沟通，灵活安排生产，保障产品促销、"双十一"等生产任务的完成，为年产三星乒乓球 1200 万个任务目标的完成奠定基础。同时，积极调整新旧料乒乓球生产投入比例，新料轧胚产能提升 80%，顺利完成国际、洲际、国家等级别新材料乒乓球比赛用球的生产。还完成省运会和省大学生运动会乒乓球、足排球、羽毛球比赛用球的生产任务。

两大基地继续深化完善 6S 管理，从化基地完成球台安装车间的间隔改造；完善物业管理，供应商资料管理工作；规范与完善采购合同商标授权书；对上墙制度、规程、物料标识等宣传标识进行统一设计、改版置换；及时更新各班组看板内容，及时披露生产信息、质量信息，抓好班组的宣传园地建设。通过 6S 标准化的开展，两大基地的现场管理得到较大提升，焕发出新的气息。

（四）细化内部管理，树立品牌形象

2015年公司围绕"十三五"发展规划，在确立大力推进体育产业转型升级的同时，积极探索现代服务业的发展模式，以创新作引领，不断壮大企业的经济规模和实力。2015年，公司双鱼、金雀、长虹商标继续取得2014年广州市著名商标证书，并被国家体育总局认定为"国家体育产业示范单位"，还获评2014年度广东省守合同重信用企业、2015广州市劳动关系和谐企业AA级、2015中国轻工业专项能力百强企业称号、2014～2015年度全国轻工行业信息统计直报工作先进单位、2014年度清洁生产企业等等。2015年，公司充分发挥财务监督和核算的作用，做好经营预算分析，合理利用银行授信，积极做好ERP系统与电商开票接口软件开发上线工作，做好应收账款的管理和往来款的清理工作，修订及完善了《客户信用管理制度》等7项管理制度，与各部门联动对历年的积压产品进行了处置。此外，在轻工集团的大力支持和指导下，公司积极推进股份制改造和新三板挂牌工作，为2016年完成股改及实现新三板挂牌奠定基础。

五 发展规划与展望

为适应经济发展新常态，加强品牌建设，加大市场推广力度；确保产品品质和服务质量的提升；创新驱动促发展。建立营销、供应、研发、内控等4大板块的管理模式，实现人财物的合理使用，将责任、目标落实到各部门，同时提供合理的激励方案和施展平台，加速机制和人才队伍的完善和培养，为企业注入强大的发展后劲。

（一）构建架构，培育发展新动力

一是继续逐步推进各事业部的建立，明确界定事业部和传统渠道的职权，充分将新品的采购、定价和产品推广等放权给事业部，使事业部与传统渠道形成攻守兼备的营销格局，提升公司整体运营能力和水平。二是扩大轻工"双鱼杯"影响力,向多元化体育服务方向发展,努力把轻工"双鱼杯"赛事真正打造成民间"黄金大赛",并向羽毛球、三大球等体育品类赛事拓展,引入社会优质资源进入,建立持续的赛事发展模式。三是探索开设双鱼运动体验馆,拓展"双鱼"品牌多元化产业道路,扩大品牌影响。

(二)拓展产能,强化供应链保障

建立供应链中心,强化生产、品质、仓储物流、售后服务等全面提升产品的市场适应能力。生产部和两个生产基地在对目前产能及生产流程进行梳理的基础上,对自产及OEM产品生产进行合理布局和品质监控,建立布局合理、功能完善、门类齐全的生产及质量体系,确保产品供给的时效及品质。积极与行业有影响力的生产商联合,开发"双鱼"品牌的运动服饰、发球机、地板胶等器材,以及羽毛球系列产品等;发挥两个基地领先制造技术,为国际品牌代工(OEM)高端产品。同时加强对仓储及物流的管理,强化制度的执行力,规范物资内控及现场管理。此外,积极探索自动化、智能生产制造,开展新材料乒乓球、球台、球板、羽毛球、三大球的设备改造及产品工艺改革,不断提升生产基地的产品核心技术及盈利能力。

(三)创新驱动,提升发展竞争力

加大技术研发费用投入,探索创新技术骨干激励机制,引入行业技术高端领军人才,充实科研队伍,增加科技项目储备,通过新材料、新工艺、新技术带动企业产品、业务结构调整,由传统制造业向先进制造业转型。加大新产品的研发力度,继续提升CA材料乒乓球的品质,探索开发注塑乒乓球;重点研发新型专业级乒乓球底板、套胶;开展高端新概念乒乓球台及新材料一体化包装等室外乒乓球台的开发和改良;实施羽毛球品类的扩展,实现产品系列化;开发为乒乓球、羽毛球、三大球等配套的服饰和箱包;通过与社会资源合作开拓体育运动器材与健康产业相关联用品,不断增添公司发展新动力。

（四）加强管控，提高风险防范水平

一是加强资金预算管理。严格遵守预算资金的使用管理及核算制度，完善部门预算，强化预算管理，通过细化、规范、合理安排支出，提高资金的使用效益。二是加强流程规范管理。根据制度廉洁评估结果，对制度作进一步的理顺和完善，着重抓好制度的落实。三是切实抓好安全生产和维稳工作。安全生产是企业发展的永恒主题，要坚持用铁手腕强化安全生产管理，落实企业安全生产主体责任；做好信访维稳工作，为广州轻工健康发展提供坚实保障。四是完善激励机制。积极探索以效益为先的利益分配等措施，最大限度激发人才活力。根据公司的盈利水平调整工资薪酬和优化考核方式，发挥员工的工作积极性和创造性。

六　发展经验总结

（一）品牌引领产业发展

"双鱼"作为乒乓球器材领域的知名品牌，其品牌发展经验对公司其他品牌知名度的提高起到借鉴作用。将"双鱼"品牌嵌入其他品牌发展中，以提高其他产品的品牌知名度。2015年承办广州市国资委组织的羽毛球团体赛，公司将赛事命名为"交投·双鱼杯"，将"双鱼"品牌嵌入羽毛球"金雀"品牌中，实现以"双鱼"引领"金雀"，巩固"双鱼"的品牌影响力，同时也提升了"金雀"羽毛球的品牌影响力；将已成功举办四届的"双鱼杯"黄金大赛的成功经验向羽毛球和三大球等体育类赛事推广，以赞助为手段提高品牌知名度，以"双鱼"引领其他品牌发展。

（二）改革经营销售模式

为适应互联网时代的要求，公司及时对营销团队进行有机整合，加强电子商务与传统销售渠道人员的信息互动，积极扶持传统渠道客户的转型升级，通过线上、线下的融合，有效推进了业绩的增长；"双十一"推进实施了"6+6"的纯电商店铺+大分销店铺的"引导、可控、激励"计划，取得销售提升和渠道布局的双效应。电商团队通过寻求社会上多体系的产品研发和生产资源的整合，搭建多层级的销售渠道和全方位的宣传推广，以满足多样化的终端需求；通过赛事引领，提升品牌号召力。

（三）加大研发创新力度

公司不断加大研发创新力度，在球板、球台等方面均开发了系列新品。2015年公司共完成7项专利申报，取得实用新型专利2项：乒乓球拍击球计数系统及其球拍、多功能球拍袋；外观专利5项：展翅X1、球拍袋、新双折式球台、FC402足球、改版展翅2球台。同时，公司积极开展基地园区项目合作，开展粘胶生产线设备技术改造，大大提高了球板胶皮的粘力，并且完成了球台面漆工艺改革项目论证及PU漆、水溶性漆工艺的批量试产工作，新的球台器材更加环保；设备改造升级完成后，将大幅增加产能，减少人员使用。

（四）管理结构全面升级

公司重视全方位的管理，推进管理结构全面升级。细化财务管理，做好经营预算分析，合理利用银行授信，积极做好ERP系统与电商开票接口软件开发上线工作，切实做好应收账款的管理和往来款的清理工作，与各部门联动对历年的积压产品进行了处置；推进股份制改造和新三板挂牌工作，抓好明晰"双鱼"商标权属问题、房产过户工作、东莞双鱼厂改制等工作；围绕"十三五"发展规划，推进体育产业转型升级等。

B.26
自主创新,推动船艇产业高端发展
——浙江华鹰控股集团有限公司

摘　要： 浙江华鹰控股集团是一家专业从事研发和制造中高端游艇、帆船、赛艇、皮划艇等水上运动器材的公司。30年来公司始终坚持走自主研发、自有品牌、自营市场"三个自主"发展道路,从而推动船艇产业迅速向高端产业发展。目前公司拥有自主品牌和全球营销网络,现已成为全球最大的专业赛艇制造企业和为数不多的量产游艇制造企业。

关键词： 浙江华鹰　船艇产业　创新发展

一　企业发展概况

公司始建于1985年,现公司旗下所属企业拥有WinTech、无敌、Stellar、Aquila等全球知名品牌,其中"无敌"牌赛艇是中国赛艇制造领域唯一的中国名牌,是2004雅典、2008北京、2012伦敦、2016里约四届奥运会比赛用艇的官方唯一指定品牌,"Aquila"游艇品牌已在全球注册,并连续四年成功参加全球最大的迈阿密游艇展览,每年推出自行研发的双体动力游艇产品,深受业界好评。

公司拥有自己控制的全球营销网络,在国际市场上已设置了近52家全球船艇销售代理商,遍及美国、英国、意大利、德国、澳大利亚等国家。旗下子公司之一杭州华鹰游艇有限公司专业研发和制造高端游艇、帆船,产品主要出口欧美地区,其中为TUI Marine集团(全球500强企业)建造的

Sunsail、Moorings 和 Leopard 系列游艇是久负盛名的国际品牌，曾获得 2010 年度美国最佳双体游艇等多个奖项。2010 开始在全球范围推广自主品牌的 Aquila 豪华双体动力游艇，并与北美最大的游艇营销企业 MarineMax 合作研发 Aquila 38 英尺双体游艇和 Aquila 48 英尺、Aquila 44 英尺全新系列太阳能混合动力游艇，2014 年在美国获得"最佳中型进口游艇"等奖项。

二 企业经营效益

华鹰集团的快速发展，现已成为富阳市、杭州市乃至浙江省工业企业的重要战略企业之一，在 2012 年被浙江省政府认定为浙江省文化产业发展 "122" 工程重点文化企业；2013 年被杭州市政府评选为十大产业 300 家重点企业之一；2014 年被富阳市政府认定为重点成长型企业，2013 年"年产高档水上运动器材 2000 条及游艇 500 条"项目被杭州市发展和改革委员会列为"浙江省海洋经济发展重大建设项目实施计划"；2015 年获得"国家高新技术企业""杭州市创新型试点（示范）企业"。"十二五"期间（见下图 1），华鹰公司的营业收入呈现稳步增长态势，实现营业收入从 2010 年的 8126 万元增至 2015 年的 15058 万元。2011～2015 年营业收入年均增长率达到 15.28%，净收入年均达到 39.58%。

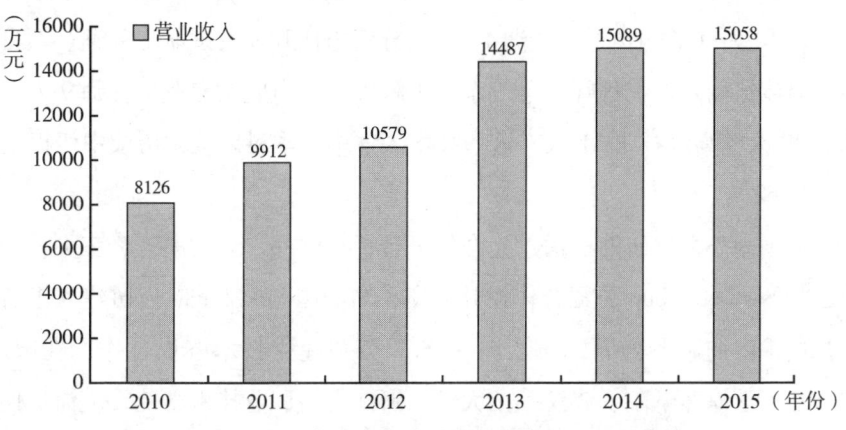

图 1 2010～2015 年浙江华鹰控股集团有限公司经营情况

三 企业运作模式

（一）搭建技术平台

公司旗下的华鹰船艇研究院为省级重点船舶研究院，承担工作是国家体育训练、比赛用艇研发；突破国外船艇设计的垄断，实现模块化设计制造技术；形成企业自有新型工艺研发团队，使企业在现有的基础上降本增效；形成具有自主研发设计、制造、管理一体化综合集成平台；建成国内领先，国际一流的水上运动器材、现代游艇产品技术成果产出地；为浙江省船艇行业提供产业升级的技术研发平台。

（二）组建研发团队

公司聘请资深国外船艇设计和制造专家；公司研究院自己培养 FRP 工程师、游艇开发工程师、轮机工程师、电气工程师、技术员、绘图员、模具制造高级技工；并聘请国内院校和其他研究院的专家顾问。

企业通过引进和内部培养，已建立满足研究院要求的优秀设计团队、工程团队和产业化（量产）制造团队。已到位的技术人才 72 名，其中国外技术专家 10 人（美国 6 人、欧洲 4 人），分别担任开发及试航工程师、项目经理、船体结构开发工程师、电气系统工程师，国内船舶专业工程师 9 人，技术员 22 人，高级技工 31 人。这些技术人才中，本科以上学历或中级以上职称人员 62 人。

与国内外多家研发机构建立合作平台，在国外，与欧洲著名三大设计公司之一 Seaway Group 公司合作设计游艇，与美国 Sino Eagle 公司建立了长期工艺技术咨询服务合同，与欧洲 M.S.L 公司建立技术咨询合作；在国内，与浙江大学海洋学院、武汉理工大学、浙江交通职业技术学院、上海玻璃钢研究院建立技术合作平台。

（三）转化研发成果

2015年，公司在研发上加大投入，不断吸收先进成熟的工艺技术，勇于创新，大胆尝试，在产品质量、生产效率等方面取得成效。完成研发并产业化的产品有：King系列轻型高强纤维复合材料赛艇、反桨架系列轻型高强纤维复合材料赛艇、49ER竞技帆船、玻璃钢渔船、青少年单人赛训练艇、游艇及水上运动器材精益制造等。通过新项目的实施并实现成果转化，2015年实现销售收入15057.68万元，利润870万元，纳税1397万元，总资产27900万元。截至2015年12月，企业已获得授权国家专利42项，其中发明专利3项，实用新型专利35项，外观设计专利4项。

（四）提升企业管理

1. 企业研发并运用游艇数字化精益生产管理

根据精益生产技术原理，采用准时化（Just in time，JIT）设计、生产流程控制，看板式物料及人工工时统计方法，基于面向对象程序设计思想，开发游艇数字化精益制造管理软件控制系统，建立生产工时监控系统、物料监控系统、质量监控系统以及信息推送系统，形成一套完善的从项目开工到交船的全程监控系统。通过本系统，能够实现生产计划实施、物料BOM耗用、质量问题的快速追踪，最大可能实现精益制造，避免"人和物料无谓移动"造成的浪费。实现量产游艇流水线作业技术，掌握每72小时生产一艘中型游艇的技术。

2. 企业被认定为国家高新企业

集团全资子公司杭州飞鹰船艇有限公司主要研发、制造和销售运动赛艇、休闲皮划艇、冲浪板、运动帆船。经企业技术研发团队多年的努力，飞鹰船艇在2015年2月被国家认定为"国家高新技术企业"。

（五）开展企业对外工作

1. 积极参加各类体育展览与宣传

2015年10月，参加第六届中国·长三角国际体育休闲博览会，本次博览会以"智慧体育·健康体育"为主题，通过这个博览会让更多杭州市民了解赛艇、皮划艇，引导市民在休闲度假期间用上休闲皮划艇，通过专业教练的指导、培训使用赛艇。2015年集团董事长熊樟友先生被评为"浙江省首届体育产业领军人物"称号，还被浙江省体育产业领军人物评选委员会聘请为"浙江省体育产业创业创新导师"。

2. 积极研发面向不同市场及人群的产品

积极开发具有自主知识产权、科技含量高的运动器材装备，重点发展水上运动竞技、训练、健身器材、动力和无动力帆船产品、双体动力船艇、碳纤自行车等用品和装备。

四 发展经验总结

（一）自主创新，推动产品高端发展

通过搭建技术平台，形成具有自主研发设计、制造、管理一体化综合集成平台；通过建立自主国际品牌和拥有自主的核心技术，提升产品设计水平和内在价值；通过与国内外多家研发机构建立合作，与各研究院建立技术合作平台，为浙江省船艇行业提供产业升级的技术研发平台。技术平台的建设、产学研合作机制的形成提高华鹰集团的技术创新能力，推动华鹰集团自主知识产权核心技术的研发，形成自主国际品牌，实现企业转型升级，推动企业船艇产业高端化发展。

（二）优化团队，提升企业研发能力

通过聘请资深国外船艇设计和制造专家、相关研究院的专家，以及公司内部培养各类型工程师、技术员、高级技工等，建立满足研究院自身需求的优秀设计团队、工程团队和产业化制造团队；通过组建团队，完成研发任务与研发产品成果的转化，使研发产品质量、生产效率达到最大化。

（三）有效管理，提升企业生产效率

运用游艇数字化精益生产管理，开发游艇数字化精益制造管理软件控制系统，形成一套完善的从项目开工到交船的全程监控系统，从而最大可能实现精益制造，避免造成不必要的成本消耗；升级改造生产流水线，提高生产效率。

（四）多元推广，拓展企业发展空间

积极参加各类体育展览与宣传，通过媒体宣传、博览会、"互联网+"等形式，使更多居民了解赛艇、皮划艇等水上运动器材，通过专业教练的指导、培训扩大赛艇普及面；积极研发面向不同市场及人群的产品，根据需求开发具有自主知识产权、科技含量高的运动器材装备。

B.27
转型升级，拓展传统企业发展新领域
——广州爱奇实业有限公司

摘　要： 广州爱奇实业有限公司以人造草研发设计和生产为基础，通过拓展传统体育用品企业新的发展领域，将业务拓展至高端运动地面材料和运动设备设施研发、大型体育场馆投资建设和运营管理、赛事服务等，新的业务领域的拓展，推动广州爱奇成功转型升级为中国体育产业知名的休闲体育产业整合服务商。2015年，国家体育总局授予"广州爱奇实业有限公司"为"国家体育产业示范单位"，成为广东省唯一一家获此殊荣的民营企业。

关键词： 广州爱奇　整合服务商　转型升级

一　企业发展概况

（一）发展历程

广州爱奇实业有限公司成立于2002年，经历了发展壮大、转型升级、再次升级的发展历程。秉承"创新、专业、诚信、人本"的企业价值理念，逐步发展为一家集研发、生产、销售、服务于一体的国际休闲体育产业整合服务商，是国内成立最早的运动型人造草生产企业，拥有广州增城、河南新乡两大生产基地，产品主要涉及人造草、体育场馆看台座椅、悬浮式拼装地板、卷式多功能移动地板等。

2002年，公司引进及购买了国外先进的生产流水线设备，大规模生产"Astroturf"人造草，解决了国内人造草产品"依赖进口、售价高、普及窄"的三大难题；同年，引进了SPORTCOURT悬浮式拼装运动地板，成为国内首家销售高端拼装式运动地板的公司；2003年，爱奇推出了BSM品牌（百橙草），成为一款高性价比的"入门级"专业人造草产品；2008年，爱奇已拥有ACTturf爱奇草、BSM百橙草、SPORT COURT拼装运动地板、ACTseating爱奇看台座椅等品牌产品；2008年，公司开始涉足体育服务业，成立了广州爱奇体育有限公司，以体育场馆设施运营、赛事活动运作、体育教育、体育咨询、体育场馆设施及体育公园的PPP投资等为主营业务。致力于打造中国一流的全民健身综合性服务平台。爱奇从体育制造业向体育服务业发展的战略布局，是爱奇体育业务提升的重要转折点。2015年，公司进一步拓展业务，加强大型体育场馆的投资运营和PPP模式运作，企业再次实现升级发展。

（二）综合实力

经过多年的努力和发展，爱奇实业已经具有明显的竞争优势（见图1），多个方面实现重大突破，已建立遍及全球的销售网络和完善的服务体系，成功地开拓了国内外消费市场，产品远销世界各地。多个经典的样板工程，得到业内外人士的一致认可，跨越式的发展使得爱奇实业"爱创奇迹"的形象声名远播。

（三）经营效益

广州爱奇实业有限公司的战略布局和创新投入，促使企业取得较好的经营效益。数据显示（见图2）："十二五"期间，爱奇实业营业收入从2011年的8769.78万元增至2015年的17212.16万元，2011~2015年营业收入年均增长率达到9.93%，净利润年均增长率达到6.26%，呈现持续增长的态势。经过多年的培育和发展，广州爱奇实业取得较好的经济效益。

图1　广州爱奇实业有限公司综合实力情况

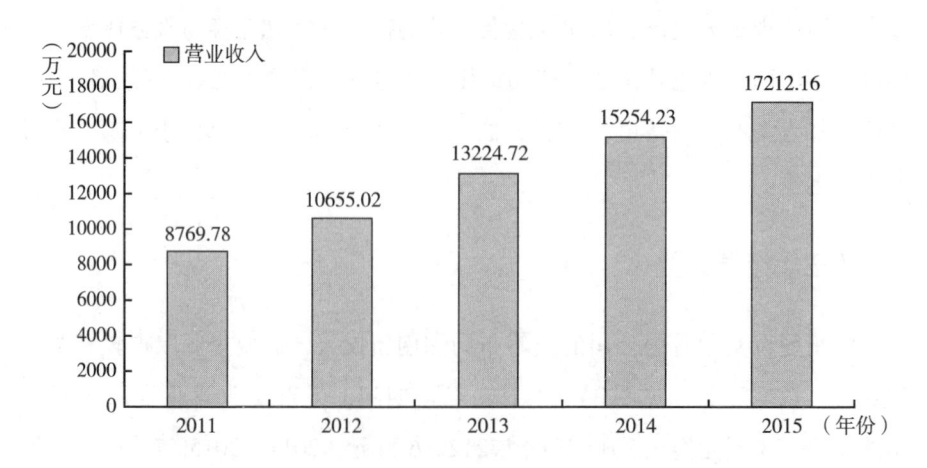

图2　2011～2015年广州爱奇实业有限公司营业收入情况

二　企业发展举措

（一）推进体育场馆运营

爱奇实业积极开发体育场馆后期运营业务，广州爱奇体育有限公司成立至今已在广东、四川、湖北等多省份开展体育场馆运营业务，全国成立14家运营分公司，14家广州爱奇体育奥林匹克体育中心旗舰店人流量最高达到1000多人次/日。爱奇基于企业良好的服务意识及市场化的运作手段，不断提高体育场馆设施的利用率，不断满足人民群众日益增长的健身需求；爱奇致力于提高体育场馆运营效率，尽早实现爱奇体育场馆设施集团化管理的目标。

（二）参与体育赛事合作

随着爱奇运营场馆数量的不断增加，发挥体育场馆的社会效益和经济效益，提升体育场馆设施的人流量和品牌，开展业余文化体育活动，丰富人们的业余文体生活成为爱奇的重点任务。为了更好地盘活体育场馆资源，提高体育场馆的社会及经济效益，爱奇积极承办文体活动及体育赛事，组建体育赛事活动运营团队。2015年爱奇举办了中国足协萨马兰奇足球时间公益活动、广东省五人制甲级足球联赛、首届广东"奥体杯"篮球邀请赛、东风本田足球争霸赛等各级别赛事16项。同时，企业加强与重大赛事的合作，先后成为北京奥运会、2010年广州亚运会、2012年亚洲沙滩运动会、全国大学生运动会等大型赛事组委会的赞助商，爱奇实业的赛事赞助策略有效提高了企业的影响力和知名度。

（三）深入学校体育业务

贯彻国家有关学校体育的政策方针，为增强学生体质，培养青少年运动爱好，促进青少年身心健康发展，爱奇规划发展体育教育业务。为了响应国家发展足球运动，爱奇将公司发展战略与校园足球紧密结合，积极开展青少年足球教育。为了更好地提高教学质量，提高青少年足球运动水平，爱奇积极寻求海外合作伙伴。爱奇同巴西足协达成合作协议，聘用巴西籍教练团队进行足球教学，促进爱奇足球教育业务的开展。根据学校体育场馆设施的公益性特征，在确保学校正常教学训练和师生人身财产安全的情况下，爱奇积极采取派驻专业团队入校、提供多元化服务等措施运营学校体育场馆。通过提供体育教学、体育活动、体育赛事及培养青少年运动员的多元化体育服务，突破学校体育场馆设施对外开放的壁垒，以优质的服务为学校为社会提供高品质的体育服务产品，促进学校体育产业化发展，促进企业成长。

（四）尝试体育场馆 PPP 模式

PPP 投资模式是爱奇体育在体育场馆运营中的成功尝试。2008 年爱奇开始涉及体育场馆设施的投融资业务，先后通过 BOT、ROT 等模式建设、改造升级多个体育场馆。爱奇致力于体育场馆设施、体育休闲（旅游）公园的投资 – 建设 – 运营管理一体化服务。体育场馆设施为准公共体育产品，同时具有公益性和经营性，根据体育场馆设施的特性，爱奇合理搭建 PPP 合作模式架构，优化项目公司收益结构，实现多方共赢。广州爱奇体育（联合体）同政府授权实施机构共同出资成立项目公司（SPV），根据项目的实际情况，由项目公司负责项目的设计、投融资、建设及项目的后期运营，其中在项目股权上政府控股不超过 50%。整个项目的实施过程中，社会资本作为项目的牵头方，其通过一系列的合同和项目公司与政府实施主体形成合作关系，通过合同的形式规范各方的责、权、利，实现多方共赢。体育场馆建设的 PPP 模式解决了政府投融资难的问题，实现真正意义的公私合营，同时也促进社会资本参与体育场馆设施的建设、运营，使体育场馆的功能更完善。爱奇体育有限公司积极实施体育场馆设施建设投融资的 PPP 模式，已经成功洽谈湖北省黄石市奥体中心 PPP 业务。

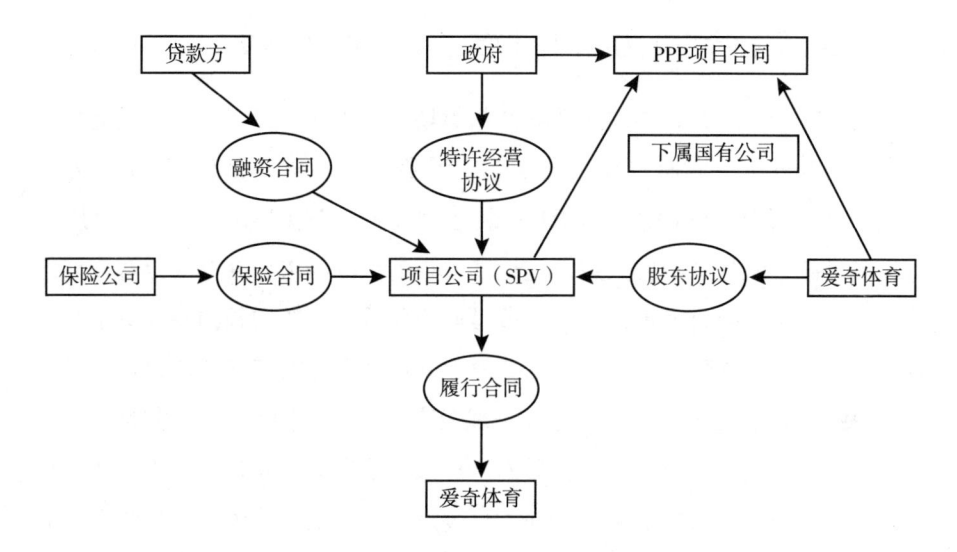

图 3　爱奇体育 PPP 模式交易结构

三　发展经验总结

爱奇起始于体育制造业，公司以体育用品制造业为根基，实施多元化产业发展战略，涉足体育服务业。爱奇 14 年的发展历程可总结出以下发展经验。

（一）以明确的战略目标，全面提升企业发展水平

从 2002 年引进人造草皮在国内销售，爱奇就明确了企业的发展目标，创新人造草并形成爱奇自主品牌百橙草，随后又经营体育场馆看台座椅、悬浮式拼装地板、卷式多功能移动地板等业务，不断提高爱奇在体育制造业的业务水平。2008 年在立足体育制造业的基础上，扩展体育场馆运营业务，明确了爱奇发展的战略目标。爱奇以人造草、体育场馆看台座椅、悬浮式拼装地板、卷式多功能移动地板等制造业为依托，打造以场馆运营为主，其他体育服务为辅的一家集研发、生产、销售、服务于一体的国际休闲体育产业整合服务商。

（二）以社会需求为导向，稳步推动企业转型升级

爱奇在发展之初，国内人造草产品市场需求匮乏，在引进国外人造草先进产品的基础上，同时也加快研发自主品牌产品。成功创建ACTturf爱奇草、BSM百橙草、SPORT COURT拼装运动地板、ACTseating爱奇看台座椅等产品品牌，满足了国内人造草、运动地板的市场需求，并形成爱奇发展的核心竞争力。在爱奇发展的第二阶段是以人民群众日益增长的健身需求为出发点，将企业发展领域涉足体育服务业，并以社会需求旺盛的体育场馆投资运营、体育赛事运作、体育教育（足球教育）、学校体育等作为企业重点扩展业务。业务拓展以市场需求为导向，形成了爱奇体育立足体育服务业的核心竞争力。以体育市场需求为导向，将爱奇产业链从传统体育产品制造业向体育服务业延伸，拓展企业发展的新领域，形成企业发展的新动力，推动企业转型升级。

（三）以多元投资模式，实现企业持续发展

经过多年经营，爱奇积累了大量体育场馆资源及资本资源，对体育场馆设施的运营拥有巨大优势。通过对相关资源的整合，实现场馆集团化管理，提高了体育场馆设施的社会效益和经济效益，有效减轻政府因场馆运营不善而产生的巨大财政负担。借助场馆运营的巨大优势，爱奇实业积极拓展投融资业务，推进PPP投资、BOT投资、ROT投资新建和改造体育场馆项目，业务涵盖体育场馆投资与开发、体育场馆改造升级、体育场馆维护、体育场馆设施后期保养、体育场馆租赁经营、赛事与活动组织运营、体育运动专业培训、体育俱乐部组建与运作管理、体育专业人员培训及人才输送等。体育场馆多元投资模式战略的实施，稳固了爱奇体育的体育场馆资源，增加了爱奇体育可经营性固定资产。

B.28
品牌国际化，助力企业卓越发展
——福建匹克集团有限公司

摘　要： 福建匹克集团是一家以"创国际品牌"为宗旨，以"打造百年卓越企业"为目标的企业，创立于1989年，主要从事设计、开发、制造、分销及推广"PEAK匹克"品牌的运动产品，包括运动鞋类、服装及配饰。20多年的发展历程中，匹克积极推进国际化发展战略，名称、商标、管理标准、品牌、资本和市场的国际化均取得显著成就。

关键词： 福建匹克集团　品牌　国际化战略

一　企业总体概况

2011年以来，受到全球经济放缓的影响，中国体育用品行业也受到巨大冲击。面对艰难的产业发展环境，匹克公司提出"三百目标"，即匹克集团新的10年规划——匹克商标在100个国家注册、匹克产品进入100个国家和地区、匹克产品海外销售收入达到100亿元人民币。目前匹克正积极实现下一阶段的品牌升级和市场国际化，继续执行"专注、专业、专一"的营销策略，以篮球为核心，逐步加大发展其他体育运动项目类别产品，如跑步、网球等运动产品的推广。匹克集团对品牌国际化的坚持促进了匹克产品的国际化发展，并成为海外销售占比最高的中国体育品牌。

从2011～2015年整体发展来看（见图1），匹克公司经历先抑后扬的波折过程，营业收入从2011年的46.47亿元降至2013年的26.13亿元，而后触底反弹，经过规划和调整，2014年重新跨入上升轨道，2015年公司营业收入已经达到31.1亿元，同比增长9.4%。营业额增加主要归因于年内在中国市场以及海外市场的营业额增长，其中，2015年鞋类产品的营业额占总营业额的比例上升了2.5个百分点；中国地区每个匹克授权经营零售网点的平均营业额上升了11.5%，每单位零售面积的平均营业额则上升了12.5%。2015年匹克公司毛利率达到38.7%，基本恢复到2011年的水平，净利率达到12.6%，连续4年出现增长势头。

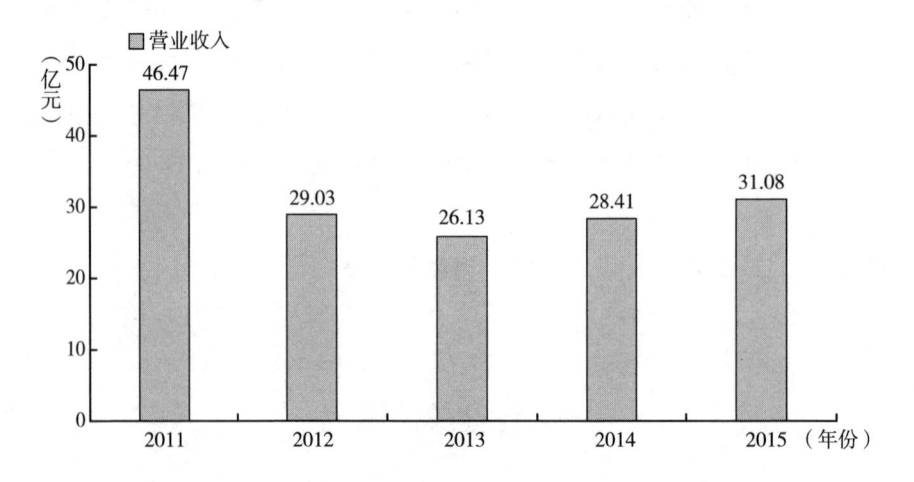

图1　2011~2015年福建匹克集团有限公司营业收入情况

二　企业发展举措

（一）品牌层面

自2014年底启动"星战略"以来，匹克在明星赛事、明星运动员和明星产品销售方面都进步明显。匹克有效地利用对球星、球队、篮球国家队、奥运代表团及赛事组织的赞助所形成体育营销资源，将品牌价值最大化，提升匹克品牌在海外的知名度，帮助海外分销商进一步提高市场占有率。据

2016年最新公布的中国品牌价值500强显示，匹克以99.93亿元的品牌价值位列第350名。

2015年，匹克与八度入选NBA全明星赛的巨星级球员德怀特·霍华德和效力于湖人队且有2014～2015年度"最佳第六人"美誉的路易斯·威廉姆斯签约，将匹克之队在NBA的代言人阵容增加至11位，匹克赞助球员的人数为全球第三、中国体育品牌之冠。在体育组织合作方面，匹克除了作为FIBA和WTA两大顶级国际体育组织的合作伙伴，匹克亦赞助了澳大利亚、德国等8个国家的国家篮球队，以及新西兰、斯洛文尼亚等7个国家的奥委会。2015年，匹克在拥有FIBA（国际篮联）五大洲际篮球锦标赛的基础上，先后签约了中国网球公开赛、武汉网球公开赛、大连国际马拉松及欧洲室内田径锦标赛等一批国际顶级明星赛事。与明星赛事和明星运动员的合作，大幅提升了匹克品牌知名度，促进了匹克产品的专业化升级和销售增长。截至2015年底，匹克篮球鞋的国内市场占有率已连续7年保持第一。

（二）产品层面

作为一家专业的体育用品制造商，匹克不断加强新产品研发，推出高性能、高品质、高质量的产品，以满足专业运动员及运动爱好者的需求。截至目前，匹克在北京、广州、泉州及美国洛杉矶设有四家研发工作室，总共聘请了218名研究及设计人才。通过不同工作室设计团队的相互交流，匹克得以打造出更具创意及风格的产品以满足世界各地不同顾客群的需求。

2015年，匹克在原有的多项专利如梯度加速、三级缓震、多核弹力等的基础上，共申请发明专利和实用新型专利72项，其中鞋、服专利3项，部分旗舰款篮球鞋更初次使用足弓碳板材料做支撑，进一步提升了匹克在运动科技领域的竞争力，也为未来三至五年的产品提升奠定技术创新基础。2015年，匹克向消费者推出了763款新鞋类产品、1054款新服装产品及330款新配饰产品。除了产品的功能性及风格外，研发工作室将环保元素融入原材料选择和产品设计。匹克将继续引入更多对环境无害或可循环再用的物料，并采用节能的工序生产产品。

（三）销售层面

随着使用人数的增长和技术的进步，移动终端已成为传统销售渠道外的新增长点，体育产业的发展亦随着各种新兴移动应用程序的兴起，由产品主导逐渐转向服务主导。2015年，匹克集团积极响应国家"一带一路"的战略，追求组织渠道精细化和扁平化，由源头开始提升零售端效率，持续瞄准海外新兴市场，从"扩张为主"转化为"深耕细作"，以适应渠道变化和新的竞争格局。

匹克每年举办四次订货会，介绍每一季度的新产品系列。国内的分销商和零售网点营运商均会参加订货会并订购产品。自2013年开始执行的分销系统改革成效斐然，通过引进具有较强零售经验的新分销商加强零售业务的管理，分销商数目由2014年年底的88个增加至2015年年底的100个。2015年12月31日，匹克的授权零售网点数目为5999个，通过提升店铺赢利能力及效率，成为未来销售增长的主要动力；在渠道管理方面，匹克亦采取了多种措施以主动管理库存水平和订单能见度，其中包括改变订货模式，增加补单比例，进一步优化销售渠道的库存状况；在海外销售方面，匹克自20世纪90年代初开始，已经将产品出口至海外市场。目前已向超过90个国家和地区的海外客户出售匹克品牌产品；在电子商务方面，除了匹克官方商城（www.epeaksport.com），也和亚马逊中国、当当网、京东商城、天猫等第三方电子商务平台合作。

（四）管理层面

在员工招聘及培训方面，员工是匹克最宝贵的资产，因此，公司持续分配足够资源在员工招聘、培训及薪酬方面。截至2015年12月31日，匹克的员工总人数约8024名。企业关注员工职业发展并提供各种培训课程，包括丰富的产品技术知识、行业质量标准以及工作环境安全标准知识；2015年，匹克举办了35次店长训练营，并开展了以区域培训体系建设、陈列标准建设、方案推广及应季商品知识等为主题的培训活动，对匹克的前线营运起到支持的作用。匹克于每年年底对员工发放分红，奖励他们对匹克做出的贡献，并向表现突出的员工授出购股权，作为额外奖励。

三 发展规划与展望

（一）强化"星战略"营销模式

匹克集团将进一步强化"星战略"营销模式，以世界级体育营销资源为重心，积极寻求与运动员、球队及国际赛事组织的深度合作，以进一步提高消费者对匹克品牌的认同。未来，匹克集团将持续争取更多NBA全明星级球员的加盟，并赞助更多的奥运代表团，在奥运会和其他国际大型赛事上大展拳脚，提升匹克品牌的专业形象和影响力。

（二）以二三线城市和海外市场为发展重心

随着国家实施"互联网+""一带一路""中国制造2025""全民健身"的发展战略，在国家政策支持与生活形态转变的双重刺激下，匹克将紧跟时代潮流，不断进行组织的调整和优化，业务重心将持续投放在中国二、三线城市与海外市场。针对中国二、三线城市和海外市场，进一步优化、调整销售网络。除了与分销商紧密合作外，匹克亦将加速建设信息管理系统，提升对市场的监管能力，使匹克在研发、生产以及销售等各个环节能对零售市场的变化做出更快速、更准确的反应。通过渠道整合及产品策略调整等举措，推进匹克经营方式持续由粗放走向精细。

（三）充分利用"互联网+"效应

在"互联网+"时代的大背景下，体育行业正以空前的速度扩张，而体育运动应用程序的蓬勃发展将会推动产业链由下而上的革新，亦为行业带来新的发展机遇。打造体育生态圈将是匹克集团未来发展的重要方向。匹克将持续对营销资源分配、产品研发、海外布局、供应链体系以及零售网点的布局进行针对性的优化和调整，积极筹建体育生态圈，并且持续拓展海外市场。面对全球经济下行的挑战以及体育产业蓬勃发展的机遇，我们将会在营销资源、销售网络和产品研发方面更加聚焦、精准、专注和高效。在科技与人才上继续投入，以实现由运动鞋服制造商转型升级到体育综合解决方案提供商。

（四）明确战略目标，推进匹克体育生态圈建设

未来3至5年，匹克将致力筹建体育生态圈，以匹克运动社群平台为中心，持续对分销网络进行优化及调整，并通过对主办赛事、赛事转播、体育培训和运动相关应用程序的投资，将匹克的业务范围由提供专业体育用品逐渐延伸至专业体育服务，提升消费者对匹克品牌的忠诚度，延长产品的生命周期。

四 发展经验总结

（一）以品牌国际化助推企业卓越发展

匹克集团有明确的品牌国际化发展目标，即匹克商标和产品在100个国家或地区注册和销售。品牌国际化程度越高对企业发展的推动力越强，匹克集团国际化发展战略目标的确立，助力匹克集团度过"十二五"期间我国体育用品业发展的衰退期，并成为海外营销收入占比最高的国内体育用品企业。国际化的体育赛事和具有国际影响力的著名体育明星能有效提高匹克品牌国际知名度，匹克集团抓住国际赛事的影响力和国际化体育明星的名人效应，邀请具有国际影响力的著名运动员代言产品和赞助具有国际影响力的体育赛事和体育组织。通过具有国际影响力体育明星代言和赞助具有国际影响力的体育赛事，提升了匹克品牌的国际影响力，促进匹克品牌国际化发展。2015年匹克集团在NBA的代言人增加至11位，成功签约中国网球公开赛、武汉网球公开赛、大连国际马拉松及欧洲室内田径锦标赛等一大批国际顶级明星赛事。

（二）以有效控制生产环节提升企业抗压能力

匹克目前在福建省丰泽区、福建省惠安县及江西省上高县拥有三个鞋类、服装生产基地，部分鞋类生产外包给合约制造商。自主生产拥有若干优势，能有效控制生产过程，对市场变化做出迅速反应，对合约制造商有更好的议价能力。2015年鞋类总产量为1430万双，其中77.6%由匹克自行生产，22.4%是外包合约制造商生产。2015年服装总产量为2390万件，其中46.4%由匹克自行生产，53.6%是外包给合约制造商生产。匹克集团自主生产能力的提高，增强了企业国际化发展抗风险能力，使企业适应多变的国内外市场竞争环境，获得稳固发展的能力。

（三）以多渠道销售并举满足企业市场发展需求

产品销售是企业获得利润最直接的来源，匹克面对激烈的国内及国际市场竞争，采取多渠道销售方式提高销售额。订货商包括分销商和零售网点营运商，2015年分销商达到100个，授权零售网点数目为5999个；匹克为了改变订货模式，增加补单比例，进一步优化销售渠道的库存状况，建立了匹克信息化管理系统。在网络营销方面，除了匹克官方商城外，还与第三方电子商务平台合作扩展产品销售渠道。多渠道销售使匹克能有效应对国际市场环境变化，提高企业抗风险能力。

（四）以提升公司治理水平助推企业稳定发展

良好的公司治理对于匹克国际化可持续发展之路至关重要。匹克一直致力于提高公司整体治理水平，建立高效的公司治理体系。自2011年起，匹克每年聘请独立咨询机构对企业组织架构、经营及财务等方面进行风险和内部控制评估。匹克以电子信息系统来提高管理效率，委托软件开发商研制适合匹克发展的应用软件系统，以提高匹克的管理效率。员工是匹克不断发展的力量之源，匹克注重员工发展，消除生产车间安全隐患，改善员工安全生产环境。注重员工的职业发展，通过开展各种职业教育和培训活动提高员工的业务技能和职业修养。

B.29
跨界协作，发展运动装备营销新模式
——三六一度（中国）有限公司

摘 要： 三六一度（中国）有限公司是一家集品牌研发、设计、生产、经销为一体的综合性体育用品公司，开发了包括篮球鞋、休闲鞋、跑鞋在内的运动休闲产品，以及运动服装、背包、帽子、球类等多元化运动系列产品及各种配件，并逐步向综合型运动品牌发展。在日益激烈的竞争面前，公司加强战略调整，注重企业营销模式创新，实现与互联网高科技企业的跨界协作，提升产品的科技含量，全面推动企业的快速发展。

关键词： 三六一度（中国）有限公司 互联网+ 营销模式

一 企业发展概况

自2003年公司成立，361°一直以高起点、全球化的视野，开创品牌拓展和延伸的步伐。十多年来，361°成绩显著：名列《福布斯》中文版潜力100榜之首，入选"中国500最具价值品牌"，荣膺"中国名牌"称号；诞生了361°Kids品牌，为孩子们提供健康、舒适的穿着体验，倡导乐活健康、积极向上的童年；于香港联交所主板成功上市，股票代码为01361·HK；开发了专属于中国年轻人的运动潮流服饰品牌——"尚"，以全新的品牌理念、终端感受服务于中国年轻消费者；与北欧著名运动品牌One Way Sport Oy成立合营公司——万唯国际实业有限公司，并持有该合营公司70%的股权；与百度公司签署战略伙伴协议，携手开发带有追踪设备和众多应用的智能鞋类产品；参加了在慕尼黑举行的 ISPO 体育用品展；和 SmartMozo 有限公司达成合作意向，全面开启电子商务 3.0 时代的购物体验；并与乐视体育在智能运动装备方面达成战略合作，宣布共同打造智能运动生态系统，全面拉开双方在智能运动装备的设计研发及生产。

361°一直秉承"忠诚、务实、协作、高效"的核心价值观和"执行力即行动力、学习力即竞争力"的意识，持续培育优秀的企业文化和构建高效的管理体系，不断谱写361°的传奇故事。经过多年的培育与发展，361°迅速成长为中国最具竞争力与价值的领导品牌之一，得到社会和消费者的广泛认同，先后获得"中国名牌""驰名商标""最佳雇主企业""最具社会责任企业""中国商标金奖"等荣誉称号。2015年三六一度（中国）有限公司营业收入达到175043.86万元，营业毛利69201.45万元，毛利率39.53%；体育用品销售量达到8795300件、运动服装销售9591900套、运动鞋帽销售9585300套。截至2015年12月31日，企业获得的经国家知识产权局授予的发明专利和实用新型专利总数165个，在工商行政管理部门登记注册商标总数580个。

二 企业运作模式

一直以来，361°根据公司内部实际情况，结合外部市场环境的变化情况，将科研、创新、企业转型升级作为公司发展战略的重要举措，通过建立一系列的研发中心、升级改造生产流水线、企业管理信息化，以及"互联网＋"商业模式创新、发展互联网电子商务等系统运作，有力保障了企业健康、可持续发展。

（一）建立技术研发中心

公司一贯注重技术创新工作，把组建技术研发中心、提升技术研发能力作为各项工作的重中之重。2007年公司技术中心通过省级企业技术中心认定，应用高新技术改造传统服装生产，运用鞋服工业创新模块化、生产组织流程模块化的"双模化"技术成果，带动企业提高设计水平、改进工艺、提升质量、促进企业转型；2010年在广州成立了亚洲鞋业设计研发中心；2011年成立了"361°北京服装学院高性能运动服装设计研发中心"，构建了产学研一体化模式，为推动体育服装产业创新发展提供有力保障。

（二）生产流水线升级改造

361°在福建省晋江市设立两个工厂，分别位于江头（2.6亩）和五里（21.3亩），设有23条鞋类生产线，每年可生产2100万双鞋子，产能可满足70%的需求；8个服装车间，每年可生产1000万件服装，产能可满足20%的需求。

五里工业园服装厂于2010年投产，共有90条现代化服装生产流水线，其中8条生产线引进国际品牌ETON（依滕）的全自动化吊挂系统设备。缝制生产车间拥有重机、兄弟、杜克普等国际高端生产缝制设备约3298台。裁剪车间拥有托卡奔马、格柏自动裁剪等设备106台，减少了裁剪人员的数量，降低裁片质量管理内耗，提高面料的使用率。江头工业区老厂改造了14条成型流水线、40条针织流水线，引进了14套红外线加热设备，替换了原来的锅炉，取代了煤炭的使用；针织线引进了方德定针伺服马达，从原来的非工作时间常转，改为工作期间才转动，节省了30%左右的用电量；此外，车间还将原来的4000多支40W日光灯替换成了6W、9W、12W，大大节省了用电量。

（三）企业信息化管理

公司引入入库分销、用友财务、网点管理、订货会采购、邮件、中型OA办公等系统软件，并实施ipos，计算机应用普及到设计、人事、财务、生产、入库、物流、分销等各个环节，实现了计算机辅助设计、无纸化办公和生产经营一体化，初步形成了计算机信息系统，为企业生产和经营起到了巨大的推动作用。

2012年，物流中心引入仓储管理系统（WMS），规范并提升了仓储作业管理及效率；2013年，在五里工业园建成150平方米的专业的数据中心机房设施，承载集团、供应商与客户的所有信息化基础设施；2014年，公司建立云数据中心，采用了服务器虚拟化集群技术，为业务的连续性提供更加可靠的保障；2013~2014年，升级全国零售管理系统，在线实时管理门店零售业务和库存数据，统一标准化各公司系统档案属性，为BI系统实施奠定基础；2014年，升级订货系统，使用IPAD订货，改善客户体验；导入先进的3D设计工具，提升服装设计效率与质量水平。

在生产领域，公司整个服装生产基地辅以ERP信息化管理，全程实现精益标准化生产，年生产运动服饰900万套，年产值达人民币5亿余元。在业务领域，公司已建成全面覆盖核心业务运营管理的信息化系统，快速提升了公司的供应链、质量、存货控制、物流、采购、销售、分析决策等过程的效率。

公司致力推行旗下门店采用电子销售点系统（"ePOS"），ePOS有助于收集实时销售及存货统计数据，让本集团能更紧密监察店铺效率变化，包括客户喜好及消费模式的转变，从而形成店铺产品销售的实时数据，以便及时采取应对措施，进一步改善店铺效率及控制存货水平。从2015年开始未来3~5年，集团公司将启动新一轮信息化建设工作，以推动企业商业模式转型和管理创新为主要目标，内容涉及零售营销的转型与创新，产品研发设计管理与创新，供应链管理与创新，深化企业数字化信息化管理，如财务、生产等。

（四）发展"互联网+"产品及商业模式

1. 打造"互联网+"智能产品

2014年9月，361°与百度跨界合作，成立"大数据创新实验室"。2015年3月，361°推出全球首款无线充电技术可拆卸智能童鞋，该鞋兼备了实时精准定位、运动数据监测等6大功能。361°智能童鞋一经上市便引发业内反响，受到用户认可。目前，第二代智能童鞋产品已推出。2015年6月，361°与乐视体育达成战略合作，宣布共同打造智能运动生态系统，全面拉开双方在智能运动设备领域的部署大幕。361°将整体发展与互联网＋体育生态融合嫁接，并以此领跑行业。

2. 互联网电子商务

361°的电子商务销售模式已开展多年，并采用先进的电商管理系统，建立了电商仓储、物流一体化模式。目前，361°已于京东、天猫及好乐买等热门网站开设店铺并获得可观的在线访客量。2015年，361°与SmartMozo有限公司合作，共同宣布合资成立"三六一度国际电子商务有限公司"。此次合作，361°将充分发挥在商业资源、品牌实力、线下资源等优势，SmartMozo有限公司也将在信息系统、大数据方面发挥技术特长，加强利用电子商务，共同实现业务扩大和国际化等领域的发展。同时，借助厦门自贸区便捷通关、快速检验等优势，更快推动跨境电子商务发展，使合资公司成为"中国唯一的国际性体育用品在线交易平台"，推动361°的互联网电子商务的发展。

（五）推动体育事业发展

作为民族体育用品行业领先品牌，361°一直全力推动中国乃至世界体育的发展。在国内，361°相继携手中国乒乓超级联赛、中国排球联赛、中国大学生篮球超级联赛、重庆马拉松、金门马拉松、世界武术锦标赛等多项赛事，全面助力中国体育事业的腾飞。在洲际范围，361°先后成为2010年广州亚运会、2011年深圳世界大学生夏季运动会、2012年亚洲沙滩运动会、2013年南京亚青会、2014年南京青奥会、2014年仁川亚运会等的合作伙伴。并相继助力马来西亚、印度尼西亚、菲律宾等亚洲多国运动健儿，及中国国家自行车队、中国国家现代五项队、中国国家曲棍球队、中国国家手球队等多支中国国家队征战赛场，成就荣耀。在奥运舞台，361°成为里约热内卢奥林匹克及残疾人奥林匹克运动会的第二大供货商，并携手中国国家曲棍球队、中国国家自行车队、中国国家铁人三项队、中国国家现代五项队、中国国家手球队、白俄罗斯、朝鲜、克罗地亚等多国奥委会，鼎力支持他们征战奥运赛场。

三 发展经验总结

经过多年的努力,361°公司已发展成为年销售40多亿元的综合型体育用品公司,展现出较强的发展能力和潜力,形成自己一套较为成熟的发展模式。

(一)加强互联网跨界协作

利用网络平台,形成跨界合作,打造"互联网+"智能产品,推出361°智能童鞋;与乐视体育合作打造智能生态系统;获授权系列动画人物的童装服饰,得到顾客的一致好评;运用电子商务销售模式,建立了电商仓储、物流一体化模式,进一步打开了商品的销售模式,网络销量增长显著;同时与腾讯网形成跨界合作,推动361°网络营销新模式的形成,使361°的互联网电子商务得到巨大发展。361°与互联网企业的跨界协作,打造了一条"产品研发-物流仓储-产品销售"的体育用品"互联网+"商业模式。跨界协作关系的形成,使361°产品智能化,仓储物流智能化管理,产品销售网络化,有效提高产品的市场竞争力和企业管理效率。

(二)注重企业转型协同发展

"十二五"期间,361°公司经历了由波峰到低谷、再到回暖的一个历程,公司始终注重企业多层面转型协同发展。本着技术第一的原则,组建技术研发中心,提升技术研发能力,构建产学研一体化模式;升级改造生产流水线,提高生产效率;运用现代信息化管理,深入企业的各个部门,实现生产经营一体化。通过对企业引入社会优秀人才的政策支持、构建企业转型升级的资金支持体系,以及完善推进转型升级的配套政策及财政税收扶持政策,为企业转型升级提供了保障。

（三）加强赛事营销合作

361°积极参与赛事赞助，在国内、洲际，以及世界的舞台上都占有一席之地。361°联手各大体育赛事，增加了品牌的曝光度与公信度，为企业的发展赢得了机会。2016年，作为里约热内卢奥林匹克及残疾人奥林匹克运动会的第二大供货商，负责组委会、官员和志愿者的所有官方服装，同时还支持中国多个队伍参赛，为体育事业的发展起到了助推作用，也为企业的进一步发展打开了一个窗口，提升了企业形象。

附 录
Appendices

B.30
附录1 国家体育产业基地发展大事记

2006年起,为充分发挥体育产业集聚效应、规模效应和带动作用,促进各地不同门类体育产业的发展,国家体育总局开始支持地方创建体育产业基地,鼓励各地根据当地经济社会发展状况和自然人文环境等特点,创造有利于体育产业开发、技术创新、企业发展和人才汇聚的特殊环境,形成体育产业相对集中的区域。

2006年4月,国家体育总局授予深圳市首个"国家体育产业基地"称号,命名为"深圳国家体育产业基地",并于此后陆续命名了下列国家体育产业基地:

2006年12月,"温江国家体育产业基地";

2007年11月,"晋江国家体育产业基地";

2008年12月,"龙潭湖国家体育产业基地";

2009年9月,"富阳国家体育产业基地";

2010年8月,"乐陵国家体育产业基地"。

2011年11月，国家体育总局出台《国家体育产业基地管理办法（试行）》，填补了基地管理工作在制度上的空白，明确国家体育产业基地包括两种类型：以地区为单位申请，命名为"国家体育产业基地"；以企业或机构为单位申请，命名为"国家体育产业示范基地"。

2012年3月，国家体育总局经济司邀请6个基地及10个省（区、市）代表，在成都温江召开国家体育产业基地建设座谈会，重点解读新出台的基地管理办法，并就基地布局、审批、建设等问题听取各方建议。同年，总局经济司按照《国家体育产业基地管理办法（试行）》规定的程序，开展产业基地评审工作。

2013年7月，经过评审，江苏昆山、江阴、溧阳三市获得总局命名，成为"苏南（县域）国家体育产业基地"，同时也成为全国首个县域集群型国家体育产业基地；北京奥林匹克公园同期获得总局认定，成为首个"国家体育产业示范基地"。

2014年1月，国家体育总局将国家体育产业基地评审、考核、管理组织工作职能交由体育器材装备中心承担。2014年3月，体育器材装备中心设立体育产业发展部，具体负责相关工作。

2014年10月，《国务院关于加快发展体育产业促进体育消费的若干意见》（国发〔2014〕46号）发布，文件提出要"因地制宜发展体育产业，打造一批符合市场规律、具有市场竞争力的体育产业基地"。国家体育总局将国家体育产业基地工作纳入贯彻落实国务院46号文件重点任务，并提出了"国家体育产业基地的命名和打造要进一步整合资源、进行布局规划，要进一步规范程序、明确标准，系统地提高层次、档次和品位"的工作要求。

2015年3月，根据《国家发展改革委办公厅国家体育总局办公厅关于做好体育产业联系点有关工作的通知》（发改办社会〔2015〕1916号），苏南（县域）国家体育产业基地、乐陵国家体育产业基地、北京奥林匹克公园国家体育产业示范基地获得国家体育总局和国家发改委的批准，与全国35个地级市、4个国家级单项体育协会及3个职业体育俱乐部一起成为体育产业联系点。

2015年5月，体育器材装备中心启动2015年度产业基地评审工作。2015年11月，国家体育总局下达了关于命名7个国家体育产业基地和认定11家国家体育产业示范单位的批复，具体名单如下：示范基地包括平果国家体育产业基地、宁海国家体育产业基地、登封国家体育产业基地、荆门高新区国家体育产业基地、环青海湖（县域）国家体育产业基地、淳安国家体育产业基地、皖南（县域）国家体育产业基地；示范单位包括天津市奥林匹克体育中心场馆群、浙江大丰实业股份有限公司、武汉体育中心发展有限公司、广州天河体育中心、安徽奥园体育产业集团有限责任公司、广州双鱼体育用品集团有限公司、浙江华鹰控股集团有限公司。

2015年10月，2015年国家体育产业基地座谈会在山西太原召开。会议通报了全国体育产业工作会议精神，解读重要产业政策，总结产业基地工作推进情况，就产业基地建设、考核与服务听取了各方意见，并开展了产业基地之间的经验交流。此次会议的召开，实现了凝聚共识、提高认识、交流经验、拓宽思路、共谋发展的目标。

2016年3月，国家体育总局下发《关于进一步加强国家体育产业基地建设工作的通知》（体经字〔2016〕183号）。该通知是对《国家体育产业基地管理办法（试行）》的必要补充和修订，扩展和厘清了国家体育产业基地概念体系，建立起产业基地工作的分级管理机制，强调了基础性工作的重要性，明确了产业基地退出机制。自此，"国家体育产业基地"不再是某一类基地的名称，而是作为此项工作的统称，包含三种具体类型，即：以县域或县域集群为单位的国家体育产业示范基地；以体育企业或组织机构为单位的国家体育产业示范单位；以体育产业活动或项目为单位的国家体育产业示范项目。

2016年4月，国家体育产业基地标志经国家体育总局局长办公会审议通过，正式启用。

2016年5月，国家体育总局发布《体育发展"十三五"规划》，提出要"统筹协调不同类型、不同区域、不同领域的体育产业基地发展，构建特色鲜明、类型多样、结构合理的国家体育产业基地布局，加快足球、冰雪等项目国家体育产业基地建设"，并设定了"十三五"期间，在全国建立50个产业规模较大、集聚效应明显的县域国家体育产业示范基地，100个具有较高知名度和国际影响力的国家体育产业示范单位，100个特色鲜明、市场竞争力较强的国家体育产业示范项目的发展目标。

2016年4月，体育总局办公厅下发《关于开展2016年度国家体育产业基地申报工作的通知》，体育器材装备中心启动年度产业基地评审工作。经过初审推荐、形式审查、专家评审、现场评估、综合评定、核定与公示六个阶段的评审，报经国家体育总局核定批准并公示通过，新一批45个国家体育产业基地于2017年2月正式获评（名单见附录2）。

2016年4月，国家体育总局体育器材装备中心启动"国家体育产业基地经济贡献指标研究""国家体育产业基地体育产业统计专项调查"和"国家体育产业基地发展报告"三个专项研究。三项研究的成果将以《国家体育产业基地发展报告（2015～2016）》蓝皮书呈现。

2016年5月，2016年国家体育产业基地工作会议在江苏溧阳召开。会议对2015年基地建设工作进行了总结，对2016年重点工作进行了部署，配合年度重点任务研究团队介绍了具体要求和方法，与会26家产业基地代表专题分享了基地建设的经验做法。同期，会议还进行了分组讨论和现场调研。

2016年7月，国家体育总局发布《体育产业发展"十三五"规划》，从加强示范引领的角度，对国家体育产业基地管理工作提出了具体要求。

2016年12月，国家体育产业基地年度综合宣传传统及互联网媒体服务商、社交媒体服务商选定，国家体育产业基地整体宣传正式启动。

2016年12月，国家体育产业基地管理信息系统开发运行服务商选定，管理信息系统预计2017年第一季度正式上线。

附录2 国家体育产业基地名录

截至2015年底获评的国家体育产业基地名录

一、国家体育产业示范基地（14个）

1. 深圳国家体育产业示范基地（2006年4月）
2. 温江国家体育产业示范基地（2006年12月）
3. 晋江国家体育产业示范基地（2007年11月）
4. 龙潭湖国家体育产业示范基地（2008年12月）
5. 富阳国家体育产业示范基地（2009年9月）
6. 乐陵国家体育产业示范基地（2010年8月）
7. 苏南（县域）国家体育产业示范基地（2013年7月）
8. 平果国家体育产业示范基地（2015年11月）
9. 宁海国家体育产业示范基地（2015年11月）
10. 登封国家体育产业示范基地（2015年11月）
11. 荆门高新区国家体育产业示范基地（2015年11月）
12. 环青海湖（县域）国家体育产业示范基地（2015年11月）
13. 淳安国家体育产业示范基地（2015年11月）
14. 皖南（县域）国家体育产业示范基地（2015年11月）

二、国家体育产业示范单位（12个）

1. 北京奥林匹克公园（2013年7月）
2. 天津市奥林匹克体育中心场馆群（2015年11月）
3. 浙江大丰实业股份有限公司（2015年11月）
4. 武汉体育中心发展有限公司（2015年11月）

5. 广州天河体育中心（2015年11月）

6. 安徽奥园体育产业集团有限责任公司（2015年11月）

7. 广州双鱼体育用品集团有限公司（2015年11月）

8. 浙江华鹰控股集团有限公司（2015年11月）

9. 黑龙江亚布力体育训练基地（2015年11月）

10. 广州爱奇实业有限公司（2015年11月）

11. 福建匹克集团有限公司（2015年11月）

12. 三六一度（中国）有限公司（2015年11月）

注：因开展系列研究和专项调查阶段，2016年产业基地仍在评审过程中，所以本发展报告的研究对象仅限于上述26个2015年底前获评的国家体育产业基地。

2016年度新获评国家体育产业基地名录

2016年新命名国家体育产业示范基地（11个）

1. 河北省张家口市崇礼区，命名为"崇礼国家体育产业示范基地"；

2. 上海市徐汇区徐家汇地区，命名为"徐家汇国家体育产业示范基地"；

3. 江苏省常州市武进区，命名为"武进国家体育产业示范基地"；

4. 天津市静海区团泊湖地区，命名为"团泊国家体育产业示范基地"；

5. 新疆维吾尔自治区乌鲁木齐市乌鲁木齐县，命名为"乌鲁木齐国家体育产业示范基地"；

6. 江苏省无锡市宜兴市，命名为"宜兴国家体育产业示范基地"；

7. 甘肃省3个县区—酒泉市肃州区、玉门市、金昌市金川区，命名为"河西走廊（县域）国家体育产业示范基地"；

8. 重庆市万盛经济技术开发区，命名为"万盛经开区国家体育产业示范基地"；

9. 浙江省永康市，命名为"永康国家体育产业示范基地"；

10. 山东省日照经济技术开发区，命名为"日照经开区国家体育产业示范基地"；

11. 将北京奥林匹克公园纳入国家体育产业示范基地管理范畴，命名为"北京奥园国家体育产业示范基地"。

2016年新认定国家体育产业示范单位（22个）

体育用品制造与销售类：

1. 舒华股份有限公司

2. 山西澳瑞特健康产业股份有限公司

3. 江苏共创人造草坪有限公司

4. 江苏金陵体育器材股份有限公司

5. 绿茵天地体育产业股份有限公司

6. 南京边城体育用品股份有限公司

7. 江苏康力源健身器材有限公司

8. 浙江飞神车业有限公司

9. 福建省东山县辉永泰体育用品实业有限公司

场馆运营类：

10. 华熙国际（北京）五棵松体育场馆运营管理有限公司

11. 上海长远文化（集团）有限公司

12. 江苏省五台山体育中心

体育旅游类：

13. 港中旅（宁夏）沙坡头区旅游景区有限责任公司

14. 长春净月潭旅游发展集团有限公司

15. 重庆市江津区四面山管委会

健身休闲/竞赛表演/培训及其他类：

16. 青岛英派斯健康管理有限公司

17. 上海美帆游艇俱乐部有限公司

18. 湖南体育产业集团有限公司

19. 厦门路桥游艇旅游集团有限公司

20. 内蒙古莱德马业股份有限公司

21. 华智城围联体育产业股份公司

22. 莱茵达体育发展股份有限公司

2016年新认定国家体育产业示范项目（12个）：

1. 环青海湖国际公路自行车赛

2. 厦门国际马拉松赛

3. 南宁市李宁体育园

4. 杭州马拉松赛

5. 乌海市金沙湾旅游景区沙漠体育步道

6. 江苏红山体育公园

7. 亚太汽车拉力锦标赛中国（龙游）拉力赛

8. 海澜马术表演项目

9. 四川茂县九鼎山国际高山滑雪场

10. 湖南九岭汽车运动文化产业园

11. 陕西渭南卤阳湖航空运动体验项目

12. 贵州余庆松烟万亩茶海生态体育公园

B.32
附录3　国家体育产业基地相关文件

一、体育总局关于进一步加强国家体育产业基地建设工作的通知

二、国家体育产业基地管理办法（试行）

三、体育总局办公厅关于开展2016年度国家体育产业基地申报工作的通知

体育总局关于进一步加强国家体育产业基地建设工作的通知

（体经字〔2016〕183号）

各省、自治区、直辖市、计划单列市、新疆生产建设兵团体育局：

2006年以来，国家体育产业基地对充分发挥产业集群的聚集效应、规模效应、区域辐射效应，全面带动全国体育产业的发展起到了积极的示范和带头作用。2011年，以《国务院办公厅关于加快发展体育产业的指导意见》为指导，国家体育总局出台《国家体育产业基地管理办法（试行）》（以下简称"《办法》"），在国家体育产业基地的建设管理过程中发挥了重要作用。2014年10月，《国务院关于加快发展体育产业促进体育消费的若干意见》（以下简称"国务院46号文件"）正式颁布，明确提出要"打造一批符合市场规律、具有市场竞争力的体育产业基地"。为贯彻落实国务院46号文件精神，针对近年来建设和管理工作中出现的新问题，现就进一步加强国家体育产业基地建设相关要求通知如下，请遵照执行。

一、根据现实需要，进一步明确国家体育产业基地的概念和类型

（一）明确国家体育产业基地的概念。国家体育产业基地是指经国家体

育总局命名或认定的、在体育产业发展方面具备相当基础、规模和特色的地区，在体育产业重点领域具有较大影响力和较强竞争力的单位或机构，以及在体育产业特定领域成绩显著、具备较好经济和社会效益的活动或项目的总称。

（二）扩展国家体育产业基地的类型。将国家体育产业基地的具体类型扩展为三类：一是以地区（县或县域集群、不设区的市、市辖区）为单位，命名为"（地区名称）国家体育产业示范基地"（以下简称"示范基地"）；二是以体育产业重点领域的知名企业或组织机构为单位，认定为"国家体育产业示范单位"（以下简称"示范单位"）；三是以持续运营的优秀体育产业活动或项目为单位，认定为"国家体育产业示范项目"（以下简称"示范项目"）。

（三）进一步明晰国家体育产业基地的设置原则。国家体育产业基地的设置要按照有利于创新体育产业发展模式，有利于引导社会资本投入体育产业，有利于全面带动体育产业发展的原则，注重在全国范围内的合理布局，兼顾区域分布和产业结构升级，依据资源禀赋，因地制宜，突出特色，切实打造一批符合市场规律、具有市场竞争力的国家体育产业基地。

二、理清管理权限，建立健全分级管理体制

国家体育总局负责国家体育产业基地的命名和认定工作，并对其业务开展给予宏观指导。

国家体育总局体育器材装备中心（以下简称"装备中心"）承担国家体育产业基地评审、考核、指导和管理的具体工作。

各省、自治区、直辖市体育行政主管部门负责国家体育产业基地的申报组织、初审、推荐和协调管理工作。

示范基地所在地人民政府应建立管理机构，负责日常管理和服务工作。

三、减少环节，进一步优化申报、评审及认定程序

（四）关于申报周期。国家体育产业基地原则上每年申报、命名或认定一次，申请材料提交至国家体育总局装备中心的截止时间为每年4月30日。

（五）关于申报程序。示范基地、示范单位和示范项目的申请，分别由所在地人民政府向其所在省、自治区、直辖市体育行政主管部门，申请单位向其注册地省、自治区、直辖市体育行政主管部门，项目运营机构向其注册地省、自治区、直辖市体育行政主管部门提出。各省、自治区、直辖市体育行政主管部门负责本行政区域内示范基地的初审和推荐工作，对申请材料的真实性、规范性和完整性进行审核。除示范基地需经省级人民政府同意外，示范单位、示范项目经初审合格后，由各省、自治区、直辖市体育行政主管部门向国家体育总局统一报送。具体申报条件和须提交申报材料见附件1。

（六）关于评审原则。国家体育产业基地的评审遵循公平、公正、公开和突出特色、兼顾均衡、优化结构布局、合理配置资源的原则，依照透明、规范、严谨的程序进行。

（七）关于评审程序。装备中心负责组建专家评审组。专家评审组对初审合格的申请材料进行评审，提出评审意见。装备中心根据专家评审组提出的评审意见提交拟命名示范基地、拟认定示范单位和示范项目名单，报国家体育总局核定批准。

（八）关于认定批准。国家体育总局对专家评审组意见进行核定后，将在国家体育总局政府门户网站和相关媒体上公示核定结果，公示时间为10个工作日。经公示无异议或异议不成立的，国家体育总局以正式文件形式批复并命名示范基地，以正式文件形式认定示范单位和示范项目。

四、加强政策引导，切实做好国家体育产业基地的建设与服务工作

（九）明确国家体育总局的指导与服务职责。除赋予其按相关管理规定使用国家体育产业基地名称和标识的权利外，国家体育总局对国家体育产业基地在政策、信息服务、市场开拓和基地间交流合作等方面给予扶持，在国际交流活动及重大项目合作中给予支持。

（十）加强国家体育产业基地的自身建设。国家体育产业基地应扎实做好体育产业统计、标准化、体育产业人才培训等基础工作。

示范基地应建设体育产业发展平台，向体育企业提供完善的配套服务体系和优质的公共服务，进一步完善政策，优化市场环境，扶持体育企业培育竞争优势，不断引导体育企业做强做精，提升社会资本投入体育产业的质量和效益。

示范单位应积极开展技术创新和机制创新，整合资源，逐步建成大型骨干体育产业集团，打造知名品牌，同时辐射带动相关体育产业企业和机构的发展。

示范项目运营机构应总结并发挥优势，不断扩大项目的影响力和综合效益，切实为体育产业特定领域相关活动和项目的开展发挥示范作用。

五、建立退出机制，强化对国家体育产业基地的考核监督，实行动态管理、优胜劣汰

（十一）关于考核方式。通过总结评估、抽检巡查、全面考核等方式，国家体育总局对国家体育产业基地的建设运营情况进行全面考评，定期通报考评结果，实行动态管理。

（十二）关于总结评估。国家体育产业基地应于每年1月底前将上一年度发展情况报告（含主要发展数据）、本年度工作计划报送国家体育总局装备中心及省级体育行政主管部门。对年度总结和发展数据的评估结果将作为国家体育产业基地年度建设和管理工作的常规考核依据。

（十三）关于抽检巡查。装备中心每年组织对国家体育产业基地建设、管理情况的随机抽检和巡查。如在抽检巡查过程中发现存在附件2中所述情况的，将予以书面警示、限期整改；如发现存在附件3中所述情况的，将在报国家体育总局核定后，取消其国家体育产业基地资格。

（十四）关于全面考核。国家体育总局每5年组织一次对所有国家体育产业基地的全面考核，由装备中心具体实施。考核不合格的，将由国家体育总局取消其国家体育产业基地资格。

请各地结合贯彻落实国务院46号文件精神，认真执行本通知要求，扎实做好国家体育产业基地的建设管理工作。

通知执行过程中发现的相关情况和问题，请及时与体育总局经济司和装备中心联系。

经济司产业处

联系人：叶楠、安枫

电话：（010）87182138、87182021

装备中心产业发展部

联系人：孙静、王小朋

电话：（010）67183862、87182641

特此通知。

附件：1. 国家体育产业基地申报条件
      2. 国家体育产业基地应予警示的行为
      3. 国家体育产业基地应予撤销资格的行为

体育总局

2016 年 3 月 28 日

附件 1

国家体育产业基地申报条件

一、国家体育产业示范基地

（一）申请国家体育产业示范基地，应具备以下条件：

1. 体育资源丰富，体育产业聚集效应明显，有相当的体育产业基础和规模，产业特色鲜明，体育产业增加值占地区生产总值比重高于本省（自治区、直辖市）的平均水平，社会资本投入体育产业效益显著，对本地区及周边体育产业发展具有带动作用；

2. 建设发展环境优越，具有较好的基础设施，服务体系健全，具备培育大型骨干体育企业和孵化中、小体育企业的条件；

3. 建设与发展思路清晰，规划切实可行，中长期发展目标明确，政策措施具体得当；

4. 当地政府重视体育产业发展，将体育产业作为重点扶持产业，列入经济社会发展整体规划,并制定相应配套政策。

(二)申请国家体育产业示范基地须提交以下材料:

1. 国家体育产业示范基地申报表;

2. 本地区体育产业发展基本情况;

3. 示范基地建设、管理与发展规划;

4. 地方政府对本地区体育产业发展的支持政策;

5. 所在省、自治区、直辖市体育行政主管部门推荐材料。

二、国家体育产业示范单位

(一)申请国家体育产业示范单位,应具备以下条件:

1. 在体育产业的重点领域成绩显著,特色鲜明,优势突出,在本领域内的业绩及案例具有典型性和示范意义;

2. 持续经营3年以上,社会效益和经济效益显著;

3. 内部管理制度健全,具有较强的自主创新能力和市场开拓能力,发展趋势良好;

4. 发展思路清晰,规划切实可行,中长期发展目标明确,措施具体得当;

5. 具有独立法人资格。

(二)申请国家体育产业示范单位须提交以下材料:

1. 国家体育产业示范单位申报表;

2. 单位基本情况介绍和相关证明文件(包括单位资质信用、经营状况、经济效益和社会效益等方面);

3. 单位体育产业重点领域主要业绩及相关案例;

4. 单位体育产业发展规划和发展战略;

5. 所在省、自治区、直辖市体育行政主管部门推荐材料。

三、国家体育产业示范项目

(一)申请国家体育产业示范项目,应具备以下条件:

1. 项目持续运营时间3年以上、影响范围广、参与者众多,特色鲜明,优势突出,在体育产业特定领域中具有典型性和示范意义;

2. 社会效益和经济效益显著;

3. 项目运营及管理制度健全；

4. 由具有独立法人资格的机构运营管理。

（二）申请国家体育产业示范项目须提交以下材料：

1. 国家体育产业示范项目申报表；

2. 项目基本情况介绍和相关证明文件（包括项目运营机构的资质信用、项目运营状况、项目经济效益和社会效益等方面）；

3. 项目未来发展规划；

4. 所在省、自治区、直辖市体育行政主管部门推荐材料。

附件2

国家体育产业基地应予警示的行为

一、国家体育产业示范基地

对于发生下列情况的国家体育产业示范基地，体育总局装备中心将予以警示：

1. 基地管理机制、机构及制度不健全或现有管理机制不能发挥应有作用的；

2. 未按本办法要求提交年度报告和相关材料的；

3. 连续两年缺席国家体育产业基地年度会议或无合理事由缺席国家体育产业基地年度会议一次的；

4. 未按相关管理规定规范使用国家体育产业基地名称及标识的；

5. 年度总结评估、抽检巡查不合格的。

受到警示的示范基地应在收到书面通知后10个工作日内提出整改措施和完成时间，限期整改。

二、国家体育产业示范单位

对于发生下列情况的国家体育产业示范单位，体育总局装备中心将予以警示：

1. 所提供的产品、服务、所运营的项目、活动或企业行为给社会造成不良影响的；

2. 因管理不当连续两年严重亏损的；

3. 未按本办法要求提交年度报告和相关材料的；

4. 连续两年缺席国家体育产业基地年度会议或无合理事由缺席国家体育产业基地年度会议一次的；

5. 未按相关管理规定规范使用国家体育产业基地名称及标识的；

6. 年度总结评估、抽检巡查不合格的。

受到警示的示范单位应在收到书面通知后10个工作日内提出整改措施和完成时间，限期整改。

三、国家体育产业示范项目

对于发生下列情况的国家体育产业示范项目，体育总局装备中心将予以警示：

1. 示范项目及其所提供的产品、服务或运营机构的行为给社会造成不良影响的；

2. 因管理不当连续两年未正常运营或严重亏损的；

3. 未按本办法要求提交年度报告和相关材料的；

4. 未按相关管理规定规范使用国家体育产业基地名称及标识的；

5. 年度总结评估、抽检巡查不合格的。

受到警示的示范项目运营机构应在收到书面通知后10个工作日内提出整改措施和完成时间，限期整改。

附件3

国家体育产业基地应予撤销资格的行为

有下列行为之一者，经总局装备中心报国家体育总局核定批准，将予取消国家体育产业基地资格：

1. 提供虚假信息或进行虚假宣传的；
2. 采取不正当竞争手段的；
3. 发生重大安全生产责任事故的；
4. 不具备正常运营能力的；
5. 无十分特殊原因连续停止建设或经营1年以上的；
6. 有重大违法、违规行为的；
7. 有本通知附件2所述行为，连续两次受到警示未予整改或整改不合格的；
8. 项目、规划、经营方向等发生重大变化，不再符合国家体育产业基地申报条件的；
9. 其他应当予以取消资格的行为。

国家体育产业基地管理办法（试行）

第一章 总则

第一条 为了进一步加强对国家体育产业基地的规划与管理，发挥体育产业基地的聚集效应、规模效应以及对全国体育产业发展的示范和带头作用，创造体育产业发展的良好环境，切实推动地方经济社会发展，根据《国务院办公厅关于加快发展体育产业的指导意见》，制定本办法。

第二条 本办法所称国家体育产业基地，是指经国家体育总局命名的、在体育产业发展方面具备相当基础、规模和特色的地区，或在体育产业某领域具有重要影响力和较强竞争力的机构。

第三条 国家体育产业基地包括两种类型：一是以地区（县、不设区的市、市辖区）为单位，命名为"（地区名称）国家体育产业基地"；二是以体育产业某领域中知名企业或机构为单位，命名为"国家体育产业示范基地"。

第四条 国家体育产业基地的设置要按照有利于创新体育产业发展模

式,有利于全面带动体育产业跨越式发展的原则,注重在全国范围内的合理布局,兼顾区域分布,协调类型布局,依据资源禀赋,合理定位。

第五条 国家体育总局负责国家体育产业基地的认定、审批工作,并对其进行宏观指导,在政策、信息服务和市场开拓等方面给予扶持。

第六条 各省、自治区、直辖市体育行政部门负责国家体育产业基地的申报预审工作,并协助国家体育总局对其进行管理和考核。

第二章 申报条件

第七条 申请认定"(地区名称)国家体育产业基地"的条件如下。

(一)该地区体育资源丰富,体育产业聚集效应明显,有相当的体育产业基础和规模,体育产业增加值比重要高于本省的平均水平,对本地区及周边的体育产业发展具有带动作用。

(二)该地区体育产业基地的建设发展环境优越,具有较好的基础设施,产业特色鲜明,服务体系健全,具备培育大型骨干体育企业和孵化中、小体育企业的条件。

(三)体育产业基地建设与发展的思路清晰,规划切实可行,中长期发展目标明确,政策措施具体得当。

(四)当地政府重视体育产业发展,将体育产业作为重点扶持产业,列入经济社会发展整体规划,并制定相应的配套政策。

第八条 申请认定"国家体育产业示范基地"的条件如下:

(一)在发展体育产业方面成绩显著,特色鲜明,优势突出,在所从事的行业中具有典型性和示范意义。

(二)该单位的社会效益和经济效益显著。

(三)内部管理制度健全,具有较强的自主创新能力和市场开拓能力,发展趋势良好。

(四)发展的思路清晰,规划切实可行,中长期发展目标明确,措施具体得当。

第三章 申报程序

第九条 国家体育产业基地每年申报一次,申请提交截止时间为每年3

月底。"（地区名称）国家体育产业基地"的申请，由该地区人民政府提出，经所在地省、自治区、直辖市体育行政部门核准，并报请所在地省级人民政府向国家体育总局推荐。

"国家体育产业示范基地"的申请，须经所在省、自治区、直辖市体育行政部门或所属国家级体育单项协会、行业协会核准，向国家体育总局申报。

第十条 申报"（地区名称）国家体育产业基地"需提交以下材料：

（一）国家体育产业基地申报表；

（二）该地区体育产业发展的基本情况；

（三）国家体育产业基地建设与发展规划；

（四）地方政府部门对国家体育产业基地的支持政策；

（五）所在省、自治区、直辖市政府推荐函。

第十一条 申报"国家体育产业示范基地"的单位需提交以下材料：

（一）国家体育产业示范基地申请表；

（二）单位基本情况介绍（附单位有关证明文件复印件）；

（三）单位的生产经营情况和经济效益情况；

（四）单位所取得的社会效益评价材料；

（五）单位的发展规划和发展战略；

（六）开户银行提供的资信证明；

（七）所在省、自治区、直辖市体育行政部门或所属国家级体育单项协会、行业协会推荐材料。

第十二条 申报材料必须实事求是，如发现有弄虚作假行为，将取消当年及未来3年申报资格。

第四章 评审程序

第十三条 国家体育产业基地的评审遵循公平、公正、公开和统筹规划、合理配置资源的原则，依照透明、规范的程序进行。

第十四条 国家体育总局成立国家体育产业基地评审办公室（以下简称评审办公室），设在国家体育总局经济司，具体负责评审组织工作。

第十五条 评审办公室负责组建专家评审组。专家评审组对申报材料进行评议审查，提出评审意见。

第十六条　评审办公室根据专家评审组提出的评审意见提交拟命名国家体育产业基地名单报国家体育总局核定批准。

第十七条　国家体育总局命名国家体育产业基地，予以授牌。

第五章　基地建设

第十八条　"（地区名称）国家体育产业基地"所在地的县、市、区政府应组建国家体育产业基地领导小组，统筹基地的建设和发展，并建立国家体育产业基地管理机构，负责日常管理和服务工作。

第十九条　"（地区名称）国家体育产业基地"的发展重点是建设体育产品开发平台，形成良好的服务配套体系，向体育企业提供"一站式"的政府服务和优良的公共服务。

第二十条　鼓励"（地区名称）国家体育产业基地"建立体育产业风险投资机制。

第二十一条　"国家体育产业示范基地"应重视自身竞争力的发展，积极开展技术创新和机制创新，整合资源，逐步建成大型骨干体育产业集团。

第二十二条　鼓励国家体育产业基地采取多种形式培养符合体育产业实际需要的各类人才。鼓励"（地区名称）国家体育产业基地"、"国家体育产业示范基地"、高校和研究机构组成技术培训联盟，加速培养体育产业人才。

第六章　管理与考核

第二十三条　"（地区名称）国家体育产业基地"应加强信息统计工作，每年12月底将本年度基地建设和产业发展状况及相关统计数据报国家体育总局和省级体育行政部门。

第二十四条　"国家体育产业示范基地"应于每年12月底前以书面形式将本年度示范基地发展情况报国家体育总局和省级体育行政部门。

第二十五条　国家体育产业基地实行动态考评制度，每五年重新组织评审。根据考评意见，经国家体育总局审定，对考核优秀的国家体育产业基地，予以表彰；对考核不合格的，限期整改；限期整改仍不合格的，取消基地资格。

第七章 附则

第二十六条 本办法自发布之日起实施。

体育总局办公厅关于开展2016年度国家体育产业基地申报工作的通知

(体经字〔2016〕251号)

各省、自治区、直辖市体育局：

为进一步加强国家体育产业基地建设与管理，根据《国家体育产业基地管理办法（试行）》（以下简称《办法》）和《体育总局关于进一步加强国家体育产业基地建设工作的通知》（以下简称《通知》）规定，体育总局将启动2016年国家体育产业基地的申报、评审工作。现将有关事项通知如下：

一、申报条件

申报国家体育产业示范基地（以下简称"示范基地"）、国家体育产业示范单位（以下简称"示范单位"）及国家体育产业示范项目（以下简称"示范项目"），须满足《通知》中"国家体育产业基地申报条件"的各项要求。

二、申报材料

申报示范基地，须按照本通知附件1"国家体育产业示范基地申报材料提交要求"提交申报表和相关材料。

申报示范单位，须按照本通知附件2"国家体育产业示范单位申报材料提交要求"提交申报表和相关材料。

申报示范项目，须按照本通知附件3"国家体育产业示范项目申报材料提交要求"提交申报表和相关材料。

三、申报程序

各省（区、市）体育局应结合本地体育产业发展实际，组织辖区内有关市县政府和单位进行申报，并进行严格初审筛选后，确定本地区推荐名单，并将申报材料统一报送至体育总局体育器材装备中心（以下简称"装备中心"）。各省（区、市）体育局应在申报表相应位置出具审核意见并加盖公章，并就2016年度本省（区、市）整体初审推荐情况出具明确的书面意见，随申报材料一并报送。

四、申报要求

（一）各省（区、市）体育局要高度重视此次申报推荐工作，结合《办法》和《通知》精神，认真审核，严格把关，积极履行初审推荐有关职责。

（二）各省（区、市）要从当地体育产业发展实际出发，综合考虑本地区体育产业发展的规划布局和示范基地、示范单位、示范项目的功能定位，严格控制申报数量，条件不成熟的可在培育成熟后再行申报。

（三）申报表的填写和申报材料的组织应严格按照本通知的要求。各省（区、市）体育局应切实承担起申报材料审核职责。如有任何信息缺失、不实或不符合要求的情况，申报材料将予退回，取消申报主体参与2016年度评审的资格。

（四）申报表和申报材料应装订成册（一式一份），随省（区、市）体育局推荐函一并于2016年5月20日前（以邮戳时间为准）寄至装备中心。除推荐函外，其他材料请同时提供电子版。相关材料应由省（区、市）体育局汇总后统一报送，不接受申报主体单独发送。为确保申报材料的及时性和安全性，本次申报仅限于用邮政特快专递方式寄送，其他递送方式将不予接收。

五、联系方式

体育总局体育器材装备中心　体育产业发展部

联系人：孙　静、王小朋

联系电话：010-67183862　传真：010-67104356

邮寄地址：北京市东城区体育馆路3号，100763

电子邮箱：sunjing@ olympic. cn

特此通知。

附件：1. 国家体育产业示范基地申报材料提交要求

2. 国家体育产业示范单位申报材料提交要求

3. 国家体育产业示范项目申报材料提交要求

体育总局办公厅

2016年4月20日

附件 1

国家体育产业示范基地申报材料提交要求

一、申报材料

1. 国家体育产业示范基地申报表

须按后附格式填写完整（并加盖申请单位及省级体育行政主管部门公章）。

2. 申请地区体育产业发展基本情况介绍

须对应《体育总局关于进一步加强国家体育产业基地建设工作的通知》附件"国家体育产业示范基地申报条件"的具体要求撰写。

3. 示范基地建设、管理与发展规划

4. 申请地政府支持本级体育产业发展的专门性政策

应将政策文件原件扫描后纳入申报材料，清晰显示政策出台日期、文号和政策全文及附件内容。

5. 其他能够展现本地区体育产业发展情况的材料

二、填报要求

1. 除有明确要求外，申报表和申报材料均应以2015年度发展状况及相关数据为依据撰写。

2. 申报表和申报材料内容应完整、真实、准确、符合相关要求。如有任何信息缺失、不实或不符合要求的情况，申报材料将予退回，取消申报主体参与2016年度评审的资格。

国家体育产业示范基地申报表

申报地区(加盖公章)：			
负责人		职务	
具体执行机构			
联系地址		邮政编码	

续表

联系人		职　务	
联系电话		传　真	
电子邮箱			
基　本　情　况			
辖区内体育产业主要门类（可多选，说明附后）	●体育管理活动　　　　●体育竞赛表演活动　　　　●体育健身休闲活动 ●体育场馆服务　　　　●体育中介服务　　　　　　●体育培训与教育 ●体育传媒与信息服务　●其他与体育相关服务 ●体育用品及相关用品制造　●体育用品及相关产品销售、贸易代理与出租 ●体育场地设施建设			
辖区内体育产业企业数		2015年度地区体育产业增加值	
2015年度所在省体育产业增加值占GDP的比重		2015年度地区体育产业增加值占GDP的比重	
本地区是否出台了支持体育产业发展的专门政策		体育产业是否列入本地区经济社会发展整体规划	
审　核　意　见			
省级体育行政主管部门			（加盖公章） 年　月　日

注：体育产业主要门类填写见后附体育产业分类说明

附：体育产业分类说明

01　体育管理活动

  011　公共体育事务管理活动

  012　体育社会组织管理活动

  013　其他体育管理活动

02　体育竞赛表演活动

  021　职业体育竞赛表演活动

  022　非职业体育竞赛表演活动

03 体育健身休闲活动
　　031　休闲健身活动
　　032　体育文化活动
　　033　其他休闲健身活动
04 体育场馆服务
　　041　体育场馆
　　042　其他体育场地
05 体育中介服务
　　051　体育经济与广告活动
　　052　体育活动的策划服务
　　053　其他相关体育中介服务
06 体育培训与教育
　　061　体育培训
　　062　体育教育
07 体育传媒与信息服务
　　071　体育出版物出版服务
　　072　体育影视及其他传媒服务
　　073　互联网体育服务
　　074　其他体育信息服务
08 其他与体育相关服务
　　081　体育旅游活动
　　082　体育健康服务
　　083　体育彩票服务
　　084　体育会展服务
　　085　体育金融与资产管理服务
　　086　体育科技与知识产权服务
　　087　其他未列明与体育相关服务
09 体育用品及相关用品制造

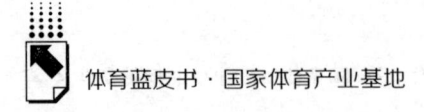

091 体育用品制造
092 运动车、船、航空器等设备制造
093 特殊体育器械及配件制造
094 体育服装鞋帽制造
095 体育游艺娱乐用品设备制造
096 其他体育用品及相关产品制造
10 体育用品及相关产品销售、贸易代理与出租
101 体育及相关产品销售
102 体育设备出租
103 体育用品及相关产品贸易代理
11 体育场地设施建设
111 室内体育场地设施建设

附件2

国家体育产业示范单位申报材料提交要求

一、申报材料

1. 国家体育产业示范单位申报表

须按后附格式填写完整（并加盖申请单位及省级体育行政主管部门公章）。

2. 申请单位资质证明文件和基本情况介绍

须包含营业执照、组织机构代码证、税务登记证等单位资质证明材料，体育产业所在领域主要业绩及案例，其他内容须对应《体育总局关于进一步加强国家体育产业基地建设工作的通知》附件"国家体育产业示范单位申报条件"的具体要求撰写。

3. 申请单位2013~2015年度经济效益、经营状况、纳税能力证明材料

4. 申请单位所取得的社会效益评价材料

5. 申请单位的体育产业发展规划和发展战略

6. 其他能够展现申请单位在体育产业领域经营发展情况的材料

二、填报要求

1. 除有明确要求外，申报表和申报材料均应以 2015 年度发展状况及相关数据为依据撰写。

2. 申报表和申报材料内容应完整、真实、准确、符合相关要求。如有任何信息缺失、不实或不符合要求的情况，申报材料将予退回，取消申报主体参与 2016 年度评审的资格。

国家体育产业示范单位申报表

申报单位(加盖公章)：			
机构代码		法人代表	
联系地址		邮政编码	
联系人		职务	
电话/传真		电子邮箱	
基 本 情 况			
所属体育产业主要门类（可多选，说明附后）	●体育管理活动　　●体育竞赛表演活动　　●体育健身休闲活动 ●体育场馆服务　　●体育中介服务　　　●体育培训与教育 ●体育传媒与信息服务　●其他与体育相关服务　●体育用品及相关用品制造 ●体育用品及相关产品销售、贸易代理与出租　●体育场地设施建设		
经 营 范 围			
体育产业领域内的主要产品及服务内容			
实际投资额			
注册时间		员工总人数		2015 年度经营总收入	
2015 年度利润总额		2015 年度纳税总额		2015 年度研发投入	
曾获得的相关荣誉			

续表

	审 核 意 见
省级体育行政主管部门	（加盖公章） 年 月 日

注：体育产业主要门类填写见后附体育产业分类说明。

附：体育产业分类说明

01 体育管理活动

  011 公共体育事务管理活动

  012 体育社会组织管理活动

  013 其他体育管理活动

02 体育竞赛表演活动

  021 职业体育竞赛表演活动

  022 非职业体育竞赛表演活动

03 体育健身休闲活动

  031 休闲健身活动

  032 体育文化活动

  033 其他休闲健身活动

04 体育场馆服务

  041 体育场馆

  042 其他体育场地

05 体育中介服务

  051 体育经济与广告活动

  052 体育活动的策划服务

  053 其他相关体育中介服务

06 体育培训与教育

  061 体育培训

  062 体育教育

07 体育传媒与信息服务

    071 体育出版物出版服务

    072 体育影视及其他传媒服务

    073 互联网体育服务

    074 其他体育信息服务

08 其他与体育相关服务

    081 体育旅游活动

    082 体育健康服务

    083 体育彩票服务

    084 体育会展服务

    085 体育金融与资产管理服务

    086 体育科技与知识产权服务

    087 其他未列明与体育相关服务

09 体育用品及相关用品制造

    091 体育用品制造

    092 运动车、船、航空器等设备制造

    093 特殊体育器械及配件制造

    094 体育服装鞋帽制造

    095 体育游艺娱乐用品设备制造

    096 其他体育用品及相关产品制造

10 体育用品及相关产品销售、贸易代理与出租

    101 体育及相关产品销售

    102 体育设备出租

    103 体育用品及相关产品贸易代理

11 体育场地设施建设

    111 室内体育场地设施建设

附件3

国家体育产业示范项目申报材料提交要求

一、申报材料

1. 国家体育产业示范项目申报表

须按后附格式填写完整（并加盖申请单位及省级体育行政主管部门公章）。

2. 所申报项目基本情况介绍和相关证明文件

须包含项目运营机构的资质和信用证明材料，项目运营状况说明，其他内容须对应《体育总局关于进一步加强国家体育产业基地建设工作的通知》附件"国家体育产业示范项目申报条件"的具体要求撰写。

3. 所申报项目2013～2015年度主要经济效益指标额及相关证明材料

4. 所申报项目社会效益证明材料

5. 所申报项目未来发展规划

6. 项目运营机构运营管理及相关制度情况介绍

7. 其他能够展现所申报项目产业优势的材料

二、填报要求

1. 除有明确要求外，申报表和申报材料均应以2015年度发展状况及相关数据为依据撰写。

2. 申报表和申报材料内容应完整、真实、准确、符合相关要求。如有任何信息缺失、不实或不符合要求的情况，申报材料将予退回，取消申报主体参与2016年度评审的资格。

国家体育产业示范项目申报表

申报项目全称：
项目运营单位（加盖公章）：

机构代码		法人代表	
联系地址		邮政编码	
联系人		职　　务	
电话/传真		电子邮箱	

基　本　情　况			
所属体育产业主要门类（可多选，说明附后）	●体育管理活动 ●体育场馆服务 ●体育传媒与信息服务 ●体育用品及相关产品销售、贸易代理与出租 || ●体育竞赛表演活动 ●体育中介服务 ●其他与体育相关服务	●体育健身休闲活动 ●体育培训与教育 ●体育用品及相关用品制造 ●体育场地设施建设
项目运营单位经营范围			项目运营单位注册年份	
项目运营的地域范围			
项目运营起始年份			2015年度项目总收入	
2015年度项目利润总额			2015年度项目所吸引的公众参与人数	
曾获得的相关荣誉			

审　核　意　见
省级体育行政主管部门 （加盖公章） 　　　年　月　日

注：体育产业主要门类填写见后附体育产业分类说明。

附：体育产业分类说明

01　体育管理活动

　　011　公共体育事务管理活动

　　012　体育社会组织管理活动

　　013　其他体育管理活动

02 体育竞赛表演活动
    021 职业体育竞赛表演活动
    022 非职业体育竞赛表演活动
03 体育健身休闲活动
    031 休闲健身活动
    032 体育文化活动
    033 其他休闲健身活动
04 体育场馆服务
    041 体育场馆
    042 其他体育场地
05 体育中介服务
    051 体育经济与广告活动
    052 体育活动的策划服务
    053 其他相关体育中介服务
06 体育培训与教育
    061 体育培训
    062 体育教育
07 体育传媒与信息服务
    071 体育出版物出版服务
    072 体育影视及其他传媒服务
    073 互联网体育服务
    074 其他体育信息服务
08 其他与体育相关服务
    081 体育旅游活动
    082 体育健康服务
    083 体育彩票服务
    084 体育会展服务
    085 体育金融与资产管理服务

086 体育科技与知识产权服务

087 其他未列明与体育相关服务

09 体育用品及相关用品制造

091 体育用品制造

092 运动车、船、航空器等设备制造

093 特殊体育器械及配件制造

094 体育服装鞋帽制造

095 体育游艺娱乐用品设备制造

096 其他体育用品及相关产品制造

10 体育用品及相关产品销售、贸易代理与出租

101 体育及相关产品销售

102 体育设备出租

103 体育用品及相关产品贸易代理

11 体育场地设施建设

111 室内体育场地设施建设

参考文献

张林:《长三角地区体育产业发展报告(2014~2015)》,社会科学文献出版社,2015年4月。

潘时华:《创新培育国家体育产业基地 构筑体育产业提质增效载体支撑》,《中国体育报》2016年7月19日。

姜同仁、张林:《我国体育产业发展面临的机遇与挑战——对国务院"新政策"的解读》,《北京体育大学学报》2015年第12期。

邢尊明、程一辉、扈伟等:《国家体育产业基地:实施进程、特征分析与推进策略》,《体育科学》2014年第1期。

国家体育总局经济司、体育器材装备中心:《国务院46号文件及各地实施意见》2015年11月。

程林林、袁春梅:《成都国家体育产业基地发展的思考》,《搏击·体育论坛》2011

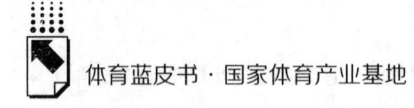

年第 1 期。

林向阳、周红妹：《国家级体育产业基地建设研究》，《武汉体育学院学报》2008 年第 8 期。

赵世伟：《体育产业基地竞争力评价研究：基于广东省 21 个地级市的实证分析》，《首都体育学院学报》2015 年第 6 期。

国家体育总局、国家统计局：《2015 年国家体育产业规模及增加值数据公告》，2016 年 12 月 27 日。

张林：《市场和政府双轮驱动做大做强体育产业》，http：//www.sport.gov.cn.2014 年 11 月 21 日。

邢鸿、柴王军：《国家体育产业基地相关概念辨析》，《浙江体育科学》2012 年第 1 期。

常建坤：《技术创新推进我国传统产业升级改造》，《中国流通经济》2006 年第 5 期。

姜同仁：《新常态下中国体育产业政策调整研究》，《体育科学》2016 年第 4 期。

冯建强、陈元香：《基于产业集群理论的国家体育产业基地发展研究》，《生产力研究》2016 年第 3 期。

国家统计局：《2016 年国民经济实现"十三五"良好开局》，http：//www.stats.gov.cn/2017－1－20。

王忠宏：《从产业五大变化看经济新常态》，《中国经济时报》，2014 年 10 月 27 日。

国家体育总局办公厅：《国家体育总局 2015 年政府信息公开年度报告》，2016 年 3 月 31 日。

北京市人民政府：《北京市体育产业示范项目管理办法》，2016 年 4 月 27 日。

梁强：《国家体育产业基地建设路径考察与推进策略探究》，《河北体育学院学报》2013 年第 3 期。

社会科学文献出版社　**皮书系列**

❖ 皮书起源 ❖

"皮书"起源于十七、十八世纪的英国,主要指官方或社会组织正式发表的重要文件或报告,多以"白皮书"命名。在中国,"皮书"这一概念被社会广泛接受,并被成功运作、发展成为一种全新的出版形态,则源于中国社会科学院社会科学文献出版社。

❖ 皮书定义 ❖

皮书是对中国与世界发展状况和热点问题进行年度监测,以专业的角度、专家的视野和实证研究方法,针对某一领域或区域现状与发展态势展开分析和预测,具备原创性、实证性、专业性、连续性、前沿性、时效性等特点的公开出版物,由一系列权威研究报告组成。

❖ 皮书作者 ❖

皮书系列的作者以中国社会科学院、著名高校、地方社会科学院的研究人员为主,多为国内一流研究机构的权威专家学者,他们的看法和观点代表了学界对中国与世界的现实和未来最高水平的解读与分析。

❖ 皮书荣誉 ❖

皮书系列已成为社会科学文献出版社的著名图书品牌和中国社会科学院的知名学术品牌。2016年,皮书系列正式列入"十三五"国家重点出版规划项目;2012~2016年,重点皮书列入中国社会科学院承担的国家哲学社会科学创新工程项目;2017年,55种院外皮书使用"中国社会科学院创新工程学术出版项目"标识。

权威报告·热点资讯·特色资源

皮书数据库
ANNUAL REPORT(YEARBOOK) DATABASE

当代中国与世界发展高端智库平台

所获荣誉

- 2016年，入选"国家'十三五'电子出版物出版规划骨干工程"
- 2015年，荣获"搜索中国正能量 点赞2015""创新中国科技创新奖"
- 2013年，荣获"中国出版政府奖·网络出版物奖"提名奖
- 连续多年荣获中国数字出版博览会"数字出版·优秀品牌"奖

成为会员

通过网址www.pishu.com.cn或使用手机扫描二维码进入皮书数据库网站，进行手机号码验证或邮箱验证即可成为皮书数据库会员（建议通过手机号码快速验证注册）。

会员福利

- 使用手机号码首次注册会员可直接获得100元体验金，不需充值即可购买和查看数据库内容（仅限使用手机号码快速注册）。
- 已注册用户购书后可免费获赠100元皮书数据库充值卡。刮开充值卡涂层获取充值密码，登录并进入"会员中心"—"在线充值"—"充值卡充值"，充值成功后即可购买和查看数据库内容。

卡号：699468542895
密码：

数据库服务热线：400-008-6695
数据库服务QQ：2475522410
数据库服务邮箱：database@ssap.cn
图书销售热线：010-59367070/7028
图书服务QQ：1265056568
图书服务邮箱：duzhe@ssap.cn

S 子库介绍
ub-Database Introduction

中国经济发展数据库

涵盖宏观经济、农业经济、工业经济、产业经济、财政金融、交通旅游、商业贸易、劳动经济、企业经济、房地产经济、城市经济、区域经济等领域，为用户实时了解经济运行态势、把握经济发展规律、洞察经济形势、做出经济决策提供参考和依据。

中国社会发展数据库

全面整合国内外有关中国社会发展的统计数据、深度分析报告、专家解读和热点资讯构建而成的专业学术数据库。涉及宗教、社会、人口、政治、外交、法律、文化、教育、体育、文学艺术、医药卫生、资源环境等多个领域。

中国行业发展数据库

以中国国民经济行业分类为依据，跟踪分析国民经济各行业市场运行状况和政策导向，提供行业发展最前沿的资讯，为用户投资、从业及各种经济决策提供理论基础和实践指导。内容涵盖农业，能源与矿产业，交通运输业，制造业，金融业，房地产业，租赁和商务服务业，科学研究，环境和公共设施管理，居民服务业，教育，卫生和社会保障，文化、体育和娱乐业等 100 余个行业。

中国区域发展数据库

对特定区域内的经济、社会、文化、法治、资源环境等领域的现状与发展情况进行分析和预测。涵盖中部、西部、东北、西北等地区，长三角、珠三角、黄三角、京津冀、环渤海、合肥经济圈、长株潭城市群、关中一天水经济区、海峡经济区等区域经济体和城市圈，北京、上海、浙江、河南、陕西等 34 个省份及中国台湾地区。

中国文化传媒数据库

包括文化事业、文化产业、宗教、群众文化、图书馆事业、博物馆事业、档案事业、语言文字、文学、历史地理、新闻传播、广播电视、出版事业、艺术、电影、娱乐等多个子库。

世界经济与国际关系数据库

以皮书系列中涉及世界经济与国际关系的研究成果为基础，全面整合国内外有关世界经济与国际关系的统计数据、深度分析报告、专家解读和热点资讯构建而成的专业学术数据库。包括世界经济、国际政治、世界文化与科技、全球性问题、国际组织与国际法、区域研究等多个子库。

法 律 声 明

"皮书系列"(含蓝皮书、绿皮书、黄皮书)之品牌由社会科学文献出版社最早使用并持续至今,现已被中国图书市场所熟知。"皮书系列"的 LOGO ( )与"经济蓝皮书""社会蓝皮书"均已在中华人民共和国国家工商行政管理总局商标局登记注册。"皮书系列"图书的注册商标专用权及封面设计、版式设计的著作权均为社会科学文献出版社所有。未经社会科学文献出版社书面授权许可,任何使用与"皮书系列"图书注册商标、封面设计、版式设计相同或者近似的文字、图形或其组合的行为均系侵权行为。

经作者授权,本书的专有出版权及信息网络传播权为社会科学文献出版社享有。未经社会科学文献出版社书面授权许可,任何就本书内容的复制、发行或以数字形式进行网络传播的行为均系侵权行为。

社会科学文献出版社将通过法律途径追究上述侵权行为的法律责任,维护自身合法权益。

欢迎社会各界人士对侵犯社会科学文献出版社上述权利的侵权行为进行举报。电话:010-59367121,电子邮箱:fawubu@ssap.cn。

社会科学文献出版社